SYNCHROON

Lef & Liefde

Stationsentree als architectonisch icoon van duurzaam reizen

Partnerbijdrage

Met het innovatieve concept 'Biking the Station' transformeert studioSK, de ontwerpstudio van Movares, de explosief groeiende behoefte aan fietsruimte tot een architectonisch statement. Het bouwwerk fungeert als een uitnodigende ontvangstlobby die reizigers verwelkomt met een warme uitstraling en een herkenbaar gezicht. Binnen dit concept worden de functies van fietsparkeren en stationstoegang gecombineerd, waarbij het gebouw tevens de iconografie van het station versterkt.

Visie op de toekomst van stedelijke mobiliteit

In een tijd waarin stations evolueren naar multifunctionele mobiliteitshubs, biedt dit ontwerp een inspirerende visie op de toekomst van stedelijke mobiliteit. Het fietsgebouw is niet alleen praktisch en esthetisch, maar sluit ook naadloos aan op de moderne reiservaring. Het vormt een duurzaam en toekomstgericht symbool van hoe architectuur en mobiliteit elkaar kunnen versterken.

Architectuur, constructie en installaties zijn één

Het project omvat het ontwerp van een stationsentree en fietsgebouw aan de zuidzijde van station Dordrecht, wat de uitstraling van het station aanzienlijk verbetert. Het gebouw oogt dankzij de paviljoenachtige structuur overzichtelijk en uitnodigend. Door de opwaardering van het park en de openbare ruimte zijn beide gebieden levendiger en veiliger geworden. De stalling biedt plaats aan 1.900 fietsen en 60 bromfietsen, ruim twee keer zoveel als voorheen. Het gebouw is praktisch, comfortabel, energiepositief, adaptief en esthetisch aantrekkelijk, met een ontwerp waarin constructie, installaties en architectuur naadloos samenkomen.

Integrale aanpak en multidisciplinaire samenwerking

De kracht van dit project ligt in de integrale aanpak. In alle ontwerpfasen is ruimtelijke kwaliteit geoptimaliseerd door de samenwerking tussen projectarchitecten, bouwkundigen, constructief ontwerpers en installatieadviseurs van Movares. Door deze multidisciplinaire inzet versterken verschillende planonderdelen elkaar en ontstaat er een totaalensemble met meerwaarde. Het architectonisch ontwerp van studioSK is zorgvuldig afgestemd met de ontwerpers van het opgewaardeerde Weizigtpark (Karres en Brands) en de gemeentelijke stedenbouwkundigen, wat resulteert in een harmonieuze inrichting van de openbare buitenruimte.

Ruimtelijke kwaliteit & stedelijk programma

Het gebouw ligt aan de rand van het Weizigtpark en vormt een luchtig, open paviljoen dat perfect aansluit op de parkomgeving. De expressieve houten dakspanten verbinden het park en de treinen visueel. Met een symmetrische compositie verwijzen de architecten naar de klassieke stationsarchitectuur van het Waterstaatsstation aan de centrumkant, wat het stationsbeeld versterkt en een coherent stedelijk ensemble creëert. De fietsenstalling biedt een sociaal veilige omgeving en fungeert als katalysator voor kwaliteit in de directe omgeving, terwijl het stadsdelen ten zuiden en noorden van het spoor verbindt.

movares smart urban engineering

Paris Proof en circulair geconstrueerd

Partnerbijdrage

Ir. Ronald Wenting, schets constructief ontwerp hoofdkantoor van DSM-Firmenich.

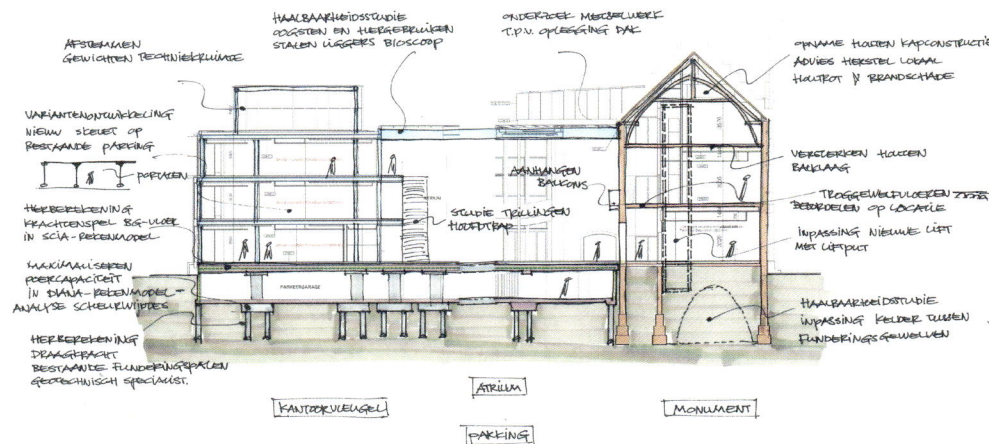

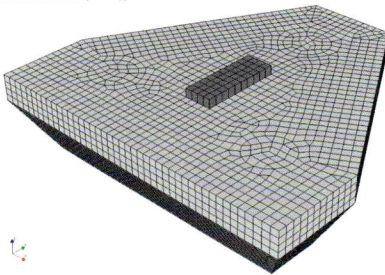

Figuur 3: DIANA model poer type A1 (3D weergave)

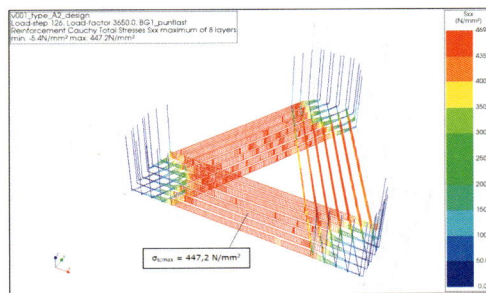

Figuur 34: Staalspanningen r16 en r20 staven bij kolombelasting = 3650 kN

Het hoofdkantoor van dsm-firmenich in Maastricht

Op 30 mei 2024 werd het nieuwe hoofdkantoor van multinational dsm-firmenich geopend in aanwezigheid van koningin Máxima. De creatie van architectenbureau Broekbakema in opdracht van Edge en 3W Real Estate meet 10.737 m² en is alleen al bijzonder omdat het nieuwbouw combineert met een rijksmonument. Van de ambachtsschool uit 1912 in neorenaissancestijl werden zoveel mogelijk stijlkenmerken behouden, terwijl het toch geheel werd verduurzaamd en getransformeerd tot hoogwaardige kantoorruimte. De opdrachtgever wilde een gezonde, lichte, groene en duurzame werkomgeving met veel ruimte voor samenwerking. 'We zijn er trots op dat we samen het eerste Paris Proof rijksmonument van Nederland hebben gerealiseerd', zegt Ronald Wenting, die voor ABT adviseerde voor het constructief ontwerp. 'Bovendien heeft de nieuwbouw het BREAAM"Outstanding"-certificaat en WELL platinum label gekregen.'

Voorheen stond aan de Wilhelminasingel de Euroscoop, een groot bioscoopgebouw dat eveneens grensde aan de voormalige ambachtsschool. Gezien de circulaire ambitie is onderzocht of onderdelen daarvan hergebruikt konden worden. Die bleken echter niet inpasbaar in het nieuwe ontwerp. Het bioscoopgebouw moest dus worden gesloopt. De parkeergarage eronder kon wel worden behouden. Op de plaats van het gesloten bioscoopcomplex verrees een nieuwe drielaagse kantoorvleugel met techniekruimte en een hoog, licht atrium dat het zicht op het rijksmonument vrijlaat.

'Constructief was dit een uitdaging van formaat', aldus Wenting. 'Het optimaal benutten van de restcapaciteit van de parking was cruciaal. Uit onze analyse bleek dat de poeren en funderingspalen de kritische elementen waren in de betonnen onderbouwconstructie. Dankzij geavanceerde berekeningen konden we de nieuwe kantoorvleugel realiseren. We hebben de poeren herberekend met het eindige elementenpakket DIANA, waarbij zowel fysische als geometrisch niet-lineaire 3D-berekeningen zijn toegepast. Het maximale draagvermogen van de funderingspalen hebben we vastgesteld op basis van beschikbare sonderingen. Onze geotechnisch specialist Arie-Jan van Renswoude heeft door zorgvuldige interpretatie van de bodemgesteldheid de aanvullende capaciteit aangetoond.'

Wenting prijst de samenwerking binnen het team, met o.a. bbn, Huygen, DGMR, Fokkema & Partners, BAM en Equans. 'We hebben dit gebouw samen in drie jaar weten te ontwerpen en te ontwikkelen, wat ongelooflijk snel is voor een project van deze omvang.'

ABT is een gerenommeerd ingenieurs-adviesbureau dat naam heeft gemaakt met tal van indrukwekkende projecten. Vanwege de gerealiseerde grote ambities op het gebied van duurzaamheid, circulariteit en gezondheid van medewerkers was ook de bouw van dit opvallende kantoorgebouw volgens Wenting een hoogstaand project. 'Geavanceerd rekenen door onze constructeurs heeft een belangrijke bijdrage geleverd aan circulaire oplossingen en het behalen van onze gezamenlijke doelstelling om Paris Proof te kunnen bouwen!'

Website: abt.eu

abt

Rodruza en Amadeiro

Hoe sociale huurwoningen werden verrijkt met elegante gevelstenen

Eens was baksteen een nogal basic en betaalbaar bouwmateriaal, maar die tijd ligt ver achter ons. Tegenwoordig zijn gevelstenen een geliefd middel om een gebouw expressie, identiteit en karakter te geven. Dat heeft uiteraard gevolgen voor het aanbod, want architecten en projectontwikkelaars willen liefst ieder project en ieder gebouw een eigen uitstraling geven.

Wie op de website van gevelstenenproducent Rodruza (sinds 1837) kijkt, krijgt dan ook een zeer uitgebreid productoverzicht te zien. Er is keuze uit meer dan tweehonderd verschillende sorteringen (gevelstenen) verdeeld over 4 Collecties. Die hebben verschillende kleuren, formaten, texturen, productiemethoden en afwerkingen. Een geavanceerde 3D-configurator helpt de gebruiker zijn gedroomde gevel te visualiseren, en ook aan creatieve inspiratie en voorbeeldprojecten is er bepaald geen gebrek op de site. Niet voor niets luidt de slogan van Rodruza 'Living Bricks', want "onze gevelstenen brengen ieder gebouw tot leven".

In het prijswinnende stadsvernieuwingsproject Amadeiro in Den Bosch, dat op pagina's 30-33 van dit jaarboek staat beschreven, zijn gevelstenen op zeer gevarieerde en verrassende manieren toegepast. Gevelstenen van Rodruza komen terug in de noordelijke nieuwbouw van 62 sociale huurwoningen. Die hebben een fraaie gemetselde gevel gekregen die aansluit bij het karakter van de binnenstad van Den Bosch en tegelijk eigentijds oogt. Hij past zo naadloos in het karakter van Amadeiro, dat de ambitie weerspiegelt het centrum van de stad te verrijken en er niet mee te contrasteren. Er is opvallend veel liefde en aandacht geschonken aan deze huurwoningen in het betaalbare segment.

Bedaux de Brouwer Architecten heeft ervoor gekozen de gevels te laten metselen met een elegante en authentiek ogende gevelsteen van Rodruza, een oranje, bont gesinterde handvorm in (langwerpig) Hilversums verband. De generfde, onregelmatige, bijna grillige structuur suggereert een passende, ambachtelijke uitstraling. Het warme oranje sluit uitstekend aan bij de omgeving, en natuurlijk bij de overige bouwdelen van het prijswinnende stadsvernieuwingsproject. Door de afwisseling van verticaal en horizontaal metselwerk harmonieert de detaillering en het lijnenspel van de gevel bovendien fraai met die van het pand ernaast. In totaal zijn er twaalfduizend gevelsteen van Rodruza gebruikt. Deze gevel past ook in de duurzaamheidsambitie van de makers, want ze zijn een natuurproduct, op natuurlijk wijze gewonnen uit Nederlandse rivierklei en kunnen nog vele decennia een bijdrage leveren aan de eeuwenlange Bossche historie.

Aannemer: Jansen de Jong Bouw
Opdrachtgever: Boelens de Gruyter,
Woningcorporatie Zayaz, MN Pensioenfonds,
L – founders of loyalty
Ontwerp: Bedaux de Brouwer Architecten,
Hilberinkbosch architecten, Voss Architecture
Start werkzaamheden: eind 2020
Oplevering: 2023

RODRUZA | living bricks

www.rodruza.nl

Sociale veiligheid centraal in ontwerp fietsenstalling

Een belangrijk aandachtspunt bij het ontwerp was de sociale veiligheid, met name omdat het een van de weinige onbemande fietsenstallingen van deze omvang is. Het park is structureel opgeschoond van beplanting zodat er goed overzicht is met ruime zichtlijnen van en naar de stalling. Om de bomengroep voor het station is een natuurstenen bank aangelegd als meeting point. Op de maaiveldlaag van de stalling zijn er alleen enkellaags stallingsplekken zodat je er overheen kunt kijken en er in alle richtingen overzicht is. Daardoor is ook de centraal gelegen toegang naar het station goed zichtbaar en is er toezicht vanuit het park. Op de verdieping zijn de fietsrekken om en om dubbel- en enkellaags. Zo is er altijd sprake is van sociale controle en veilige vluchtroutes.

Slim bouwen met minimale impact op de omgeving

Eventuele overlast voor de omgeving is geminimaliseerd. Enerzijds om het station ten alle tijden operationeel te houden tijdens de bouw 'bouwen met de winkel open' anderzijds om de omgeving zo weinig mogelijk tot last te zijn. Denk aan maatregelen zoals: trillingsarme boorpalen, een modulair bouwsysteem met eenvoudig transporteerbare elementen dat just-in-time kan worden aangevoerd en binnen korte tijd kan worden opgebouwd. In het contract zijn eisen opgenomen ter minimalisatie van de omgevingshinder en de verstoring van de natuurlijke ecologische omgeving van het park.

Remontabele bouwsystemen voor adaptieve toekomstmogelijkheden

Het ontwerp van het gebouw volgt een integrale visie die past bij de centrumlocatie en circulaire ambities. De fietsenstalling is remontabel dankzij losmaakbare verbindingen, terwijl het lichte dak en gehalveerde kolommen adaptiviteit bieden. Of het gebouw in de toekomst wordt gedemonteerd of hergebruikt, blijft open. De energiepositieve opzet, met een zonnecel-overkapping, biedt comfort en ondersteunt duurzaamheid. Met een milieubelasting (MKI) van €0,83 per m² per jaar presteert het gebouw ruim binnen de grenswaarde van €1,0 voor de Milieu Prestatie van Gebouwen (MPG). Het ontwerp combineert flexibiliteit, energie-efficiëntie en minimale milieubelasting.

Architectonische primeur met integrale visie

Het moderne reizen heeft steeds meer een immaterieel karakter; behalve toegangspoortjes zijn er verder weinig fysieke functies. Als de footprint van ruimte voor de fiets juist explosief groeit en je wèl een fietsgebouw mag ontwerpen, waarom die functie dan niet transformeren tot een ontvangstgebouw en combineren met de iconografie van het station? Het gebouw is een architectonische primeur, die de kracht van het nieuwe concept laat zien. Het toont bovendien aan hoe onze architecten blijven innoveren en verfrissende architectonische concepten ontwikkelen die niet alleen functioneel en duurzaam zijn, maar ook een kwaliteitsimpuls voor de omgeving.

www.movares.com

Partnerbijdrage

Stationsentree & fietsgebouw Dordrecht

Projectlocatie: Markettenweg 1, Weizigtpark Dordrecht, Zuid-Holland
Projectgegevens: Architectonisch ontwerp: studioSK – Movares
Projectarchitecten: Iris van Huijstee & Paul van der Ree
Engineering: Movares Smart Urban Engineering
Opdrachtgever: ProRail i.s.m. NS, Gemeente Dordrecht en Provincie Zuid-Holland
Aannemer: Hegeman
Start bouw: zomer 2023
Oplevering: december 2024

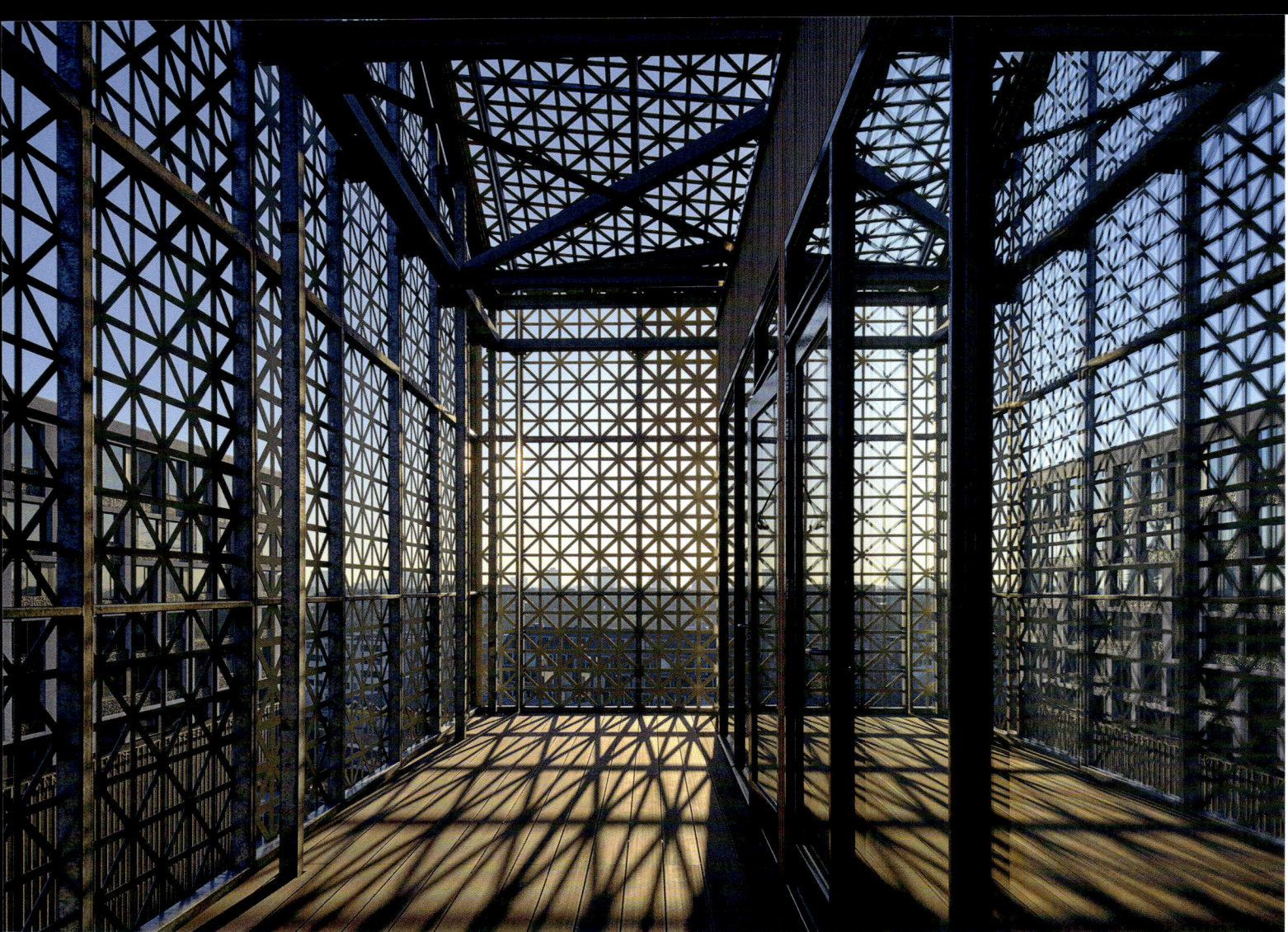

National Museum of Photography in Rotterdam——

The Art of Creating Shadow

In close collaboration with the architects of Renner Hainke Wirth Zirn Architekten and WDJArchitecten we co-created, engineered, manufactured and installed the façade, roof and interior elements of the rooftop extension of warehouse Santos. Hans Wilschut captured the project beautifully in still images. Light and shadow. Architecture. Art.

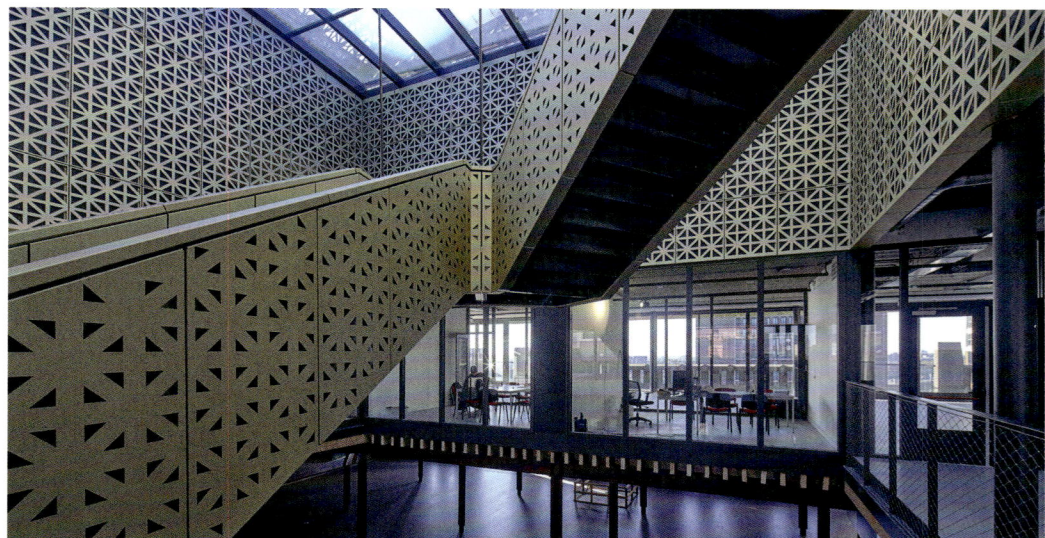

Scan QR for more project information

metadecor

www.metadecor.eu

Architectuur in Nederland

Architecture in the Netherlands

Jaarboek

Yearbook

2024 | 2025

Redactie

Uri Gilad
Stephan Petermann
Annuska Pronkhorst

Editors

nai010 uitgevers

nai010 publishers

Essays

10
Voor we beginnen
Before we start
Uri Gilad, Stephan Petermann, Annuska Pronkhorst

12
Het jaar 2024
(met al iets van 2025)
The year 2024
(and a little bit of 2025)

20
Architectuur natuur
Een blik van Rubén Dario Kleimeer
Architecture nature
A view of Rubén Dario Kleimeer

62
Zijn we nog relevant?
*Loerend over de dijk naar andere Europese jaarboeken
en het gras bij de buren*
Are we still relevant?
*Peering over the dike at other European yearbooks to see
whether the grass is any greener*

104
26 + 9 projecten in Nederland...
26 + 9 projects in the Netherlands...

128
Zijn we al duurzaam?
En wat zien we daarvan in het Jaarboek 2024-2025?
Are we sustainable yet?
And how is that reflected in the 2024-2025 Yearbook?

Projecten | Projects

26
De Oude Stad
The Old City

28
Groothuijse de Boer architecten
Twee woongebouwen in Hattem
Two residential buildings in Hattem
Hattem

30
**HILBERINKBOSCH architecten &
Bedaux de Brouwer Architecten
Amadeiro**
's-Hertogenbosch

34
Ibelings van Tilburg architecten
Renovatie Gentiaanbuurt Renovation
Gentiaanbuurt
Amsterdam

38
Dok architecten
De Dame The Lady
Amsterdam

40
Ex-industrieel Nederland
Ex-industrial Netherlands

42
Zecc Architecten
De Vasim
Nijmegen

46
Studio Akkerhuis
Meelpakhuis Flour warehouse
Leiden

50
**WDJARCHITECTEN &
Renner Hainke Wirth Zirn Architekten
Pakhuis Santos** Santos Warehouse
Rotterdam

54
Unsolicited Architecture

56
Buro NØRD Architectuur
Penitentiaire winkel PI Vught PI Vught prison shop
Vught

58
Atelier Tomas Dirrix
Trappenhuis Staircase
Rotterdam

60
NEXT architects
Servicestation Verzetslaan Sevice Station
Purmerend

74
Wederopbouw Nederland
Post-War Reconstruction Netherlands

76
Geurst & Schulze architecten
Jacob Geelbuurt
Amsterdam

80
Studio Nauta & Vanschagen Architecten
Schools in a Park
Dordrecht

84
Bedaux de Brouwer Architecten
Kantongerecht Tilburg Tilburg district court
Tilburg

88
Martens, Willems & Humblé
Miller
Maastricht

92
Powerhouse Company
Marga Klompégebouw Marga Klompé Building
Tilburg

96
V8 Architects
Philips Headquarters
Amsterdam

100
Monadnock
Volante
Hilversum

110
Afgeschreven Nederland
Depreciated Netherlands

112
De Zwarte Hond
Herta Mohrgebouw Herta Mohr building
Leiden

116
Popma ter Steege Architecten
Kantoor vol Afval Office Full of Waste
Katwijk

120
Civic Architects
Gorlaeus Collegezalengebouw
Gorlaeus Lecture Hall
Leiden

122
Buitenplaats Koningsweg
(9 projecten projects)
Arnhem

124
Sander van Schaik i.s.m. Robert-Jan de Kort
Verblijf onder de Radar Residence under the Radar
124
KRAFT architecten
Kleine Kapel Small Chapel
125
i29 Architects & NAMO Architecture
Buitenverblijf Nest Holiday Nest
125
Korteknie Stuhlmacher architecten
de Spothut The Birdwatcher
125
Space Encounters
Dolmen
126
JCRARCHITECTEN
Kazemat Koningsweg Bunker Koningsweg
126
opZoom architecten bv
Folly de Ooggetuige Eyewitness Folly
127
KRAFT architecten
Hooimijt Haystack
127
Studio Architectuur MAKEN
Folly BAT

138
Nieuw Nederland
New Netherlands

140
Koen van Velsen architecten
Huis op Zuid
Rotterdam

144
Van Wageningen Architecten
Nieuwe huisvesting VWS / Rijksinstituut voor
Volksgezondheid en Milieu (RIVM)
New premises for VWS / Ministry department
for Health and Environment (RIVM)
Utrecht

148
Team V Architectuur
Mediavaert DPG Media
Amsterdam

152
UNStudio
Booking.com City Campus
Amsterdam

156
Marc Koehler Associates
Republica
Amsterdam

160
WE architecten & Paul de Ruiter Architects
Lloyd Yard
Rotterdam

Appendix

164
Technische gegevens
Technical information

170
Colofon
Acknowledgements

Omslagfoto Cover photo
Stijn Poelstra - De Zwarte Hond,
Herta Mohrgebouw Herta Mohr building,
Leiden

Deze uitgave wordt mede gefinancierd
door advertenties van de volgende
bedrijven
This publication was partly financed
through advertisements from the
following companies:

Lingotto (omslag/cover)
ABT (1)
Rodruza (2)
Synchroon (3)
Movares (4-5)
Metadecor (6)
Gebroeders Blokland (171)
Het Nieuwe Instituut (172)
Cauberg Huygen (173)
Wilco (174)
Van de Laar (175)
Reynaers (176-omslag/cover)

Voor we beginnen

*Uri Gilad, Stephan Petermann
en Annuska Pronkhorst*

Before we start

*Uri Gilad, Stephan Petermann
and Annuska Pronkhorst*

De kleine achteruitwisser heeft het zwaar als Uri's donkergrijze wagen met alarmlichten de stoep op manoeuvreert. De Europa-boulevard bij de Amsterdamse RAI is zo goed als een rivier geworden. Het was laat gister. Een etentje met partners, een voorstelling in de Kleine Komedie, een KFC-feestje met het gezin. De hectiek van de laatste dagen voor het einde van een jaar. Koffie is nodig. Twee keer met havermelk, een keer zwart. Annuska gaat met de pepermuntjes rond.

'Dit is toch wel de generatie teams/zoom-architectuur?' Veel projecten wel. Eentje niet. Die was post-covid. Het is nog altijd donker. Gloed van rode lichten om ons heen. 'Schrijf maar op: tapijttegels zijn terug. En: Leiden is het nieuwe Groningen.' Zwaar, duister weer met hagelbuitjes of koude regen, zoals al het hele najaar voor het gevoel. Af en toe een prachtige Hollandse lucht tegen een lage zon, zoals gister in de Noord-Hollandse polder. 'Eigenlijk is de aandacht voor duurzaamheid niet bar veel opgeschoten. Overwegend nog altijd eerder plichtmatig dan uit resolute overtuiging of noodzaak. Het zou goed zijn om te kijken in hoeverre de huidige aandacht voor duurzaamheid al zoden aan de dijk zet...'

De opzet van de 38ᵉ editie van *Architectuur in Nederland* wordt tijdens de urenlange rit die ons tot aan de Duitse grens brengt uitgebreid gewogen en bediscussieerd. 'Het foto-essay was een succes, toch? Laten we Rubén Dario Kleimeer deze keer vragen om zijn fotografische lens te richten op de relatie tussen natuur en nieuwe architectuur.' Ook wordt besloten het Jaaroverzicht uit te breiden en daarbij belangrijke stemmen uit het veld van Floortje Keijzer (nieuws), Harm Tilman (lezingen), Jord den Hollander (films) en Joost Degenkamp (boeken) een plek te geven. 'Tabula rasa heeft plaatsgemaakt voor tabula scripta. Het is toch opvallend dat al die gebouwen zich in sterke mate verhouden tot het bestaande.' Besloten wordt de selectie van dit jaar anders te ordenen en ze nadrukkelijk in een historische context te plaatsen. En dan de essays, er is zo veel te adresseren. Na 40 projectbezoeken in den lande kiezen we ervoor om voort te borduren op de open

eindjes van de editie 2023-2024, dit keer met de vraag hoe duurzaam we nu eigenlijk bezig zijn en in hoeverre we er met deze oogst internationaal nog toe doen.

'Dit is je laatste rit Uri!' (*For the record*: Petermann en Gilad wisselen het stuur af voor de projectbezoeken.) Stilte heerst. Stephan zweept de auto op met hedendaagse Duitse punk uit z'n Spotify wrapped lijst. Sturend op de A2, weer diezelfde A2 van die eerdere dagen op weg naar 40 projecten die binnen het nauwgezette kader van 30 minuten werden verkend, aangeraakt, besproken en gewogen. 'Zijn die planten echt?' De geur van verse gebouwen en bouwplaatsen hangt nog in de neus. Zo'n veertig architecten aangehoord met allemaal een eigen verhaal. Verrassingen bleven een beetje uit, de o zo belangrijke cover vooralsnog onbeslist. Nog altijd meer mannen dan vrouwen en nauwelijks diversiteit. Maar wel innemend, vlijtig, consciëntieus, gedragen, meestal serieus. En vaak de disclaimer die als mantra van de architect anno nu boven bijna elk project hangt: 'Binnen de randvoorwaarden van de opdrachtgever is dit wat we eruit wisten te slepen.'

Laten we beginnen.

The rear window washer is working overtime as Uri's dark grey vehicle with flashing hazard lights manoeuvres up onto the kerb. The Europa boulevard at Amsterdam's RAI convention centre is more river than road. It was late nights all round yesterday: a meal with partners, a show at the Kleine Komedie, a KFC party with the family. The usual end of year flurry of activity. Coffee is required. Two with oat milk, one black. Annuska passes round the peppermints.

'This really is the generation of teams/zoom architecture, isn't it?' A lot of the projects, yes. One not. That one was post-Covid. It's still dark. The glow of red tail lights all around us. 'Make a note: carpet tiles are back. And: Leiden is the new Groningen.' Dark, stormy weather with sudden bursts of hail or icy rain, as it seems to have been all autumn. Every now and then a majestic Dutch cloudscape against a low sun, like yesterday in the North Holland polder. 'Actually, interest in sustainability doesn't seem to have shifted one jot. For the most part going through the motions rather than out of unshakeable conviction or necessity. It would be good to find out to what extent the current interest in sustainability has already borne fruit...'

The structure of the 38th edition of *Architecture in the Netherlands* is discussed and deliberated at length during the hours-long drive that takes us to the German border. 'Last year's photo essay was a success, wasn't it? This time, let's ask Rubén Dario Kleimeer to focus his photographic lens on the relation between nature and new architecture.' It is also decided to expand the annual review to include important voices from the field like Floortje Keijzer (news), Harm Tilman (lectures), Jord den Hollander (films) and Joost Degenkamp (books). 'Tabula rasa has given way to tabula scripta. It's quite striking how strongly all these buildings relate to the existing fabric.' We decide to organize the selected projects differently this year by locating them in their historical context. After having criss-crossed the country visiting 40 projects, we opted to pick up where we left off in the 2023-2024 edition, this time asking just how sustainable our new architecture is and what this year's crop says about our international relevance.

'This is your last trip Uri!' (*For the record*: Petermann and Gilad take turns behind the wheel during project visits.) Silence reigns. Stephan pumps up the car with contemporary German punk from his Spotify wrapped list. Driving along the A2 motorway, the same A2 as on previous days en route to 40 projects that must be explored, touched, discussed and weighed within a precise 30-minute time slot. 'Are those plants real?' The scent of new buildings and building sites lingers in the nose. Some forty architects have had the opportunity to have their own say. Not a lot of surprises, the crucial cover picture still to be settled on. As always, more men than women and not a lot of diversity. Nonetheless engaging, conscientious, diligent, high-minded, mostly serious. And often accompanied by the mantra-like disclaimer that haunts nearly every project nowadays: 'Within the constraints imposed by the client, this is what we managed to make of it.'

Let's get started.

Het jaar

20 24

(met al iets van 2025)

The Year that was:

20 24

(plus a bit of 2025)

Een jaar waarin Rotterdam weer een aantal posities veroverde in het jaarboek, maar tegelijkertijd verder afglijdt als architectuurstad. De Luchtsingel-brug van ZUS die afgebroken wordt, evenals Pompenburg van Carel Weeber, het mysterie van het museumpark dat maar niet af komt, om te zwijgen van de trieste staat van Boijmans Van Beuningen. Wie een architectuurrondleiding geeft in de Rotterdamse binnenstad, betrapt zich erop steeds vaker 'in de jaren negentig was dit echt een ding' te moeten roepen. Aric Chen bij het Nieuwe Instituut blijft erop hameren dat er heus ook aandacht voor architectuur is bij deze instelling, maar een contingent nee-roepers/redders van de Architectuur (kiest u vooral zelf) houdt stug vol dat alles weer zoals vroeger moet worden. Hoeveel therapie is er nog nodig? Ondertussen kondigt Chen zijn vertrek aan, vergezichten elders lokken. Heeft hij genoeg in gang gezet? Want terwijl je om je heen hoort dat 'men' in Rotterdam – in hedendaags bestuurdersproza uitgedrukt – 'elkaar weer vindt', dringen de effecten ervan nog te weinig door tot de gebouwde realiteit. Er is een nieuw 'surfbad' in het centrum, waarvan je je kan afvragen of het nodig was. Plompverloren citybranding vanuit de gemeente scandeert 'Hoppa weer een icoon erbij!' op bouwplaatsafrastering door de stad. Dat icoon-architectuur al jaren met de nek aangekeken wordt binnen de architectuurgemeenschap heeft de gemeente blijkbaar nog niet bereikt. Lichtpuntjes voor de stad moeten komen van een nieuw museum in aanbouw waarin eindelijk een Chinese architect mag bouwen in Nederland in plaats van andersom en wie weet komt er een Luchtsingel 2.0. Toch een vriendelijk advies om de stad van hoppa's te ontdoen. Misschien is er nog een oude slogan over lullen en poetsen die uit de mottenballen getrokken kan worden.

Een jaar waarin Amsterdam kampt met zijn eigen problematiek omdat het uitgeven van grond exclusief voor lucratieve woningbouw op steeds meer weerstand stuit. Er schijnt ook nog ruimte voor andere zaken dan wonen en datacenters nodig te zijn – zie het dossier Havenstad en Foodcenter, waar bedrijven en makers zich hard maken om onderdeel van de stad te kunnen blijven

A year in which Rotterdam once again claimed a few spots in the Yearbook but simultaneously slipped further down the ranks as a city of architecture. The threatened demolition of ZUS's crowdfunded Luchtsingel bridge and Carel Weeber's Pompenburg, the mystery of the never-finished museum park, not to mention the sad state of Boijmans Van Beuningen. Anyone conducting an architectural tour of Rotterdam's city centre finds themselves increasingly resorting to 'in the 1990s it was quite something'. At Het Nieuwe Instituut Aric Chen keeps insisting that the 'Museum for architecture, design and digital culture' really is interested in architecture, but a contingent of Architecture naysayers/saviours (take your pick) stubbornly maintain that everything should revert to how it used to be. How much more therapy is needed? Meanwhile Chen has announced his departure for pastures new. Has he done enough to reset the dial? Because although you hear it said that 'people' in Rotterdam are – in contemporary bureaucratese – 'finding one another again', the effects of that have yet to fully filter through into the built reality. There is a new wave pool in the city centre, but you can't help wondering whether it was necessary. In a vainglorious exercise in city branding, building-site hoardings across the city have been emblazoned with 'Hooray, yet another icon!'. The fact that icon-architecture has been cold-shouldered by the architectural community for years now doesn't seem to have penetrated city hall. For bright spots the city must look to a new under-construction museum where a Chinese architect has finally been allowed to build in the Netherlands rather than vice versa, and who knows, perhaps there will be a Luchtsingel 2.0. Still, a piece of friendly advice: get rid of the hoorays. Maybe there's some old slogan about bullshitting and preening that could be demothballed.

A year in which Amsterdam had its own share of problems because releasing land exclusively for lucrative housing projects is meeting with increasing resistance. It turns out that room is also needed for matters other than housing and data centres – see the fraught Havenstad and Foodcenter dossier, where businesses and creatives are fighting to continue to be part of the city. No less

uitmaken. Om publiek groen uit het stedenbouwkundig repertoire verder te *downgraden* is niet minder problematisch. Of neem de eindeloze verbouwing van CS, de onduidelijkheid over de kapitale ondertunneling van de A10 in Zuid, de *never-ending saga* van een brug over het IJ... Ondertussen gaat de stad stug door met uitbreiding op uitbreiding.

Een jaar waarin de gemeenschap zich druk maakt over de plannen voor de Algemene Rekenkamer in Den Haag zonder de plannen te kennen van Happel Cornelisse Verhoeven (die eigenlijk best okay waren) en over de sloop van Hertzbergers Sociale Zaken ten gunste van weinigzeggende woningbouw met te veel kleine woningen van Barcode. Hertzbergers ruïneuze maar fenomenale Centraal Beheer in Apeldoorn krijgt wellicht een nieuwe toekomst uit onverwachte hoek: als belevingsmuseum voor de Nationale Politie. Een jaar waarin architecten gestoken in black tie swingen op het eerste Bal der Verbeelding van de BNA in Stadsschouwburg Amsterdam. Een jaar waarin een nieuwe bewindspersoon van het hernieuwde Ministerie van VRO haar eigen versie van *Learning from ~~Las Vegas~~ Volendam* erop nahoudt. Minister Keijzer ziet haar kleine thuisgemeente aan de dijk als het grote voorbeeld voor de Nederlandse ruimtelijke inrichting en schildert een vergezicht van harmonische, historische Münchense kapdaken, waarin er vooral geen stomme regeltjes zijn en gebouwen geen empathie voor dieren hoeven te tonen. Dat die kapdaakjes juist het resultaat waren van befaamde Duitse regelzucht was misschien nog niet doorgedrongen toen ze haar programma Schrappen Tegenstrijdige en Overbodige Eisen en Regelgeving (STOER) lanceerde. Wat is het toch met politici en lullige acroniemen? Maar goed, Volendam is klimaatverandering de baas, dus als het daar kan...

Een jaar waarin ook iets anders op begint te vallen: de top van de Nederlandse architectuur is steeds minder top. Sorry, het moet gezegd. De grote, meer internationaal georiënteerde bureaus – MVRDV, UNStudio, OMA, om enkele te noemen – staan onder toenemende druk van spreadsheets, partners die zich te pletter

reizen, risicomanagement en de te voeden monden en verliezen steeds meer hun karakter of spelen enkel hun *greatest hits*. Ze worden vooralsnog gered door tenderregels, gebaande paden en een generatie na hen voor wie het allemaal niet zo internationaal of groot hoeft. Tegelijkertijd is de 'onderkant' van de architectuur misschien steeds minder onder. Rijdend door Nederland is er uiteraard genoeg lelijkheid en kwalitatief mindere bouw te vinden, vooral vanuit *ondernemend* Nederland met fantasieloze opgewarmde snelwegdozenprak, maar in mindere mate lijkt het. Ingekaderd door regelgeving, supervisie en omgevingscommissies, waar we nu juist minder van moeten hebben volgens de politiek *du jour,* maar misschien ook als effect van betere opleidingen en techniek, is niks-mis-mee-architectuur eigenlijk overal te vinden in Nederland. Wat betekent de steeds kleiner wordende afstand tussen 'top' en 'bottom' voor de toekomst? Meer A.I.-gedreven eenheidsworst? Of zal er toch een generatie opstaan die kan verrassen of het echt anders wil doen?

Awards

Over een nieuwe generatie gesproken: De Next Step Award georganiseerd door de BNA en Synchroon ging naar Groothuijse de Boer voor hun werk tot nu toe, waaronder ook hun woningbouwproject in Hattem (p. 30-31). De Archiprix Nederland ging naar Tom Slots, Jacob Heydorn Gorski, Gavin McGee Fraser, Lea Hartmeyer. De Prix des Femmes Architectes naar Beatriz Ramo Lopez de Angulo uit Rotterdam met haar geweldige project in Ivry-sur-Seine. Het meest gevierde gebouw van Nederland in 2024 was Nimeto van Maarten van Kesteren (zie *Architectuur in Nederland 2023/2024*, p. 50). Nimeto won ook de Gouden Piramide, Rietveldprijs en Truus Schröderprijs, de ARC24 award van *De Architect*, de Architectenweb Award en de Gulden Feniks. Van Kesteren won ook de Abe Bonnema Prijs voor Jonge Architecten. Office Winhov viel ook veel in de prijzen en ontving voor het ontwerp van het stadhuis en stadskantoor van Den Helder de

controversial is the further downgrading of public green space in the urban design repertoire. And then there's the endless renovation of Central Station, the lack of clarity about the massively expensive tunnelling of the A10 in Amsterdam Zuid, the never-ending saga of a bridge over the IJ... Meanwhile, the city doggedly embarks on expansion after expansion.

A year in which the community at large got worked up about the plans for the Algemene Rekenkamer (Court of Audit) in The Hague without having seen Happel Cornelisse Verhoeven's plans (which were actually quite alright) and about the impending demolition of Hertzberger's Social Affairs building for the sake of a pretty banal housing scheme with much too small dwellings designed by Barcode. Hertzberger's derelict but phenomenal Centraal Beheer building in Apeldoorn may have a new, if rather unexpected, future as an experience museum for the National Police. A year in which architects donned black tie and danced the night away at the BNA's inaugural Imagination Ball in the Stadschouwburg in Amsterdam. A year in which the new helm of the renewed Ministry of Housing and Spatial Planning entertained her own version of *Learning from ~~Las Vegas~~ Volendam*. Minister Keizer sees her small home town on the dike as the great exemplar for Dutch spatial planning, painting a vista of harmonious, historic Munich-style pitched roofs, where there are no stupid rules and buildings are not required to show any empathy for animals. That those pitched roofs in Munich were the result of the famous German mania for regulations may not yet have sunk in when she launched her 'scrapping contradictory and superfluous requirements and regulation' (which has its own acronym in Dutch: STOER, meaning 'tough'). What is it with politicians and pathetic acronyms? Anyway, apparently Volendam has mastered climate change, and if it can do it...

A year in which there was growing awareness of something else: the top echelon of Dutch architecture is no longer top-notch. Sorry, it has to be said. The big, more internationally oriented practices – MVRDV, UNStudio, OMA, to name but three – are under increasing pressure from spreadsheets, travel-jaded partners, risk management

and mouths to feed, and are gradually losing their character or are reduced to reprising their greatest hits. For the time being they are saved by tender rules, beaten tracks and a next generation that feels no great need to be either international or big. Travelling around the Netherlands there is still plenty of ugliness and sub-standard construction to be found, especially from a business community that excels in unimaginative motorway boxes, but to a lesser extent it seems. Perhaps thanks to the constraints imposed by regulation, supervision and environmental committees, of which there should be much less according to our current political masters, but also perhaps as a result of better teaching and technology, nothing-wrong-with-it architecture can be found all over the Netherlands. What does the shrinking distance between 'top' and 'bottom' mean for the future? More AI-driven sameness? Or will a new generation capable of surprising us or just genuinely committed to doing things differently step up?

Awards

Speaking of a new generation: the Next Step Award organized by the BNA and Synchroon went to Groothuijse de Boer for their work to date, including a housing project in Hattem (p. 28). Archiprix Nederland was won by Tom Slots, Jacob Heydorn Gorski, Gavin McGee Fraser and Lea Hartmeyer. The Prix des Femmes Architectes went to Beatriz Ramo Lopez de Angulo from Rotterdam for her fantastic project in Ivry-sur-Seine. The most awarded building in the Netherlands in 2024 was Maarten van Kesteren's Nimeto (see *Architecture in the Netherlands 2023/2024*, p. 50), which also won the Golden Pyramid, Rietveld Prize and Truus Schröder Prize, *De Architect*'s ARC24 award, the Architectenweb Award and a Golden Phoenix. Van Kesteren himself won the Abe Bonnema Prize for Young Architects. Another multiple award-winner was Office Winhov, whose design for Den Helder's town hall and municipal offices won the H.I.P. 2024, the Arie Keppler Prize, the Archello Award, the Architectenweb Award, a Golden Phoenix and BNA Best

H.I.P. 2024, de Arie Kepplerprijs, de Archello Award, de Architectenweb Award, de Gulden Feniks en BNA Beste Gebouw van het Jaar. Voor het Nationaal Holocaustmuseum in Amsterdam de ARC24 interieur award van *De Architect*, de Archello Award en de Geurt Brinkgreve Bokaal. Architectenweb Architect van het Jaar werd De Zwarte Hond.

Internationaal Nederlands succes in 2024 was er voor Sabine Marcelis die de Designer of the Year Award ontving van Dezeen. Daarnaast had Dezeen een eervolle vermelding voor duurzaamheid voor Haus 1 - Atelier Gardens in Berlijn door MVRDV. World Architecture Forum kende geen Nederlandse winnaars. Hoewel o.a. UNStudio, OMA en MVRDV tot de 75 finalisten behoorden voor een Archdaily award, gingen ze er niet met de prijzen vandoor.

Vanuit de Nederlandse filantropische stichting Ammodo kwam er een belangrijke nieuwe internationale architectuurprijs bij. Naast eeuwige roem biedt die ook financieel soelaas met 26 prijzen waarmee winnaars een prijzengeld ontvangen tussen 10.000 en 150.000 euro voor bijzondere lokale, duurzame en sociale projecten. Zonder zelffeliciterend awardfeest en daaraan gepaarde onnodige vliegbewegingen. De centen worden bewust en doelmatig besteed. Het Amsterdamse coöperatieve woonproject De Warren, ontworpen door Natrufied Architecture, won als enige Nederlandse project een Ammodo Award.

Overleden

Op 2 februari 2025 is Carel Weeber (1937-2025) ons ontvallen. Een van de meest contraire en autonome architecten die Nederland ooit heeft gezien. De zelfverklaarde ex-architect met Antilliaans-Nederlandse wortels is bekend van iconische ontwerpen als De Peperklip en de Zwarte Madonna en het Wilde Wonen. Weeber leed al enige tijd aan de ziekte van Alzheimer. Lucien Lafour (1942-2024), de flamboyante Surinaams-Nederlandse architect uit Amsterdam die veel woningbouwcomplexen in Nederland en Suriname realiseerde, overleed enkele maanden eerder.

Voormalig *Architectuur in Nederland* redacteur, architectuurhistoricus en eerste drummer van de Amsterdamse band Claw Boys Claw, Allard Jolles (1958-2024), overleed. Jolles behartigde lange tijd het belang van architectuur bij de gemeente Amsterdam en de Rijksgebouwendienst en schreef onder andere voor Archined en *Cobouw*. Herman Zeinstra (1937-2024) was met zijn vrouw Liesbeth van der Pol oprichter van Atelier Zeinstra van der Pol, het huidige Dok Architecten (zie p. 40-41). Ook gaf hij jarenlang les aan de Academie van Bouwkunst in Amsterdam. Kunsthistoricus en feminist Wies van Moorsel (1935-2024) was een onvermoeibare ambassadeur van de kunsten en streed haar hele leven voor meer zichtbaarheid van vrouwelijke kunstenaars en architecten. Herman de Kovel (1952-2024) mede-oprichter van DKV architecten, doorgegaan als De Kovel architecten nadat DKV de financiële crisis van 2013 niet doorstond, was architect van met name woning- en utiliteitsbouw in veel uitbreidingsgebieden in Nederland. Bertus Mulder (1929-2024) was architect, maar nog meer Gerrit Rietveldkenner en voerde restauratieopdrachten van het Rietveld Schröderhuis en het Rietveldpaviljoen bij het Kröller-Müller Museum in Otterlo uit. De Italiaans-Nederlandse architect en academicus Umberto Barbieri (1945-2025) was een belangrijke kracht in het Nederlands architectuuronderwijs, met name aan de Academie van Bouwkunst in Rotterdam en de TU Delft. Met Aldo Rossi richtte Barbieri Studio d'Architectura op, het Nederlandse bruggenhoofd van Rossi's internationale architectuurpraktijk, met projecten als De Lamel in Den Haag.

Buiten Nederland overleed op 95-jarige leeftijd Fumihiko Maki (1928-2024) die in 1993 de prestigieuze Pritzkerprijs in ontvangst nam. De succesvolle en productieve Japanse architect studeerde in Japan en de VS en realiseerde door de jaren heen een degelijke en brede projectportfolio met moderne, serieuze publieke en private complexen waaronder het Aga Kahn Museum in Toronto, Sea World Culture and Arts Center in Shenzhen en universiteitsgebouwen, maar net zo goed kantoortorens in Manhattan. Ook de Italiaanse eclectische architect, provocateur en medeoprichter

---

Building of the Year for the National Holocaust Museum in Amsterdam, *De Architect*'s ARC24 interior award, the Archello Award and the Geurt Brinkgreve Bokaal. Architectenweb's Architect of the Year was De Zwarte Hond.

There was Dutch international success in 2024 for Sabine Marcelis, who won Dezeen's Designer of the Year Award. Dezeen also awarded an honourable mention for sustainability to Haus 1 - Atelier Gardens in Berlin by MVRDV. There were no World Architecture Forum awards for Dutch architects this year and although the 75 finalists for an ArchDaily award included UNStudio, OMA and MVRDV, none of them came away with an award.

There was a new international architecture prize courtesy of Dutch philanthropic foundation Ammodo. As well as eternal fame, its 26 prizes also offer financial solace, with winners receiving amounts ranging from 10,000 to 150,000 euros for exceptional local, sustainable and social projects. And all without any self-congratulatory awards fest and the associated wasteful air travel. The money is spent responsibly and efficaciously. The Amsterdam cooperative housing project De Warren, designed by Natrufied Architecture, was the only Dutch project to win an Ammodo Award.

In memoriam

Carel Weeber (1937-2025), one of the most contrary and autonomous architects the Netherlands has ever seen, died on 2 February 2025. The self-declared 'ex-architect' with Antillean-Dutch roots is best known for iconic designs like De Peperklip and the Zwarte Madonna, and for Wilde Wonen (deregulated housing construction). Weeber had suffered for some time from Alzheimer's disease. Lucien Lafour (1942-2024), a flamboyant Surinamese-Dutch architect from Amsterdam, who built many housing complexes in the Netherlands and Suriname, died a few months earlier.

Allard Jolles (1958-2024), former *Architecture in the Netherlands* editor, architectural historian and the first drummer of the Amsterdam Claw Boys Claw band. Jolles long promoted the importance of

architecture at the City of Amsterdam and the Government Buildings Agency and wrote for Archined and *Cobouw*, among others. Herman Zeinstra (1937-2024), who along with his wife Liesbeth van der Pol founded Atelier Zeinstra van der Pol, now Dok Architecten (see p. 38). Zeinstra taught for many years at the Academy of Architecture in Amsterdam. Art historian and feminist Wies van Moorsel (1935-2024) was an indefatigable ambassador for the arts and fought her whole life for greater visibility for women artists and architects. Herman de Kovel (1952-2024), co-founder of DKV architecten, which continued as De Kovel architecten after DKV fell victim to the financial crisis of 2013, designed a lot of residential and non-residential buildings in many urban expansions in the Netherlands. Bertus Mulder (1929-2024) was an architect, but more especially a Rietveld expert. He carried out restorations of the Rietveld Schröderhuis and the Rietveld pavilion at the Kröller-Müller Museum in Otterlo. Italian-Dutch architect and academic Umberto Barbieri (1945-2025) was a major force in Dutch architecture education, in particular at the Academy of Architecture in Rotterdam and TU Delft. Barbieri teamed up with Aldo Rossi in founding Studio d'Architectura, the Dutch bridgehead of Rossi's international architectural practice, producing projects like the Lamel in The Hague.

Outside the Netherlands, 95-year-old Fumihiko Maki (1928-2024), who won the prestigious Pritzker Prize in 1993. The successful and prolific Japanese architect studied in Japan and the US and over the years built up a respectable and broad portfolio of modern, serious public and private complexes, including the Aga Kahn Museum in Toronto, the Sea World Culture and Arts Center in Shenzhen, as well as university buildings and office towers in Manhattan. Italo Rota (1953-2024), eclectic Italian architect, provocateur and co-founder of the influential *Lotus* magazine also passed away. Apart from co-designing the Italian pavilion for Expo 2020 in Dubai with Carlo Ratti Associati, he was the man behind the not uncontroversial Museo del Novecento in Milan. In London the highly influential architecture historian and critic Joseph Rykwert (1926-2024) died

van het invloedrijke tijdschrift *Lotus*, Italo Rota (1953-2024), overleed. Behalve dat hij het Italiaans paviljoen voor de Wereld-tentoonstelling van 2020 in Dubai samen met Carlo Ratti Associati ontwierp, was hij de ontwerper van het niet onomstreden Museo del Novecento in Milaan. In London overleed de uiterst invloed-rijke architectuurhistoricus en -criticus Joseph Rykwert (1926-2024) op 98-jarige leeftijd die onder andere bekend werd met *On Adam's House in Paradise* (1972), waarin hij de fascinatie van architecten voor de oerhut beschreef.

Afscheid

Paul Diederen en Bert Dirrix, oprichters van DiederenDirrix, doen een stap terug en geven het stokje over aan een uitbreidend kader van mede-eigenaren. Ze blijven op de achtergrond betrokken bij het kantoor dat zij in 1999 samen oprichtten. Mattijs Rijnboutt, de laatste naamdrager van het kantoor, stapt op 53-jarige leeftijd uit Rijnboutt. Ook hier zetten langbetrokken medewerkers het werk van het kantoor voort. Geen afscheid, maar toch noemenswaardig: het archief van Jo Coenen is toegevoegd aan de collectie van Nieuwe Instituut.

De zes beste architectuurboeken uit 2024 volgens Joost Degenkamp, NAi Boekverkopers/Booksellers, Rotterdam

Terugkijkend op een jaar vol interessante publicaties en boek-gerelateerde initiatieven zijn er zeker een paar boeken die het waard zijn om er even uit te lichten.
  Autonoom. 100% Carel Weeber door Wouter Vanstiphout (Maas Lawrence)
In de categorie niet altijd gewaardeerde architectuur is er het werk van Carel Weeber, dat door Wouter Vanstiphout in het boek *Autonoom. 100% Carel Weeber* biografisch belicht wordt. Los van het overlijden van Weeber begin 2025, zorgde een ander actueel aspect voor aanhoudende belangstelling in dit boek. De aange-

at the age of 98. He is remembered not least for *On Adam's House in Paradise* (1972) in which he wrote about architects' enduring fascination with the primitive hut.

Farewells

Paul Diederen and Bert Dirrix, the founders of DiederenDirrix, are stepping back and passing the baton to an ever-growing band of co-owners. They will retain a backstage involvement with the office they founded in 1999. At Rijnboutt, Mattijs Rijnboutt, the last person to bear its name, is retiring from the practice at the age of 53. Here, too, longstanding collaborators will carry the office forward. Not a farewell as such, but worthy of mention: Jo Coenen's archive has been added to the Nieuwe Instituut collection.

The six best architecture books of 2024 according to Joost Degenkamp, Naibooksellers, Rotterdam

Looking back at a year full of interesting publications and book-related initiatives, there are definitely a few books worth singling out.
  Autonoom. 100% Carel Weeber by Wouter Vanstiphout (Maas Lawrence)
The category of not always appreciated architecture includes the work of Carel Weeber, which is biographically elucidated by Wouter Vanstiphout in *Autonoom. 100% Carel Weeber*. Apart from Weeber's death in early 2025, i`nterest in this book has been sustained by something else that has been in the news. The foreshadowed demolition of Weeber's Pompenburg in Rotterdam, which also graces the cover, lent the book an additional frisson in the debate about the replacement of social housing by market-driven supply.
  The Making of the Netherlands by Reinout Rutte (THOTH)
On a higher level of scale, an overview of what was designed in the past that we still appreciate today attracted plenty of interest. Both the Dutch and English editions of this historical atlas found their way to a wide readership.

kondigde sloop van Weebers Pompenburg in Rotterdam, tevens coverbeeld, gaf het boek een extra lading in de discussie over het vervangen van sociale woningbouw door marktaanbod.
  Historische atlas van Nederland door Reinout Rutte (THOTH)
Op een groter schaalniveau was er grote interesse in hetgeen in het verleden ontworpen is en we nu waarderen: zowel de Neder-landse als Engelstalige editie van de *Historische atlas van Neder-land* vond haar weg naar een breed publiek.
  Co-living door Sanne van Manen, Kate Brown, David Philips (MVRDV, HUB, Bridges Fund Management)
Er is veel aandacht voor verschillende co-living initiatieven. *Co-living* door Sanne van Manen en anderen biedt als ontwerp-studie verschillende alternatieve vormen van samenleven, van het schaalniveau van het huis tot de stad. Het is nog wachten op *De architectuur van wooncoöperaties* door Marieke Kums en Carolin Koopmann.
  VOLUME 66: The Guide to Designing with Animals, Plants and other Critters door VOLUME (Archis/Nieuwe Instituut)
Er blijft veel aandacht voor onze leefomgeving, met name de relatie tussen mens en natuur. Eerder waren er al de *Tweede gids voor natuurinclusief ontwerp* door Maike van Stiphout (nextcity) en *Stadsnatuur bouwen* door Jacques Vink, Piet Vollaard, Niels de Zwarte (nai010 uitgevers) die zeer actueel blijven. Tijdschrift VOLUME voegt daar dit jaar een *Guide to Designing with Animals, Plants and other Critters* aan toe, waarin de relatie met ontwerp per dier/plant/insect wordt bekeken. Net als *It's About Time* (nai010 uitgevers) door onder anderen Derk Loorbach, Saskia van Stein en Peter Veenstra naar aanleiding van de IABR in 2022 is het ook een agenderende publicatie over de klimaatproblematiek.
  Paradijs van imperfectie door Violette Schönberger (nai010 uitgevers) en *De ruimtes* door Marjolein van Eig (eigen beheer)
Twee vrouwen die ieder op eigen wijze een kritisch geluid vanuit het vakgebied laten horen, getuige Violette Schönbergers boek

  Co-living by Sanne van Manen, Kate Brown, David Philips (MVRDV, HUB, Bridges Fund Management)
Co-living initiatives currently command a lot of interest. *Co-living*, a design study by Sanne van Manen and others, offers various alternative forms of living together, ranging in scale from the house to the city. Still to come: *The Architecture of Housing Co-ops* by Marieke Kums and Carolin Koopmann.
  VOLUME 66: The Guide to Designing with Animals, Plants and other Critters by VOLUME (Archis/Nieuwe Instituut)
There is still a lot of interest in our living environment, in particular the relationship between human beings and nature. Two earlier publications, *Tweede gids voor natuurinclusief ontwerp* by Maike van Stiphout (nextcity) and *Building Urban Nature* by Jacques Vink, Piet Vollaard and Niels de Zwarte (nai010 publishers), are still highly relevant. This year VOLUME magazine added a *Guide to Designing with Animals, Plants and other Critters*, in which the design relationship is studied per animal/plant/insect. Like the IABR 2022-inspired *It's About Time* (nai010 publishers) by Derk Loorbach, Saskia van Stein, Peter Veenstra and others, it is an agenda-setting publication on the climate issue.
  Paradijs van imperfectie by Violette Schönberger (nai010 publishers) and *De Ruimtes* door Marjolein van Eig (self-published)
Finally, recognition for two women who each in their own way sound a critical note from the field: Violette Schönberger in *Paradijs van imperfectie* and Marjolein van Eig in what is her second book, *De Ruimtes*.

In conclusion, it is good to see that there is still a role for the book when it comes to evaluating heritage and interrogating topical themes like demolition/new-build and the design of our living environment.

Paradijs van imperfectie en Marjolein van Eigs tweede boek getiteld *De Ruimtes*.

Concluderend is het goed om te zien dat er een rol voor het boek blijft weggelegd als het gaat om het duiden van erfgoed en het bevragen van actuele thema's als sloop/nieuwbouw en het inrichten van onze leefomgeving.

Agenda voor komende jaren: De vijf belangrijkste lezingen van 2024 volgens Harm Tilman, voormalig hoofdredacteur *de Architect*

Wie in 2024 de feuilletons en platforms voor architectuur volgde, kan niet anders dan concluderen dat de Nederlandse architectonische cultuur in verwarring verkeert. Spraakmakende architecten pleiten voor een algemeen sloopverbod, maar accepteren net zo gemakkelijk sloop- en nieuwbouwopdrachten. De verontwaardiging over de sloop van bepaalde gebouwen blijkt minstens zo selectief te zijn. Iets wat je ook terugziet bij andere strijdpunten, zoals woningbouw en materiaalgebruik, die vaak niet meer dan marketingteksten blijken te zijn.

Daarbij kan de Nederlandse architectuur tot op heden nauwelijks een politieke vuist maken. Terwijl bijvoorbeeld Duitse architecten aan de vooravond van de verkiezingen van de Bondsdag een twintig pagina tellend manifest de wereld in slingerden met niet misselijke eisen, vierden de Nederlandse architecten het mede ondertekenen van het woonmanifest van minister Mona Keijzer al als een succes.

Er zijn meerdere ruimtelijke opgaven waar alle partijen de komende jaren hun handen vol aan zullen hebben: woningbouw, verduurzaming, landbouw, klimaat, natuur, om er maar een paar te noemen. Het zijn complexe opgaven die vaak niet eenduidig op te lossen zijn. Opmerkelijk genoeg geven de lezingen die in 2024 zijn gehouden een veel beter idee waar architectuur naar toe kan gaan. Tezamen vormen ze een potentiële agenda in de komende jaren.

Agenda for the coming years: The five most important lectures of 2024 according to Harm Tilman, former editor-in-chief of *de Architect*.

Anyone who followed the feuilletons and platforms devoted to architecture in 2024 cannot but conclude that Dutch architectural culture is in disarray. High-profile architects publicly champion a general ban on demolition but readily accept demolition/new-build commissions. The outrage over the demolition of specific buildings has proven to be just as selective, something one also sees with other hotly contested issues, such as housing and use of materials, which often turn out to be nothing more than sales pitches.

And thus far Dutch architects have failed to take much of a political stand. While their German confreres published a twenty-page manifesto with not inconsiderable demands on the eve the recent Bundestag elections, Dutch architects hailed the signing of the neo-con housing and spatial planning minister's manifesto on housing a win.

There are several spatial tasks that all parties will have to deal with in the coming years: housing, sustainability, agriculture, climate, nature, to name but a few. These are complex tasks that often resist straightforward solutions. Remarkably enough, the lectures held in 2024 provide a much better idea of where architecture might go next. Together they form a potential agenda for the coming years.

Inaugural Jos. Bedaux lecture by Mechthild Stuhlmacher, Tilburg University, 18 April
On 18 April 2024 the inaugural Jos. Bedaux lecture took place in Tilburg University's Cobbenhagen building. The lecture was organized by the eponymous foundation, with the aim of generating interest in the work of Jos. Bedaux (1910-1989). The speaker was Mechthild Stuhlmacher (Korteknie Stuhlmacher Architecten), introduced by foundation chair Ninke Happel as 'the Netherlands' best architect'. Reflecting on the relation between her own work and

Eerste Jos. Bedaux-lezing door Mechthild Stuhlmacher, Universiteit van Tilburg, 18 april
Op 18 april 2024 vond de eerste Jos. Bedaux-lezing plaats in het Cobbenhagengebouw van de Universiteit van Tilburg. De lezing werd georganiseerd door de gelijknamige stichting met als doel aandacht op te wekken voor het werk van Jos. Bedaux (1910-1989). Spreker was architect Mechthild Stuhlmacher (Korteknie Stuhlmacher Architecten), door stichting-voorzitter Ninke Happel geïntroduceerd als 'de beste architect van Nederland'. Aan de hand van haar projecten reflecteerde zij op de relatie tussen eigen werk en dat van Jos. Bedaux. Volgens Stuhlmachter begint in architectuur alles met een bepaalde manier van kijken. 'Je moet kijken wat je hebt en daarop voortbouwen.'

Design by thinking of-lezing door Felix Claus, Tolhuistuin, Amsterdam, 15 mei 2024
In de geweldige reeks 'Design by thinking of' gaven naast opnieuw Mechthild Stuhlmacher dit jaar Oana Bogdan, Hirokazu Suemitsu, Felix Claus en Andy Groarke acte de présence. Felix Claus markeerde zijn afscheid van de Nederlandse architectuur met een opmerkelijke lezing. Claus reflecteerde op de condities die de afgelopen dertig jaar bepalend waren voor zijn projecten, namelijk de lokale stedelijke feiten, de politieke context en last but not least het vakmanschap. Claus die de laatste jaren zijn frustraties over de Nederlandse architectuur niet onder stoelen of banken stak, riep tot slot op tot een zoektocht naar de essentie van de architectuur.

Vastgoedlezing 2024 door rijksbouwmeester Francesco Veenstra, Studio Wieman, Amsterdam, 14 november
Rijksbouwmeesters waren lang geleden verantwoordelijk voor de bouw van overheidsgebouwen, maar regeren tegenwoordig vooral *by speech*. In zijn lezing 'De 22e eeuw begint nu' sprak rijksbouwmeester Francesco Veenstra nadrukkelijk de vastgoedsector aan op de keuzes die ze zullen maken voor komende generaties. Volgens hem moet de sector reageren op huidige opgaven, maar ook vooruitkijken naar toekomstige transities, zoals verduur-

that of Jos. Bedaux, Stuhlmacher observed that in architecture everything begins with a particular way of looking. 'You have to look at what you have and continue to build on that.'

Design by thinking of lecture by Felix Claus, Tolhuistuin, Amsterdam, 15 May 2024
Fronting the mike in the excellent 'Design by Thinking of' series this year were Mechthild Stuhlmacher (second time around), Oana Bogdan, Hirokazu Suemitsu, Felix Claus and Andy Groarke. Felix Claus marked his departure from Dutch architecture with a noteworthy lecture in which he recounted the conditions that have defined his projects for the past thirty years, namely local urban facts, the political context and last but not least, craftsmanship. Claus, who has made no attempt to conceal his frustration with Dutch architecture in recent years, concluded by calling on architects to search for the essence of architecture.

Real Estate Lecture 2024 by government architect Francesco Veenstra, Studio Wieman, Amsterdam, 14 November
Once upon a time government architects were responsible for the construction of government buildings; nowadays they govern primarily by speech. In his lecture 'The 22nd century begins now' government architect Francesco Veenstra explicitly called the real estate sector to account regarding the choices they will make for future generations. He said the sector should respond to current challenges, but also look ahead to future transitions, such as sustainability and population growth. What we need, according to Veenstra, are choices that result in a more equitably planned and designed Netherlands. The example he used to illustrate this appeal was especially telling. The sports grounds along the Zuidas are probably worth half a billion euros. But in the long term, playing sport on those fields pays much higher dividends. Conclusion: the real estate sector has to start thinking differently about money and the future.

Lieven de Key Lecture by Maike van Stiphout, Rudolf Steiner College, Haarlem, 19 November
Landscape architect Maike van Stiphout delivered this year's Lieven de Key lecture under the title 'What are we still waiting for?'.

zaming en bevolkingsgroei. Nodig zijn keuzes die leiden tot een meer rechtvaardige inrichting van Nederland, aldus Veenstra. Veelzeggend was het voorbeeld waarmee hij deze oproep illustreerde. De sportvelden aan de Zuidas zijn misschien wel een half miljard waard. Sporten op die plek levert op lange termijn echter een veelvoud van dat bedrag op. Conclusie: de vastgoedsector dient anders te gaan nadenken over geld en toekomst.

Lieven de Key-lezing door Maike van Stiphout, Rudolf Steiner College, Haarlem, 19 november

Landschapsarchitecte Maike van Stiphout gaf dit jaar de Lieven de Key-lezing onder de titel 'Waar wachten we nog op?' Volgens Van Stiphout weten we wat er aan de hand is (zesde uitstervingsgolf, klimaatverandering). Om daar iets aan te doen, moet volgens haar meer ruimte aan de natuur en aan het samenleven met andere soorten worden gegeven. Ook is bekend, aldus Van Stiphout, hoe je dat kunt bereiken. Namelijk door het programma van eisen voor dieren en planten mee te nemen in bouwopgaven. Inderdaad, waar wachten we nog op? Van Stiphout ziet een duidelijke rol weggelegd voor ontwerpers: zij kunnen esthetiek inzetten om het draagvlak voor verwildering in de stad te vergroten. Met ruimtelijke strategieën als sieren, omlijsten en delen ondersteun je deze inzet. Ook ontwerpers hoeven dus nergens meer op te wachten.

Oratie van Joks Janssen, Universiteit van Tilburg, 13 december

Volgens architect Joks Janssen is sprake van een ernstige scheefgroei tussen de Nederlandse landbouw en de sociale en fysieke omgeving waarin die plaatsvindt. Met louter technologische innovaties los je dit probleem niet op, aldus Janssen. Om een betere balans te vinden tussen economie en leefomgeving, is een ruimtelijke herinrichting van het platteland nodig. Janssen sprak in zijn oratie op de Universiteit van Tilburg treffend van 'wederombouw'. Bij deze wederombouw zijn volgens Janssen grond, gemeenschap en geschiedenis ('ggg', als alternatief voor BBB) doorslaggevend.

Het moge duidelijk zijn, zet deze vijf mensen een ochtend bij elkaar en ook de Nederlandse architectuur beschikt over een agenda waarmee ze de boer op kan gaan.

De vijf meest belangwekkende films die Jord den Hollander zag als architect-filmmaker en curator Architectuur Filmfestival Rotterdam tijdens het AFFR en IDFA (met binge garantie)

Sex (Dag Johan Haugerud, 2024/2025, Noorwegen, 118 min.)
Tegen weidse panorama's van het moderne Oslo praten twee schoorsteenvegers op het dak van hun cliënten over hun getormenteerde seksleven. Een onwaarschijnlijk gegeven, maar een meesterlijk eigentijds verhaal dat de verwarring over seks, gender en identiteit vertelt tegen de achtergrond van 'onschuldige' architectuur.

Trains (Maciej J. Drygas, 2024, Polen, 81 min.)
Een enkel uit archiefbeeld opgebouwde documentaire die een verpletterend beeld geeft van de twintigste eeuw aan de hand van de trein. Oorlog, verbinding, hoop en toekomst zijn af te lezen in de stalen lijnen die het landschap doorsnijden. Een beklemmend relaas over de eeuwige cyclus van opbouw en vernietiging.

27 Storeys (Bianca Gleissinger, 2024, Oostenrijk, 82 min.)
Allen naar Wenen als je wilt weten hoe volkshuisvesting na ruim een eeuw perfect functioneert. Een prachtig persoonlijk portret van het iconische jaren zeventig Alterlaa sociaal woningbouwcomplex. Een utopisch project dat nog steeds bewijst dat sociale cohesie gepland en ook betaalbaar gebouwd kan worden.

Eileen Gray and the House by the Sea (Beatrice Minger/ Christoph Schaub, 2024, Zwitserland, 89 min.)
De dialogen zijn wat clichématig en de karakters nogal stereotiep, maar de vinger wordt in deze overgestileerde gedramatiseerde verfilming van de geschiedenis van huis E1027 wel op de gevoelige plek gelegd. Vrouwen dienden hun plaats te kennen in de modernistische wereld van de jaren twintig en dertig. Dat gold niet voor Eileen, die desondanks erkenning ontbeerde omdat types als Le Corbusier (en andere modernistische alfamannetjes) zichzelf op de voorgrond plaatsten.

According to Van Stiphout we know what is happening (sixth mass extinction, climate change). In order to do something about that we need allow greater scope for nature and for co-existing with other species. And according to Van Stiphout, we also know how to achieve this. Namely by including the schedule of requirements for animals and plants in building briefs. Indeed, so what are we still waiting for? Van Stiphout sees a clear role for designers, who can employ aesthetics to boost the acceptance of urban rewilding. spatial strategies like decorating, framing and dividing support this effort. So designers no longer have to wait for anything either.

Oration by Joks Janssen, Tilburg University, 13 December
According to architect Joks Janssen there is a serious imbalance between Dutch agriculture and the social and physical environment in which it takes place. Purely technical innovations are not going to solve this in Janssen's view. Achieving a better balance between the economy and the living environment requires a redesign of the countryside. In his oration at Tilburg University, Janssen spoke compellingly of 'recasting', in which land, community and history are crucial.

Needless to say, put these five people together for one morning and Dutch architecture has an agenda with which it can hit the ground running.

The five most interesting films that Jord den Hollander, architect-filmmaker and Architecture Film Festival Rotterdam curator, saw during the AFFR and IDFA (with binge guarantee)

Sex (Dag Johan Haugerud, 2024/2025, Norway, 118 min.)
Against expansive panoramas of modern Oslo, two chimney sweeps discuss their tormented sex lives on their clients' roofs. An improbable set-up, but also a masterly contemporary story about confusion over sex, gender and identity against a backdrop of 'innocent' architecture.

Trains (Maciej J. Drygas, 2024, Poland, 81 min.)
A documentary composed entirely of archival footage that gives an overwhelming picture of the 20th century in terms of the train. War, connection, hope and future can be read in the steel rails that crisscross the landscape. An oppressive account of the eternal cycle of construction and destruction.

27 Storeys (Bianca Gleissinger, 2024, Austria, 82 min.)
All aboard for Vienna if you want to know how social housing can still function perfectly after more than a century. A superb personal portrait of the iconic 1970s Alterlaa social housing complex. A utopian project and enduring proof that social cohesion can be planned and also affordably built.

Eileen Gray and the House by the Sea (Beatrice Minger/ Christoph Schaub, 2024, Switzerland, 89 min.)
The dialogues are a bit cliched and the characters rather stereotypical, but this over-stylized dramatization of the history of house E1027 definitely hits home. Women were supposed to know their place in the modern world of the 1920s and '30s. Not Eileen though, whose reputation nevertheless fell victim to Le Corbusier's (and other male chauvinists/modernists) habit of hogging the limelight.

The World According to Weeber (Jord den Hollander, 2024, Netherlands, 60 min.)
If only because of the impending demolition of the Pompenburg social housing complex in Rotterdam, this film would merit a place in the top 5. The overview of Weeber's work put together from archival images shows once again the consequences of the disastrous neo-liberal politics sweeping away Carel Weeber's iconic social housing projects. The architect, who died in early 2025, just lived just long enough to see this ode to his contrary but inspired stance in Dutch architecture.

The World According to Weeber (Jord den Hollander, 2024, Nederland, 60 min.)

Alleen al vanwege de dreigende sloop van het sociale woningbouwcomplex Pompenburg in Rotterdam verdient deze film een plek in de top 5. Dit uit archiefbeeld samengestelde overzicht laat nog eens de gevolgen van desastreuze neoliberale politiek zien die korte metten maakt met de iconische sociale woningbouwprojecten van Carel Weeber. De in 2025 overleden architect maakte nog net deze ode aan zijn dwarse, maar bevlogen houding in de Nederlandse architectuur mee.

De zeven belangrijkste nieuwsitems volgens Floortje Keijzer, architect, architectuurhistoricus en vakredacteur bij de *Architect*

Brandbrief alumni TU Eindhoven

Maar liefst 94 alumni van de TU Eindhoven ondertekenen in februari een brandbrief waarin zij hun zorg uiten over de onderwijsvisie binnen de Faculteit Bouwkunde. Het is een brief in een reeks van reacties op de crisis binnen de afdeling Architecture, Urban Design and Engineering (AUDE) die in de zomer van 2023 escaleerde toen drie hoogleraren – David Gianotten, Christian Rapp en Paul Diederen – per direct opstapten.

Niet eerder sluiten zo veel alumni zich aan zoals Sjoerd Soeters, Pnina Avidar, Geert Bosch, Jan Peter Wingender, Annemariken Hilberink, Joost Roefs, Gert Kwekkeboom en Janneke Bierman. De opvolging van de drie hoogleraren blijft lang onduidelijk. Pas in februari 2025 wordt bekend dat Jacob van Rijs en Tom Frantzen twee van de drie nieuwe hoogleraren binnen de afdeling AUDE zijn.

Renovatie Binnenhof fors duurder

In april wordt bekend gemaakt dat de renovatie van het Binnenhof fors duurder uitvalt dan begroot. De oorspronkelijke raming van 475 miljoen is opgelopen tot 2 miljard. Bjarne Mastenbroek schrijft een brisante brief in de *NRC*: 'Nederland gaat van een nuchter bouwland naar een vastloopland.' Mastenbroek schrijft dat de verviervoudiging tot de onvoorstelbare 22.000 euro per

vierkante meter op geen enkele manier te rechtvaardigen is. Niet door inflatie en niet door gestegen materiaalprijzen. De verklaring schuilt volgens hem in de hopeloze manier waarop de bouw is georganiseerd met een wildgroei aan onzinnige regels, adviesbureaus, procesmanagers en consultants die elkaar in een verstikkende wurggreep houden.

Brandbrief tegen sloop SoZa

In april ondertekenen 576 architecten, stedenbouwkundigen en architectuurhistorici mijn brandbrief aan de Tweede Kamer tegen de sloop van het Ministerie van Sociale Zaken en Werkgelegenheid (SoZa) in Den Haag. Onder hen zijn Francis Strauven, Thomas Bedaux, Rem Koolhaas, Bernard Colenbrander, Marlies Rohmer, Mels Crouwel, Marjolein van Eig, Michelle Provoost en Dick van Gameren. Het kolossale betonnen gebouw van Herman Hertzberger is net dertig jaar oud en moet nu al wijken voor een nieuw plan met hoogbouw dat meer verkoopbare vierkante meters oplevert. De markt bepaalt het lot van dit schoolvoorbeeld van structuralisme dat in plaats van de sloophamer een status als Rijksmonument verdient, aldus de ondertekenaars.

Maar er zijn meer gebouwen die op de slooplijst staan en daardoor publieke verontwaardiging veroorzaken, waaronder Pompenburg in Rotterdam door Carel Weeber (1981) en de Boijmansvleugel door Robbrecht & Daem (2003). De roep om te stoppen met slopen wordt steeds sterker in de loop van het jaar. Vanwege de architectuurhistorische waarde van het jonge erfgoed, maar ook omdat slopen op geen enkele manier duurzaam is.

Feyenoord City komt er toch

In juni stemt de gemeenteraad van Rotterdam in met het herziene plan Feyenoord City.

In 2022 werd het originele plan van OMA in Rotterdam-Zuid afgeschoten, toen voetbalclub Feyenoord niet akkoord ging met een nieuw te bouwen stadion. Groen is leidend in het herziene ontwerp dat is ontworpen door OMA, Effekt en Lola met 7000 tot 9500 nieuwe woningen, een nieuw treinstation, bedrijven, scholen, maatschappelijke voorzieningen, een brug over de Nieuwe Maas

---

The seven most important news items according to Floortje Keijzer, architect, architecture historian and content editor with *de Architect*

Open letter from TU Eindhoven alumni

In February, no fewer than 94 alumni of TU Eindhoven signed an open letter in which they expressed their concern about the Faculty of Architecture's educational vision. It is just one letter in a series of reactions to the simmering crisis within the department of Architecture, Urban Design and Engineering (AUDE), which escalated in the summer of 2023 when three professors – David Gianotten, Christian Rapp and Paul Diederen – resigned with immediate effect.

Never before have so many alumni of the likes of Sjoerd Soeters, Pnina Avidar, Geert Bosch, Jan Peter Wingender, Annemariken Hilberink, Joost Roefs, Gert Kwekkeboom and Janneke Bierman joined in. Who would succeed the three professors was for a long time unclear. It was not until February 2025 that it became known that two of the three positions in the AUDE department would be filled by Jacob van Rijs and Tom Frantzen.

Binnenhof renovation costs through the roof

In April it was announced that the renovation of the Binnenhof had blown out from the budgeted figure of 475 million euros to a cool 2 billion. Bjarne Mastenbroek penned a blistering letter to the *NRC*: 'From a pragmatic construction country, the Netherlands is becoming a bogged-down country'. He wrote that the quadrupling of costs to a staggering 22,000 euros per square metre could in no way be justified. Not by inflation and not by rising material prices. In his view the explanation lay in the abysmal way the construction process had been organized, with a proliferation of absurd rules, advisory bureaus, process managers and consultants that have one another in a suffocating stranglehold.

Open letter opposing the demolition of SoZa

Also in April, 576 architects, urban designers and architectural historians signed my open letter to the House of Representatives opposing the demolition of the Ministry of Social Affairs and

Employment (SoZa for short in Dutch) in The Hague. Among the signatories Francis Strauven, Thomas Bedaux, Rem Koolhaas, Bernard Colenbrander, Marlies Rohmer, Mels Crouwel, Marjolein van Eig, Michelle Provoost and Dick van Gameren. Herman Hertzberger's colossal concrete building is just 30 years old, yet it must already make way for a new high-rise plan that delivers more marketable square metres. In the view of the signatories, the market is determining the fate of this textbook example of Structuralism that instead of the wrecker's ball deserves National Monument protected status.

But there are more buildings slated for demolition and as such the subject of public outrage, including Carel Weeber's Pompenburg in Rotterdam (1981) and Robbrecht & Daem's Boijmans wing (2003). The call to stop demolishing buildings grew ever louder in the course of the year, not just because of the architectural-historical value of recent heritage, but also because there is absolutely nothing sustainable about demolition.

Feyenoord City gets the green light

In June the Rotterdam city council approved the revised Feyenoord City plan. In 2022 it had shot down the original OMA plan for the Rotterdam Zuid development when the Feyenoord football club rejected the idea of building a new stadium. Greenery is the guiding theme of the new design by OMA, Effekt and Lola encompassing 7000 to 9500 new dwellings, a new train station, businesses, schools, social amenities, a bridge over the Nieuwe Maas and a lot of space for recreation and sports. The plan could do with a new name though.

Mona Keijzer appointed the new Minister for Housing and Spatial Planning

In July, after an arduous government formation process lasting seven months, Mona Keijzer, representing the farmer-citizen movement BBB, was appointed the new Minister for Housing and Spatial Planning. Many architects accuse her of political grandstanding, as in her decision to scrap the requirement to include nesting boxes in new developments. The integration of nesting bricks in new construction makes a significant contribution to the

en veel ruimte voor recreatie en (water)sport. Het plan heeft nog wel een nieuwe naam nodig.

Mona Keijzer nieuwe minister Volkshuisvesting en Ruimtelijke Ordening

Na een moeizame formatieperiode van zeven maanden wordt in juli Mona Keijzer namens de BBB de nieuwe minister van Volkshuisvesting en Ruimtelijke Ordening. Veel architecten betichten haar van het bedrijven van politiek voor de beeldvorming, bijvoorbeeld door haar besluit de verplichte nestkasten in nieuwbouw te schrappen. De integratie van neststenen in nieuwbouw levert een belangrijke bijdrage aan het behoud van de huismus en andere stadsvogels, die steeds moeilijker een plek kunnen vinden in verstedelijkte gebieden. Keijzer wijst het plan echter af in het kader van haar STOER-initiatief dat staat voor Schrappen Tegenstrijdige en Overbodige Regelgeving.

BNA Position paper

Na een roerige periode binnen de BNA lijkt in 2024 de rust teruggekeerd en stijgt het ledenaantal tegen de zomer weer gestaag. Anne Schroën is sinds januari directeur en Jeroen de Willigen is in maart verkozen tot tijdelijke voorzitter nadat hij zich een periode als interim-voorzitter heeft ingezet.
De Willigen schrijft in september een *Position Paper Ruimtelijke Ordening* die hij aan de Tweede Kamer presenteert. Daarin pleit hij onder andere voor een stadsbouwmeester in elke stad. 'De stadsbouwmeester is onze ticket naar een betere positie van de architect, want de opgaves zijn te complex om zonder architecten aan te werken', aldus De Willigen.

Renovatieontwerp Rekenkamer

Het ontwerp voor de verbouwing van de Rekenkamer in Den Haag door Happel Cornelisse Verhoeven Architecten wordt in november door het Rijksvastgoedbedrijf openbaar gemaakt. Het gebouw bestaat uit verschillende monumentale panden en een werkhuis dat begin jaren negentig door Aldo en Hannie van Eyck is ontworpen. Ninke Happel presenteerde daar het plan en toonde haar gevoel voor het werk van de Van Eycks.

Een expertpanel dat bij de planvorming betrokken was schreef in 2023 een brandbrief over de geplande transformatie, maar een publiek debat was lang onmogelijk door het embargo dat maandenlang op de plannen lag. Nu de omgevingsvergunning is aangevraagd lijkt een debat over de opgave en de uitwerking een gepasseerd station.

preservation of the house sparrow and other urban birds that are having increasing difficulty finding a place in urbanized areas. Keijzer rejected the idea in the context of her initiative to 'scrap contradictory and superfluous regulation'.

BNA position paper

After a tumultuous period inside the BNA (Royal Institute of Dutch Architects) calm appeared to have been restored in 2024 and by summer membership numbers were starting to climb again. Anne Schroën was appointed director in January and in March Jeroen de Willigen was elected temporary chair after a period as interim chair. In September De Willigen wrote a spatial planning position paper that he presented to the House of Representatives. In it he argued for, among other things, a city architect in every city. 'The city architect is our ticket to a better position for architects, because the challenges are too complex to tackle without architects,' he wrote.

Rekenkamer renovation design

In November, Happel Cornelisse Verhoeven Architecten's design for the renovation of the Rekenkamer (Court of Audit) in The Hague was made public. The complex is made up of several listed buildings and an extension designed in the 1990s by Aldo and Hannie van Eyck. It was there that Ninke Happel unveiled the plan and demonstrated her empathy for the Van Eycks' work.

In 2023, an expert panel involved in the planning process wrote an open letter about the planned renovation, but for a long time public debate was rendered impossible by a months'-long embargo on the plans. With an environmental permit application already in the works, it seems too late to start a debate on the subject.

Architectuur natuur
Een blik van Rubén Dario Kleimeer

Hoe tackelen we hittestress, wateroverlast, afnemende bio-diversiteit? In de architectuur van 2024-2025 zien we ontwerpers zich in allerlei bochten wringen om op, rond of aan nieuwe gebouwen uiteenlopende groene voorzieningen te realiseren die op een of andere manier bijdragen aan de verduurzaming van onze samenleving. Op de schaarse ontwikkelplekken van onze steden, langs spoorinfrastructuur of op parkeergarages, langs en in gevels, op stoepen, daken en in binnenhoven treffen we zorg-vuldig ontworpen landschapjes ter bevordering van de bio-diversiteit of klimaatadaptie. Te midden van een nieuwe bebouwde omgeving wordt weelderige, op de seizoenen afgestemde beplanting getemd in speelse plantvakken van cortenstaal en beton en uitdroging voorkomen door voorgeprogrammeerde irrigatie-systemen. Glooiende wadi's vangen op hun beurt overtollig regen-water op. Pergola's en netwerken van staaldraden aan gevels ondersteunen klimplanten de hoogte in en op hoge daken zuigen door sedum omgroeide pv-panelen gulzig zonnestralen op.

We vroegen de Rotterdamse fotograaf Rubén Dario Kleimeer zijn lens te richten op drie interessante projecten die in 2024-2025 werden opgeleverd of in gebruik genomen en daarbij in het bijzonder de relatie tussen nieuw ontworpen natuur en architectuur centraal te stellen. We stuurden Rubén naar Breda waar langs het spoor drie kloeke woon-werkgebouwen onder de naam 5Tracks werden gerealiseerd en waarbij een strak gemanicuurd landschap bemiddelt tussen de bebouwing en de spoorbundel. De fotograaf zakte verder af richting het zuiden, naar Maastricht, waar de A2, die de stad sinds 1959 hinderlijk in tweeën sneed, vakkundig in een tunnel werd weggewerkt en er op de tunnelbuizen ruimte vrijkwam voor een langgerekt stadspark: De Groene Loper. Aan weerszijden vinden we recentelijk opgeleverde herenhuizen, in architectonische vorm overeenkomend door stevige supervisie. Ten slotte toog hij naar de hoofdstad waar in Sloterdijk rondom het station een nieuw stadsdeel verrijst met een hoge bebouwings-dichtheid. In het woonbuurtje Vertical poogt men een antwoord te bieden op de noodzakelijke vergroening van de grootstedelijke omgeving door het groen vanuit de nabijgelegen beschermde Brettenzone als berglandschap langs de gevel op te trekken en door talloze nestelplekken mee te ontwerpen in de betongevel. Rubén legde het ontluikende groen in relatie tot de gebouwde omgeving en de mensen die er zich in bewegen op beeld vast. De fotoreeks toont de bevragende maar nooit veroordelende blik van de fotograaf op deze nieuwe stedelijke landschappen. Het resultaat nodigt uit tot close reading, hoe langer je kijkt hoe meer je ziet.

p. 20
5Tracks, Breda
Landschap: CULD
Architectuur: Shift A+U/Powerhouse Company

p. 22
De Groene Loper, Maastricht
Landschap: West 8
Architectuur: HILBERINKBOSCH architecten/Liesbeth Brink/
De Architectenwerkgroep Tilburg (DAT)/Mathieu Bruls/Humblé Martens Willems architecten

p. 23, 24-25
Vertical, Amsterdam
Landschap: DS landschapsarchitecten
Architectuur: NL Architects/Donna van Milligen Bielke/
Chris Collaris/Space Encounters

Architecture nature
A view of Rubén Dario Kleimeer

How are we tackling heat stress, flooding, declining biodiversity? In the architecture of 2024-2025 we see designers pulling out all the stops to swathe new buildings in an array of green features designed to help make our society more sustainable. On the precious few development plots in our cities, beside railway infrastructure or on top of parking garages, on and in facades, on front steps, on roofs and in courtyards we come across meticulously designed mini-landscapes aimed at improving biodiversity or climate resilience. In the midst of a new built environment, luxuriant seasonal plantings are corralled in quirky Corten steel or concrete planters, protected from drying out by smart irrigation systems. Undulating wadis collect rainfall run-off. Pergolas and steel-wire trellises on elevations give climbing plants a leg-up and tall roofs soak up the sun's rays through sedum-encased photovoltaic panels.

We asked Rotterdam photographer Rubén Dario Kleimeer to cast his photographic eye over three interesting projects completed or occupied in 2024-2025, focusing in particular on the relation between newly designed nature and architecture. We sent Rubén first to Breda to see 5Tracks, a trio of robust mixed-use buildings beside the railway tracks, where a neatly manicured landscape mediates between the buildings and the railway infrastructure. The photographer then proceeded further south to Maastricht, where the A2, which has inconveniently split the city in two since 1959, has been skilfully rerouted underground thereby freeing up the land on top of the tunnels to be turned into a city park dubbed the Green Carpet. The park is flanked on either side by recently completed town houses whose similar architectural form is the product of firm supervision. Rubén's final stop was in the nation's capital where the Sloterdijk railway station is at the centre of a new, high-density urban district. In the Vertical 'village' architects have responded to the need to green the metropolitan surroundings with a coup de théâtre whereby the greenery of the nearby Brettenzone nature and bird reserve climbs up and over the building and by including numerous nesting spots in the concrete elevation. Rubén recorded the burgeoning greenery in relation to the built environment and to the people moving through it. The series of photos reveals the photographer's enquiring but never judgmental view of this new urban landscape. The end result rewards close reading: the longer you look, the more you see.

p. 20
5Tracks, Breda
Landscape: CULDArchitecture: Shift A+U/Powerhouse Company

p. 22
The Green Carpet, Maastricht
Landscape: West 8
Architecture: HILBERINKBOSCH architecten/Liesbeth Brink/De Architectenwerkgroep Tilburg (DAT)/Mathieu Bruls/Humblé Martens Willems architecten

p. 23, 24-25
Vertical, Amsterdam
Landscape: DS landschapsarchitecten
Architecture: NL Architects/Donna van Milligen Bielke/Chris Collaris/Space Encounters

De Oude Stad

The Old City

Achtergevel voormalig winkel-magazijn, 3e Walsteeg, Hattem, 2018
Rear elevation former shop warehouse, 3e Walsteeg, Hattem, 2018

Voormalig Bossche telefooncentrale, Prins Bernardstraat, 's-Hertogen-bosch, 2018
Former telephone exchange, Prins Bernardstraat, 's-Hertogenbosch, 2018

Duizendschoonstraat, Gentiaanbuurt, Amsterdam-Noord, begin vorige eeuw
Duizendschoonstraat, Gentiaanbuurt, Amsterdam-Noord, early last century

P.C. Hooftstraat 123-133, Amsterdam, 2000

Waar de vorige editie projecten organiseerde op een typologisch raster – educatie, woningbouw, kantoor, enzovoort – om zo de vergelijkbaarheid te vergroten, gooien we het dit jaar over een andere boeg. Al jaren is het duidelijk dat architectuur in Nederland zich in toenemende mate verhoudt tot het bestaande. De accumulatie van bestaande bebouwing maakt dat de tabula rasa plaatsmaakt voor tabula scripta. In de inzendingen die de redactie ontvangt neemt het belang van bestaande bouw en hergebruik steeds verder toe en dit drukt een steeds diepere stempel op de architectuur. We periodiseren daarom in deze editie van het jaarboek projecten naar hun historische context, beginnend bij projecten die zich verbinden met wat wij de Oude Stad noemen.

Het volgende vierluik ontvouwt hoe de architectuur zich in het oudste, oudere en nog niet zo heel oude Nederland kan voegen: een sociale, fijnschalige inbreiding in een zeventiende-eeuws dorp aan de IJssel, het herstel van een pre-twintigste-eeuwse stadsstructuur in het centrum van 's-Hertogenbosch, een steeds verder transformerend negentiende-eeuws straatbeeld in Amsterdam in het bling-tijdperk en vroegtwintigste-eeuwse Amsterdamse arbeiderswoningen die, in weerwil van het pakket aan verduurzamingsmaatregelen, er stralender bij staan dan ooit tevoren.

While the previous edition of the Yearbook organized projects by category – education, housing, offices, et cetera – in order to make it easier to compare like with like, this year we are taking a different approach. It has been clear for some time that architecture in the Netherlands increasingly involves the existing built fabric. The stockpile of existing buildings means that tabula rasa is making way for tabula scripta. The submissions the editors receive reflect the growing importance of existing buildings and reuse, which is in turn having a profound impact on the architecture. This is why, in this edition of the Yearbook, we have organized projects according to their historical backstory, beginning with projects connected with what we have called the Old City.

The following quartet of projects reveals how architecture can fit into the older and not so old parts of the Netherlands: a social, small-scale infill development in a seventeenth-century village on the IJssel, the restoration of a pre-twentieth-century urban structure in the centre of 's-Hertogenbosch, a constantly transforming nineteenth-century streetscape in the era of bling, and early twentieth- century Amsterdam working class dwellings that notwithstanding the package of sustainability measures are looking brighter than ever.

Groothuijse de Boer architecten

Foto's/Photos: MWA Hart Nibbrig

Begane grond/Ground floor
1 entree/entrance
2 hal/hall
3 woning/dwelling
4 steeg/alleyway
5 trap/stairs

0   2   4   10 m

Doorsnede/Section

**Bestaande en nieuwe situatie/
Existing and new site plan**
A Kerkstraat
B 3e Walsteeg

Twee woongebouwen in Hattem
Hattem

Onder de rook van Zwolle treffen we het pittoreske vestingstadje Hattem dat tijdens de zeventiende eeuw tot bloei kwam. De historische binnenstad met restanten van middeleeuwse vestingwerken en chique koopmanshuizen is uitzonderlijk gaaf behouden gebleven en daardoor als rijksbeschermd stadsgezicht aangewezen. Daarnaast telt het minuscule stadje een bijzonder hoog aantal rijksmonumenten. Binnen deze uiterst gevoelige historische context realiseerde het jonge bureau Groothuijse de Boer op de plek van een voormalig winkelmagazijn een tweetal eenvoudige woongebouwen, waarmee negen woningen in het middenhuur segment zijn gerealiseerd voor jonge Hattemenaren die het ouderlijk huis zijn ontgroeid. De woningen zijn eenvoudig in opzet maar hebben door inzet van bescheiden maar trefzekere middelen kwaliteit. Door de in maat verschillende ramen strak en diep in het metselwerk te plaatsen en die op enkele momenten speels uit het gelid te positioneren ontstaat variatie in de gevel. De overgedimensioneerde, groene entreedeuren zorgen voor kleur.
Knap is hoe de nieuwe volumes op vanzelfsprekende manier aansluiten op de aangrenzende zeventiende-eeuwse bebouwing zonder daarbij het eigen gezicht te verliezen. Met name de brede voeg van het metselwerk, die die van de historische bebouwing benadert, is een vondst. Met het project wordt bovendien nieuwe publieke ruimte gecreëerd. De bestaande situatie kenmerkte zich door een informele, vastgeklonken structuur van achterkanten, tuinen en schuurtjes en is in de nieuwe situatie ontward door de toevoeging van drie smalle steegjes. Zo is er niet alleen gemeenschappelijke buitenruimte ontstaan maar tegelijkertijd een informele entree tot het hart van de stad gecreëerd. Dat het publieke ruimte op private grond betreft, blijkt uit het ontbreken van straatverlichting waarover tijdens het bezoek van de redactie flink wordt gemopperd. Het gebaar van de opdrachtgever om het gebiedje aan te sluiten op de omgeving is desondanks genereus.

Two residential buildings in Hattem
Hattem

A stone's throw from the city of Zwolle lies Hattem, a picturesque Hanseatic town that flourished in the seventeenth century. The historical town centre, with the remains of medieval fortifications and elegant merchant's houses, is so exceptionally well preserved that it is an urban conservation area. On top of that, the minuscule city also boasts an especially large number of heritage listed buildings. Within this extremely sensitive historical context the young practice of Groothuijse de Boer built a pair of unostentatious apartment buildings on the site of a former warehouse, providing nine dwellings in the mid-market rental segment for young locals who have outgrown the parental home. The dwellings are simple in layout but rendered superior by the application of a few modest but masterly strategies. Placing differently sized windows tautly and deeply in the masonry and then playfully positioning some of them out of alignment creates variation in the facade. The oversized, green entrance doors provide a touch of colour.
The natural way in which the new volumes fit in with the neighbouring seventeenth-century buildings without losing their own identity is particularly clever. The wide brickwork joint, which approximates that of the historical buildings, is truly inspired. The project also creates new public space. The existing situation, which was characterized by an informal, impenetrable mish-mash of back walls, gardens and sheds, has been disentangled in the new situation by the addition of three narrow alleyways, generating not just communal outdoor space, but an informal entrance to the heart of the city as well. That this is a matter of public space on private land is evidenced by the absence of street lighting – a source of much grumbling during the editors' visit. This does not, however, diminish the generosity of the client's gesture in connecting the area to the surroundings.

HILBERINKBOSCH architecten
Bedaux de Brouwer Architecten

Foto's/Photos: **René de Wit**

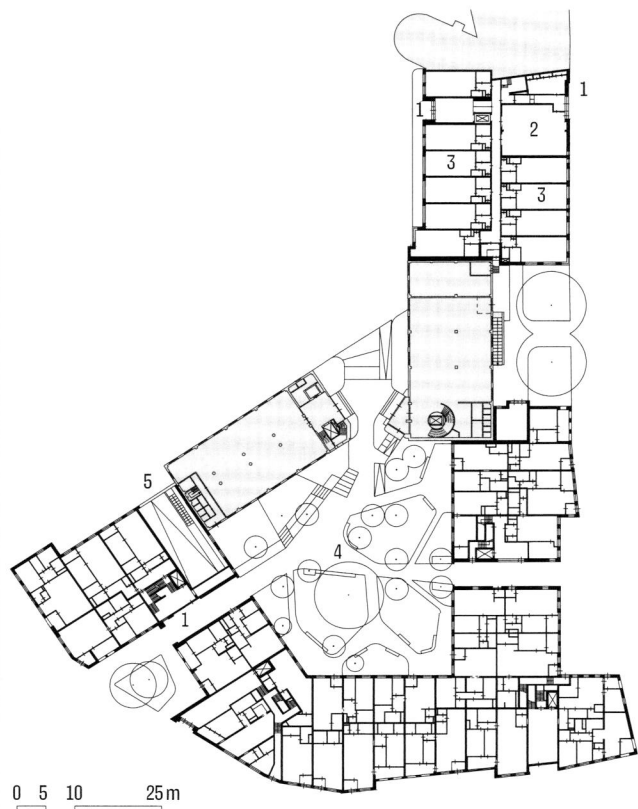

Begane grond/Ground floor
1. hoofdentree/main entrance
2. inpandige fietsenstalling/indoor bicycle storage
3. woning/dwelling
4. binnentuin/inner garden
5. inrit parkeergarage/car park entrance

0 5 10   25 m

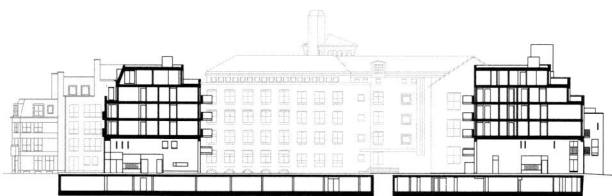

Doorsnede/Section

Situatie/Site plan
A   Noordblok/North block (HILBERINKBOSCH)
B   Zuidblok/South block (Bedaux de Brouwer)
C   De Mortel
D   Prins Bernardstraat
E   oude KPN-gebouw/old KPN building

Oorspronkelijk stadsblok aangeheeld/ Original city block made whole again

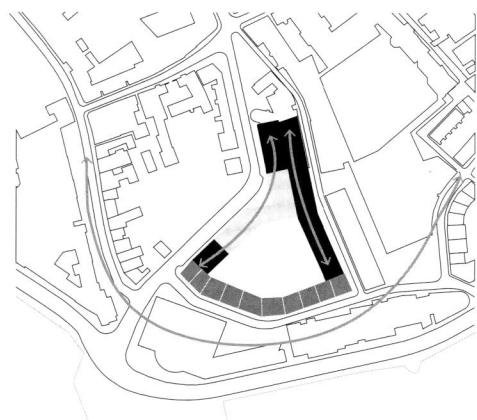

Doorwaadbare binnentuin/ Wade-through inner garden

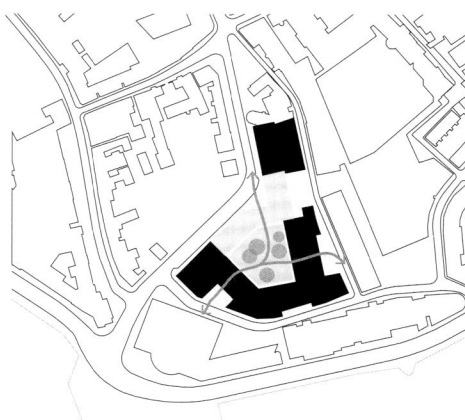

Amadeiro
's-Hertogenbosch

Binnen de middeleeuwse stadsmuren van 's-Hertogenbosch ontwierpen Bedaux de Brouwer en HILBERINKBOSCH op de plek van de voormalig Bossche telefooncentrale een nieuwe stadswijk. In de jaren dertig van de vorige eeuw werd een deel van een eeuwenoud stadsblok gesloopt voor de komst van het Staatsbedrijf der Posterijen, Telegrafie en Telefonie (PTT), vanwaaruit telefonistes decennialang de telefoongesprekken van de Boschenaren met de hand doorschakelden. Nadat de PTT (later KPN) uit het pand was gegroeid, volgde een periode van leegstand. Bij de herontwikkeling van het stadsblok werd gekozen voor een binnenstedelijke verdichting met 250 nieuwbouwappartementen (waarvan 62 sociale huur) en de transformatie van de telefooncentrale tot commerciële ruimtes.

Amadeiro blinkt uit door de stedenbouwkundige inpassing die een groot gevoel voor historische context verraadt. Met de nieuw toegevoegde blokken wordt het oorspronkelijke stadsblok weer aangeheeld alsof het nooit anders is geweest. Karakteristieken van de aangrenzende oude binnenstad vormden ingrediënten voor het nieuwe ontwerp, waarbij elke kant van het blok zich in hoogte, gevelindeling en kap aanpast aan de direct aangrenzende ruimte. De uiteenlopende blokken zijn in balans en zorgvuldig ontworpen met oog voor aansluitingsdetails, materialisering en kleur. Het blok met sociale huurwoningen, dikwijls het lelijke eendje van het stel, heeft op evenveel aandacht mogen rekenen. Waar nodig, doet de nieuwe straatwand steeds een stapje terug om ruimte te creëren voor vrije buitenruimte. Rondom maken drie royale stadspoorten zonder vervelende hekken de binnenplaats als volwaardige stadsruimte toegankelijk. Het PTT-verleden is afleesbaar in de transformatie van de telefooncentrale en de typische telefoonmast die werd voorzien van een bakstenen sokkel en zo als monumentale stedenbouwkundige markering deel uit maakt van het ensemble.

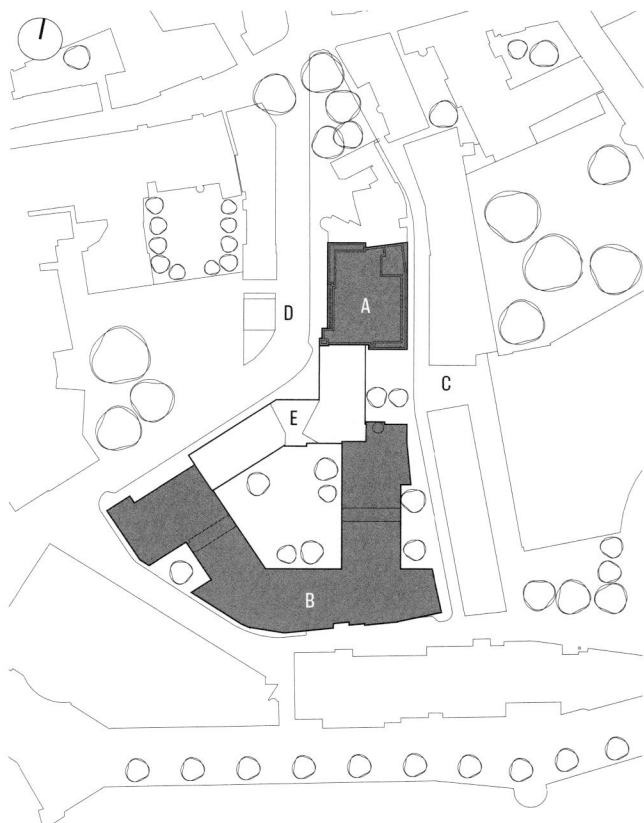

Amadeiro
's-Hertogenbosch

Within the medieval city walls of 's-Hertogenbosch, Bedaux de Brouwer and HILBERINKBOSCH have designed a new urban neighbourhood on the site of a former telephone exchange. Back in the 1930s part of a centuries-old city block was demolished to make way for the offices of the state-owned postal, telegraph and telephone services (PTT for short in Dutch), from where telephonists for decades manually transferred locals' telephone calls. After the PTT (later KPN) had outgrown it, the building stood vacant for many years. In redeveloping the city block, the city opted to densify the central location with 250 new-build apartments (including 62 social housing) and to convert the telephone exchange into commercial spaces.

What distinguishes Amadeiro is its spatial integration, which reveals a keen sensitivity for the historical context. With the newly added blocks the original city block has been made whole again, as if it had never been any different. Defining features of the surrounding historical city centre informed the new design, with each side of the block conforming in height, facade composition and roof to the immediately adjacent area. The blocks are varied but harmonious and meticulously designed with due care for connections, materialization and colour. The social housing block, often the ugly duckling of such ensembles, has received just as much attention as the rest. Where necessary, the new street wall takes a step back to make room to create public outdoor space. On three sides large city gates free of tiresome barriers provide access to the courtyard as a genuine piece of urban space. The PTT history is legible in the transformation of the telephone exchange and in the classic telephone mast which now, with a new brick plinth, acts as a monumental landmark for the ensemble.

Ibelings
van Tilburg
architecten

Foto's/Photos: **Petra Appelhof**

Situatie/Site plan
A   Gentiaanplein
B   Resedastraat
C   Wingerdweg
D   Hagedoornweg

Doorsnede/Section

Begane grond/Ground floor
1   eengezinswoning/single-family
    dwelling
2   benedenwoning/ground floor
    apartment
3   tuin/garden
4   schuur/shed
5   bovenwoning/upstairs apartment

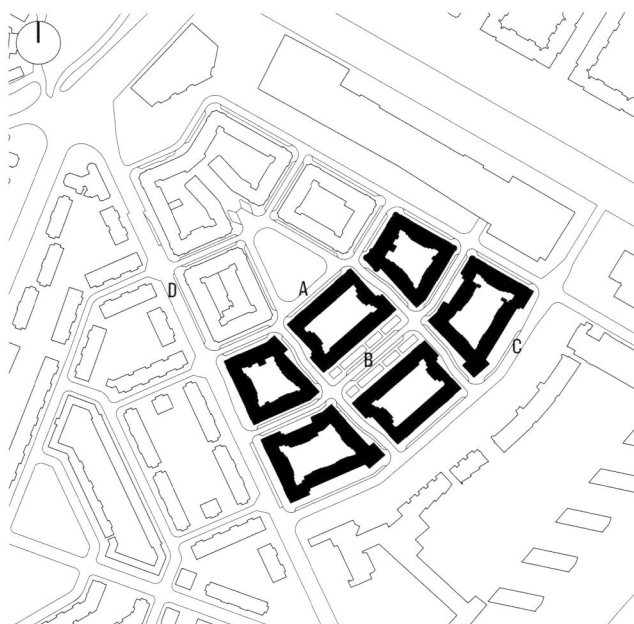

0   2   4   10m

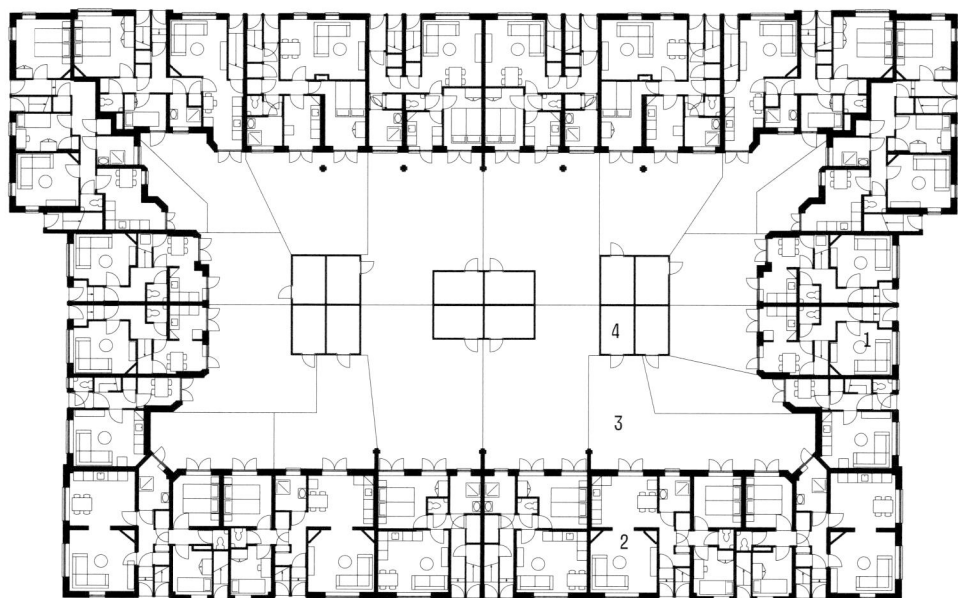

[De Oude Stad]

Renovatie Gentiaanbuurt
Amsterdam

Een oudere heer stopte zijn rode Peugeot 107 bij onze rondleiding in de Amsterdamse Gentiaanbuurt in Noord. Licht geagiteerd beklaagde hij zich over zijn nieuwe warmtenetverwarming. Sinds de buurt van het gas af is, werkt deze volgens de heer niet goed en heeft hij extra straalkachels gekocht. Toen duidelijk werd dat wij naar de architectuur in zijn buurt kwamen kijken, klaarde zijn gezicht op en was er trots te zien. Hij was enorm blij dat het geheel is blijven staan en er weer uitziet 'als vroeger'. Delen van het historische tuindorp ontworpen door Adolf van Gendt en Gerrit Kleinhout zijn na honderd jaar op knappe wijze ingrijpend vernieuwd zonder dat dat direct zichtbaar wordt. De wijk heeft de status van rijksbeschermd stadsgezicht gekregen en daardoor werden belangrijke richtlijnen over behoud maatgevend voor de renovatie door Ibelings van Tilburg architecten. Waar op andere plekken in de buurt nog lelijke witte kunststof kozijnen te vinden zijn, zijn hier de gevels in oude maar vernieuwde luister met warme originele kleurstelling hersteld. Het grootste deel van de vernieuwing vindt plaats aan de binnenkant: de nieuwe isolatie is achter de gevel aangebracht, waardoor de kleine woningen weliswaar nog iets kleiner worden, maar door een nieuwe, meer open woningindeling toch, volgens de architecten, nog even ruim aanvoelen. De woningen zijn van energielabel E naar A verbeterd. De renovatie demonstreert dat sloop en nieuwbouw niet de enige optie is voor stadsvernieuwing en verduurzaming; ook met een beperkt budget (1.363 euro p/m²) voor de 227 woningen en 3 bedrijfsruimtes lukte het hier het bestaande tot uitgangspunt te nemen. De renovatie toont aan hoe behoud en begrip voor de plek de essentie is van verduurzaming. Dat woningbouwvereniging Ymere het mogelijk maakte voor bewoners om in hun oude woningen terug te keren na de renovatie, valt alleen maar te prijzen. Nu alleen nog hopen dat de problemen met het warmtenet snel door de gemeente en de leverancier worden opgelost.

Renovation Gentiaanbuurt
Amsterdam

An elderly man stopped his red Peugeot 107 alongside our tour of the Gentiaan neighbourhood in Amsterdam North, keen to air his dissatisfaction with the new district heating system. He claimed that since the district had switched from gas the system didn't work well, and he had had to buy additional radiant heaters. Once the penny dropped that we were there to see the architecture in his neighbourhood his whole demeanour changed, and he was visibly proud. He was really happy that it had remained intact and looked 'just as it used to' again. Parts of the historical garden village designed a hundred years ago by Adolf van Gendt and Gerrit Kleinhout have been drastically renewed, but so cleverly that it is not immediately visible. The Gentiaanbuurt is an urban conservation area and so the renovation by Ibelings van Tilburg architecten was governed by strict preservation guidelines. While ugly white plastic window frames can be found in other parts of the district, here the facades have been restored to former but renewed glory, complete with the original colour scheme. The lion's share of the renovation is on the inside: new insulation was inserted behind the elevations, making the already small dwellings slightly smaller, but thanks to a new, more open layout they still feel as spacious, according to the architects. The dwellings have been upgraded from energy label E to A. The renovation demonstrates that demolition and new-build is not the only option for urban renewal and sustainability upgrades; even with a limited budget (1,363 euros p/m²) for the 227 dwellings and 3 commercial spaces, the architects managed to work with what was already here. As this renovation shows, preservation and an understanding of the place is the essence of sustainability. That the Ymere housing association made it possible for residents to return to their old homes after the renovation deserves nothing but praise. Let's just hope that the heat grid problems are speedily resolved by the municipality and the supplier.

Foto/Photo: **Ymere**

Dok architecten

Foto/Photo: Arjen Schmitz

Prefab-elementen van metselwerk voor (boven) en na 3D-freestechniek/ Pre-fab sections of brickwork before (top) and after 3D milling technique

Foto's/Photos: DOK architecten

Situatie/Site plan
A P.C. Hooftstraat
B Van Baerlestraat

De Dame
Amsterdam

In de meest begeerde winkelstraat van Nederland vroeg een vermogende eigenaar van verschillende winkelpanden een aantal gevierde architecten om gevels – de plaatselijke beautycultuur in acht nemend – te faceliften. MVRDV voltooide in 2016 de glazen baksteengevel voor huisnummer 94, waar aanvankelijk het luxe modelabel Chanel was gevestigd. Daar komt nu een druppel-geïnspireerde gevel door UNStudio op nr. 138 bij, en De Dame er tegenover op nr. 121 door Liesbeth van der Pol van Dok architecten. Van der Pol werd niet eerder gevraagd om een ontwerp te maken dat slechts 50 cm diep is. Het was een heerlijke opgave met ruim budget en dito creatieve vrijheid. Van der Pols inspiratie voor de nieuwe gevel waren de bakstenen gevelsculpturen van Hildo Krop (1884-1970) en de expressieve bakstenen vormentaal van de Amsterdamse School, ook teruggrijpend zo te zien op de Hanzestad die Amsterdam nooit was. Van der Pol schetste voor de gevel een gekant 'vrouwelijk' silhouet dat aan *haute couture*-tekeningen refereerde. Om de gevel te maken werden speciale verlengde bakstenen in prefab-elementen gekant verzaagd met een speciale 3D-freestechniek. Deze bijzondere behandeling maakt dat het een gebouw is dat je wilt aanraken. De naden zijn bijna niet te zien en de geknikte kozijnen maken het geheel op fraaie wijze af. Met het risico dat de straat zich verder zal ontwikkelen tot een rariteiten-kabinet voor rijke lui, is dit exemplaar wel vernieuwend en aaibaar.

The Lady
Amsterdam

The wealthy owner of several retail premises on the Netherlands' most highly coveted shopping street commissioned a number of celebrated architects to give the facades – with a nod to the local beauty culture – a facelift. In 2016 MVRDV completed the glass brick facade of number 94, initially home to the luxury fashion label Chanel. That has now been joined by a water drop-inspired facade by UNStudio at no. 138, and across the street at no. 121 by De Dame (The Lady) by Liesbeth van der Pol from Dok architecten. Van der Pol had never been asked to make a design that is only 50 cm deep. It was a highly enjoyable commission with a generous budget and ditto creative freedom. Van der Pol's inspiration for the new facade were the brick facade sculptures of Hildo Krop (1884-1970) and the expressive brick aesthetic of the Amsterdam School and, by the looks of it, the Hanseatic town Amsterdam never was. Van der Pol sketched an angular 'female' silhouette that referenced haute couture drawings. To create the facade, pre-fab sections of header bond brickwork were 'sculpted' into angular forms using a special 3D milling technique. This unusual treatment results in a building you want to touch. The joints are nigh invisible and the inflected window frames are the icing on the cake. While there is a risk that the street might continue to evolve into a cabinet of curiosities for the wealthy, this specimen is genuinely innovative and tactile.

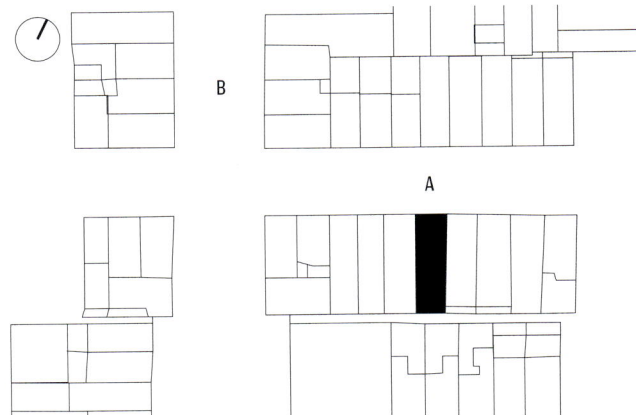

Ex-industrieel Nederland

Ex-industrial Netherlands

Leidse Meelfabriek voor transformatie, Zijlsingel, Leiden, 2019
Leidse Meelfabriek before redevelopment, Leiden, 2019

Spinnerijgebouw (design Zandstra, Giesen en Sijmons), Winselingseweg, Nijmegen, 1951
Spinning mill (design Zandstra, Giesen and Sijmons), Winselingseweg, Nijmegen, 1951

Pakhuis Santos, Brede Hilledijk, Rotterdam, 1950
Santos warehouse, Brede Hilledijk, Rotterdam, 1950

Bij de transformatie van Nederland van een vroegmoderne maakindustrie naar een postmoderne diensteneconomie vanaf de jaren zeventig werd steeds meer industriële architectuur ongebruikt erfgoed. Dankzij de bijzondere ruimtelijke kwaliteit en de historische patina van een fiks deel van die oude fabrieken, pakhuizen en wat dies meer zij, kan het al een tijd rekenen op enthousiasme van zowel ontwikkelaars als steden. Al sinds de jaren tachtig zien we oude pakhuizen in de Nederlandse havens tot nieuwe ruime lofts en werkplekken transformeren voor de zich vormende nieuwe Creative Class.* Stadse plekken als de Westergasfabriek in Amsterdam, waar met festivals, cafés en galeries de oude gasfabriek nieuw leven in werd geblazen, of meer recent de voormalige locomotievenwerkplaats in Tilburg die transformeerde naar de LocHal met eveneens een vrolijk cultureel en horecaprogramma, zijn een belangrijk, vast onderdeel geworden van het architectonisch repertoire, waarin tegelijkertijd gentrificatie altijd op de loer ligt.

In dit deel zijn drie projecten geselecteerd die deze traditie doorzetten maar op punten net iets van de clichés weten af te wijken: een sublieme moderne transformatie van de oude Leidse meelfabriek naar een nieuwe woon-werkgebied, de fijnzinnige aanpassingen in de textielspinnerij van De Vasim in Nijmegen die nieuwe feest- en werkplekken mogelijk maken, en de brute omarming van de ruwheid van het Pakhuis Santos in Rotterdam.

In the course of the Netherlands' transformation from an early-modern manufacturing economy into a postmodern service economy since the 1970s, more and more industrial architecture became disused heritage. Thanks to the exceptional spatial quality and historical patina of many of those old factories, warehouses and the like, they have long been assured of an enthusiastic response from both developers and municipal authorities. Since the 1980s we have seen old warehouses in Dutch harbour cities converted into new and spacious loft apartments and workplaces for the newly emerging Creative Class.* Urban venues like the Westergasfabriek in Amsterdam, where festivals, cafés and galleries breathed new life into an old gasworks, or more recently the old locomotive repair shed in Tilburg, which morphed into the LocHal with a similarly lively cultural and hospitality programme, have become an important, permanent part of the architectural repertoire, although the threat of gentrification looms large.

This section contains three projects that continue this tradition while on some points managing to sidestep the clichés: a sublime modern transformation of the old Leiden flour mill into a new live-work area, the sensitive modification of the De Vasim spinning mill in Nijmegen to create new event and work spaces, and the brutal embrace of the ruggedness of the Santos warehouse in Rotterdam.

*
Naar Richard Florida's *The Rise of the Creative Class* (New York: Basic Books 2002).

*
After Richard Florida's *The Rise of the Creative Class* (New York: Basic Books 2002).

Foto/Photo: **Stijn Poelstra**

Zecc Architecten

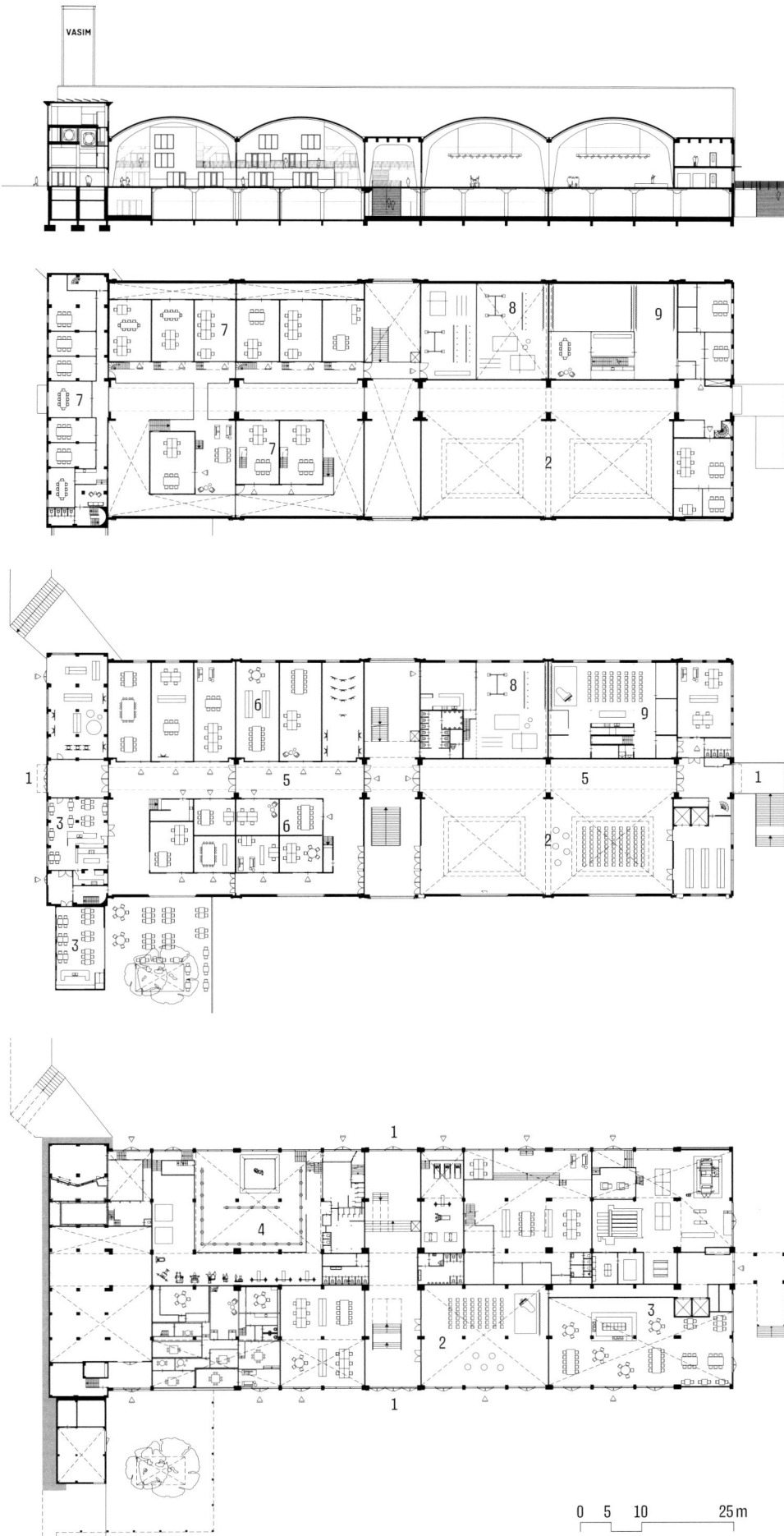

De Vasim
Nijmegen

Het ombouwen van fabrieksgebouwen kan men overlaten aan de mannen van Zecc die gestaag werken aan een indrukwekkend oeuvre op dit vlak. Zo namen zij, in opdracht van projectontwikkelaar Lingotto, ook De Vasim onder handen, een voormalige textielspinnerij uit 1948 als onderdeel van het NYMA-terrein. Met het wegtrekken van de textielindustrie naar lagelonenlanden koppelde NYMA de machines definitief af. Het voormalige fabrieksterrein ondergaat momenteel een transformatie (masterplan van ZUS) en zal met behoud van de historische substantie als volwaardig stadsdeel van Nijmegen gaan functioneren. De Vasim vormt het eerste, veelbelovende wapenfeit van deze ontwikkeling.
Op doeltreffende manier openden de architecten het karakteristieke exterieur van de spinnerij rondom door binnen de bestaande gevelsystematiek nieuwe vensters, puien, entreepartijen en daklichten toe te voegen. De contrasten tussen staal, beton en baksteen zijn aangezet om de tektoniek van het complex sterker te laten spreken. Aan de straat zijn zo nieuwe bedrijfsruimtes gerealiseerd. In het gebouw zelf voegde Zecc langs de centrale as een houten constructie in waarin werkplekken zijn gerealiseerd. De werkplekken vormen door het hout en de zachtgroene kleur een aaibare tegenhanger van het harde beton, maar de inbouw is tegelijkertijd stevig genoeg om de nachtelijke technofeesten, die er in het weekend plaatsvinden, te doorstaan. Het complex functioneert als een gelaagd mini-stadje en is open voor iedereen, niet alleen qua toegankelijkheid maar ook qua programma. De aangetroffen bedrijvigheid gaat grotendeels voorbij aan de voor dit soort plekken gebruikelijke en wat clichématige (tijdelijke) programmering van bierbrouwerijen en koffiebranders met 'rauwe' terras-esthetiek van vaten met palmbomen en steigerhouten banken. We treffen er naast eventruimtes, creatieve ateliers en startup studio's gelukkig ook educatieve functies, een boks- en circusschool, een kapper en paramedische praktijken.

Doorsnede/Section

Tweede, eerste verdieping, begane grond/Second, first, ground floor
1 hoofdentree/main entrance
2 eventspace
3 horeca/catering
4 boksschool/boxing school
5 'werkstad' houten constructie/ wooden workspace structure
6 ateliers
7 studio's/studios
8 circusschool/circus school
9 dans- en theaterzaal/dance and theatre space

Situatie/Site plan
A evenementenplein/event square
B Dijk Winselingseweg
C Nymaweg
D brug/bridge

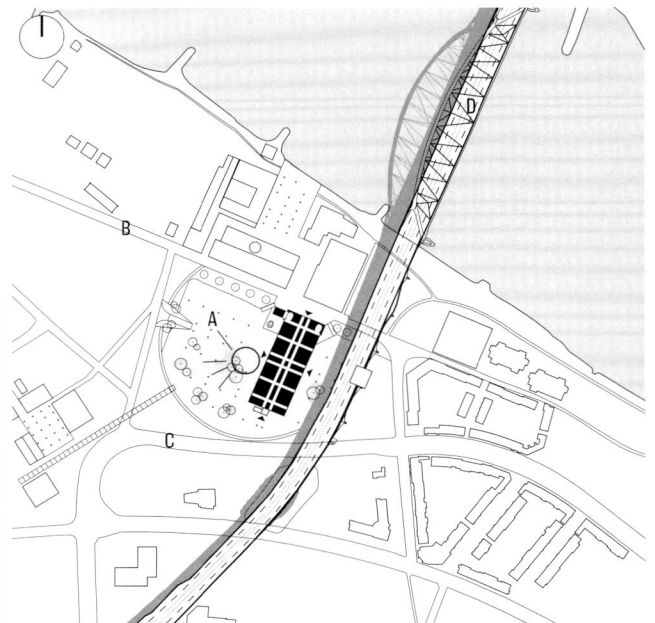

0 5 10   25 m

Foto/Photo: **Stijn Poelstra**

Foto's/Photos: **Thea van de Heuvel**

De Vasim
Nijmegen

Factory conversions can safely be left to the team at Zecc, who are gradually building an impressive oeuvre in this domain. Recently, for property developer Lingotto, they tackled De Vasim, a 1948 spinning mill that was part of the NYMA industrial site. Following the textile industry's retreat to low-wage countries, NYMA finally disconnected the machines. The current redevelopment of the factory site (master plan by ZUS) into a fully fledged district of Nijmegen will retain the historical fabric. De Vasim is the first, very promising achievement in this redevelopment.

The architects very effectively opened up the mill's distinctive exterior on all sides by inserting new windows, glazed fronts, entrance lobbies and skylights in the existing facade structure. The contrast between steel, concrete and brick has been accentuated to make the tectonics of the complex more pronounced. New business premises have been realized on the street side. Inside the building Zecc inserted a wooden structure containing work spaces along the central axis. Thanks to the wood and pale green colour scheme, the work space insertion forms a congenial counterpart to the hard concrete but is also sufficiently robust to withstand the nighttime techno parties that take place here at weekends. The complex functions as a mini city and is open to everyone, in terms of both accessibility and programme.

The on-site businesses largely steer clear of the standard and somewhat cliched (temporary) programming of this kind of venue, such as craft beer brewing and coffee-roasting with a gritty terrace aesthetic of palms in barrels and benches made of scaffolding planks. Alongside event spaces, creative ateliers and startup studios, we were pleased to see educational activities, a boxing and circus school, a hairdresser and paramedical practices.

Studio Akkerhuis

Foto's/Photos: **Corentin Haubruge**

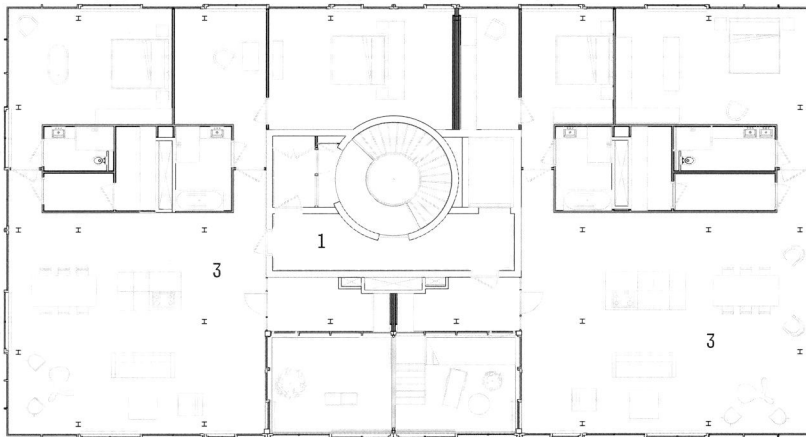

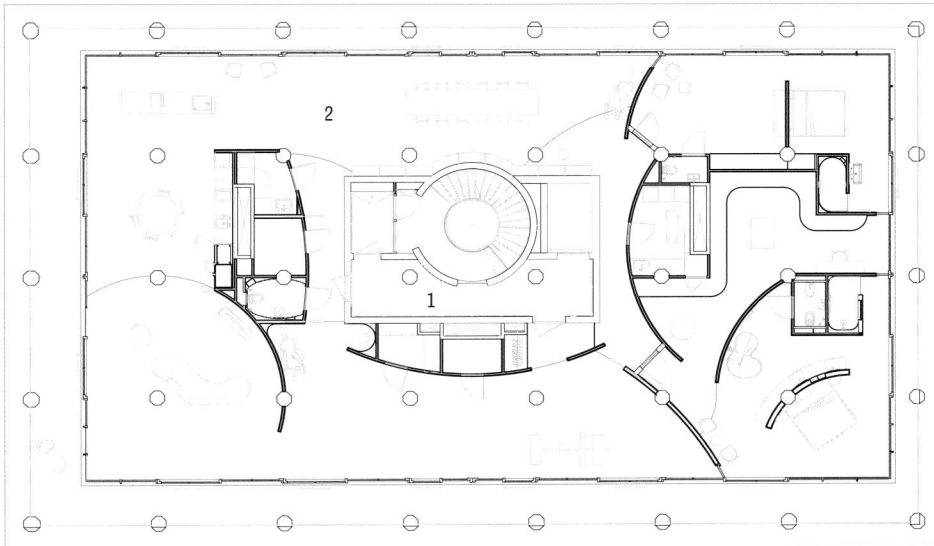

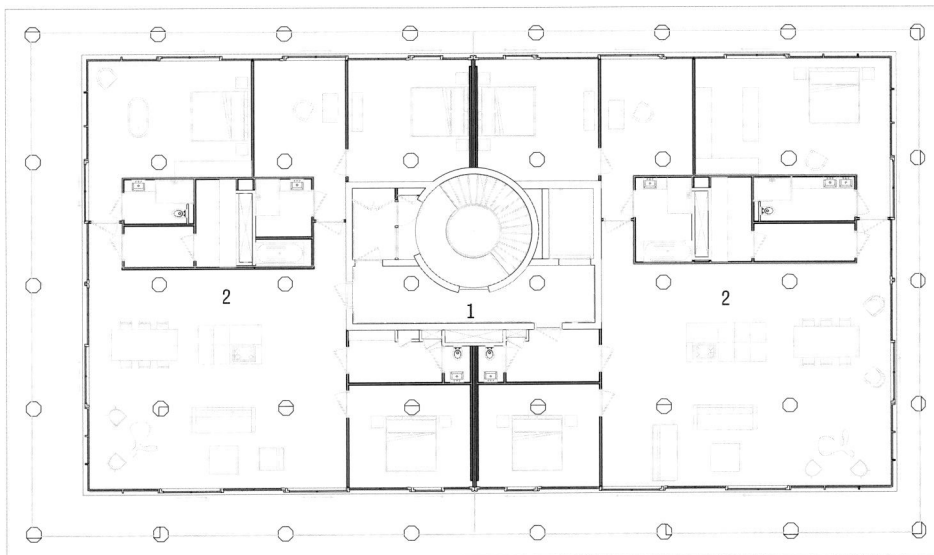

```
0   2   4        10 m
```

Negende, zesde, vijfde verdieping/
Ninth, sixth, fifth, ground floor

1   trappenhuis/stairwell
2   loft
3   penthouse

Situatie/Site plan

A   Zijlsingel
B   Waardgracht
C   Oosterkerkstraat
D   Meelfabriektuin

[*Ex-industrieel Nederland*]

Meelpakhuis
Leiden

In 2002 kreeg Peter Zumthor de opdracht om een masterplan te maken voor de sinds 1988 verlaten Leidse Meelfabriek aan de rand van het historische centrum van de stad. Zumthor kwam met een radicaal voorstel om de niet-dragende bakstenen gevels van de fabrieksgebouwen te strippen en de betonnen structuur van buitenaf zichtbaar te maken en zo te transformeren tot een pluriform stukje stad met ruimte voor wonen, werk en ontspanning. Door een overvolle agenda en ondanks een hoog ambitieniveau van de opdrachtgever, trok Zumthor zich terug en nam Studio Akkerhuis het project over. Daarna volgden jaren van procederen – negentigmaal stond de overtuigde opdrachtgever, die zelf ook bewoner van het complex is, naar eigen zeggen voor de rechter en nog altijd zijn er geschillen. In 2019 werden al sobere maar doeltreffende sociale studentenwoningen van Splinter Architecten op het terrein gerealiseerd, met een fraai binnentuinachtig park door LOLA met Piet Oudolf. Met de oplevering van het oude Meelpakhuis, dat tot appartementencomplex is getransformeerd, begint het grotere plaatje nu echt zichtbaar te worden. Het resultaat is oogstrelend. De ontsluiting reikt tot in het hart van het pakhuis, waar een ronde kern om een spiraalvormige industriële glijbaan (waarover vroeger meelzakken gleden) is gebouwd. Het oude pakhuis is met een onopvallend glazen volume verhoogd om extra woningen toe te voegen. De appartementen zijn dankzij het betonnen grid vrij indeelbaar. Zumthors oorspronkelijke idee was om het gebouw aan de vloerrand volledig te beglazen. Akkerhuis heeft met een terugvallende glasgevel een veel mooiere oplossing gerealiseerd. Een zeer innovatief systeem, waarin vloeren en wanden door een warmtepomp op lage temperatuur worden verwarmd, voorkomt de notoire koudebrug die anders op de loer ligt en maakt het mogelijk om de monumentale constructie, die de essentie van Zumthors plan was, zonder afleidende isolerende schil te laten schitteren.

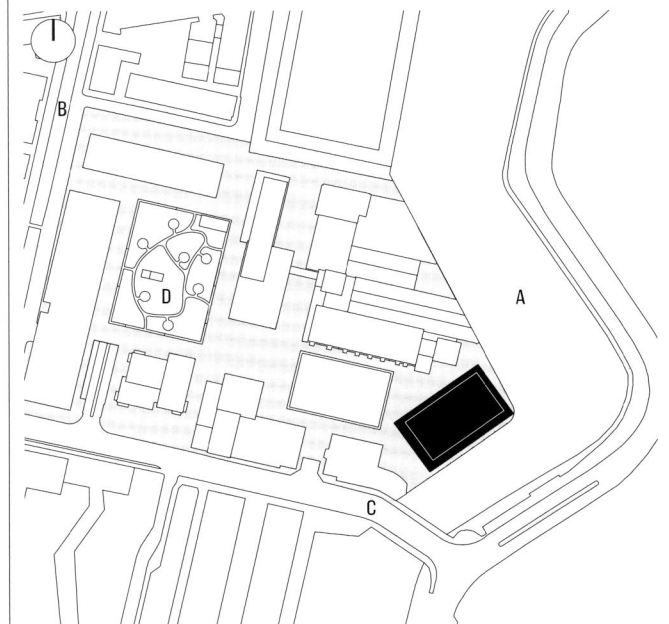

Architecture in the Netherlands 2024|2025   47

Flour warehouse
Leiden

In 2002 Peter Zumthor was commissioned to produce a master plan for the Leidse Meelfabriek which had stood empty on the outskirts of the city's historical centre since 1988. Zumthor came up with a radical proposal to strip back the non-bearing brick facades of the factory buildings, leaving the concrete structure exposed, and then transforming it into a diverse urban area with space for living, work and leisure. Owing to an overfull schedule and despite a client with high ambitions, Zumthor withdrew and Studio Akkerhuis took over. There followed years of litigation. The resolute client, himself an occupant of the complex, claims that he has appeared in court on 90 occasions, and the disputes are not over yet.

In 2019, Splinter Architecten realized a pair of austere but efficient student social housing blocks on the site, complete with a fine courtyard-style park designed by LOLA with Piet Oudolf. Now, with the completion of the conversion of the old flour warehouse into an apartment complex, the bigger picture is finally starting to emerge. The result is a feast for the eyes. Access reaches into the heart of the warehouse where a round core has been built around a spiral industrial chute (along which sacks of flour used to glide). To be able to add more dwellings, the old warehouse has been extended upwards with an unobtrusive glazed volume. Thanks to the concrete columnar grid the apartments have a flexible layout. Zumthor's original idea was to fully glaze the building right to the floor edge. Akkerhuis' solution – a recessed glass facade – is much finer. A highly innovative system whereby floors and walls are heated by a low-temperature heat pump avoids the notorious thermal bridge problem and makes it possible to allow the monumental structure, in line with the essence of Zumthor's plan, to shine without the distraction of an insulating shell.

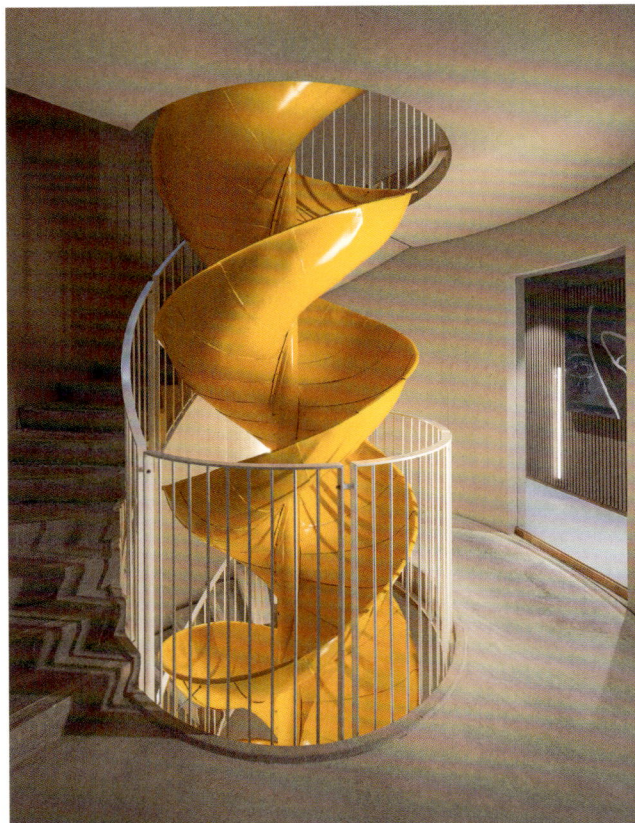

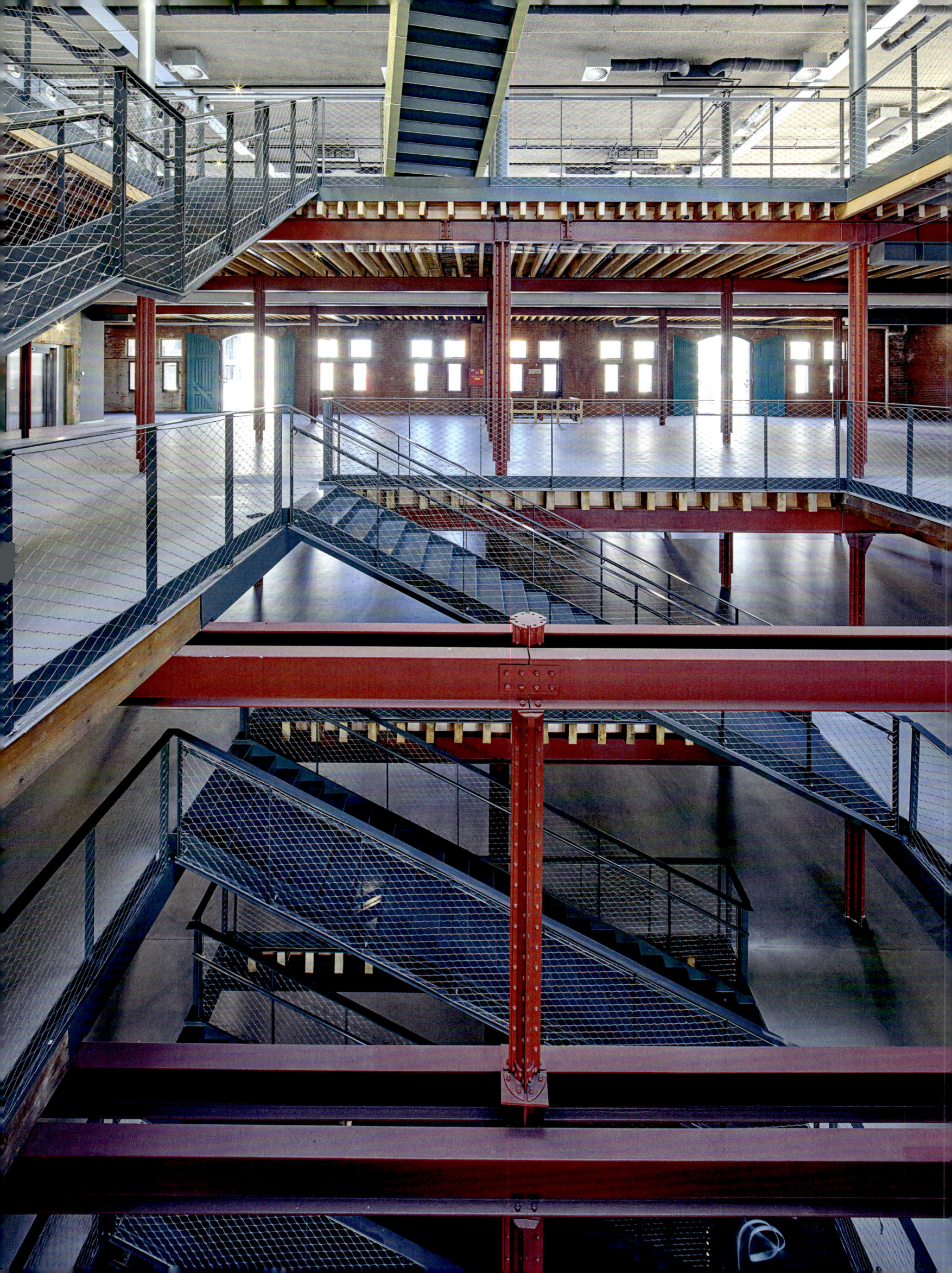

WDJ ARCHITECTEN

Renner Hainke Wirth Zirn Architekten

Foto's/Photos: **Studio Hans Wildschut**

[*Ex-industrieel Nederland*]

Pakhuis Santos
Rotterdam

Katendrecht verandert in hoog tempo van woest havenindustrie-terrein naar een gladgestreken Rotterdamse woonwijk. Gelukkig resteren er nog enkele kloeke gebouwen die herinneren aan de vuigheid van toen. Het rijksmonumentale Pakhuis Santos (1902), waar eens Braziliaanse koffiebonen werden opgeslagen, vormt een van Rotterdams belangrijkste vooroorlogse havengebouwen. Het ontwerp dat WDJ en Renner Hainke Wirth Zirn Architekten maakten voor het Pakhuis stamt al uit 2017 toen het gebouw nog beoogd was als designwarenhuis Stilwerk met een hotel op het dak. Het project kwam stil te liggen waarna de toekomst onzeker was. Lokale wel-doener Droom en Daad zorgde ervoor dat het pand aangekocht kon worden door het Nationaal Fotomuseum, dat al tijden te klein behuisd was.

De blik gaat uit naar de expressieve en contrasterende toevoeging op het dak waarin achter een geperforeerde aluminium huid short-staywoningen en kantoren van het museum zijn gevestigd – een toevoeging die van ver een nieuw silhouet aan de kade introduceert. Maar de echte kracht van het werk schuilt in de subtiele interne ingrepen. In het hart van het gebouw werd een vide vrijgelegd die zorgt voor daglicht in het vrij donkere gebouw. De trappartij hierin verbindt de verdiepingen van begane grond tot aan de nieuwe dak-opbouw. Doordat vloeropeningen en trappen steeds licht verspringen ten opzichte van elkaar ontstaat er een subtiel verschil tussen verdiepingsvloeren. Ook in de nieuwe situatie blijven de voor een pakhuis kenmerkende open kale vloervelden en gietijzeren kolom-men intact. In plaats van het toevoegen van nieuwe, constructief noodzakelijke pijlers zijn de bestaande kolommen op slimme en elegante wijze versterkt. Om de ruwe uitstraling van de bestaande gevels ook in het interieur te behouden koos men er bovendien voor om de dichte delen van gevels niet na te isoleren. Momenteel wordt gewerkt aan de inpassing van het museum met het doel eind 2025 de deuren te openen. Maar nu al laat WDJ zien met relatief bescheiden ingrepen dat het pakhuis ook in deze tijd talloze functies vrij moeiteloos aankan.

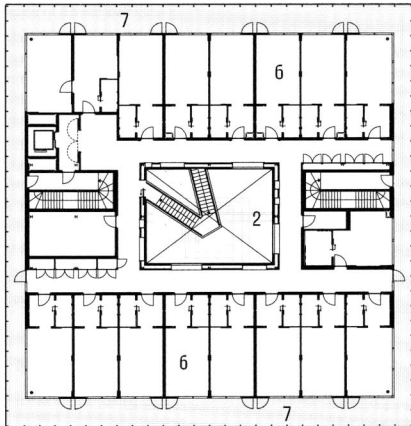

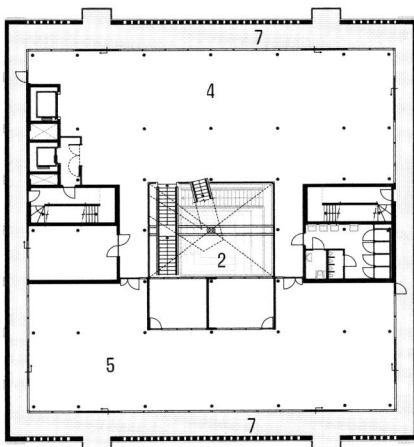

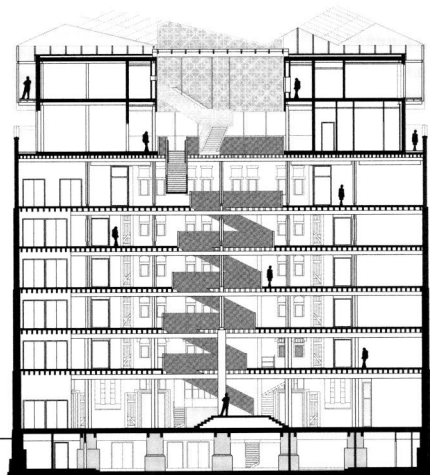

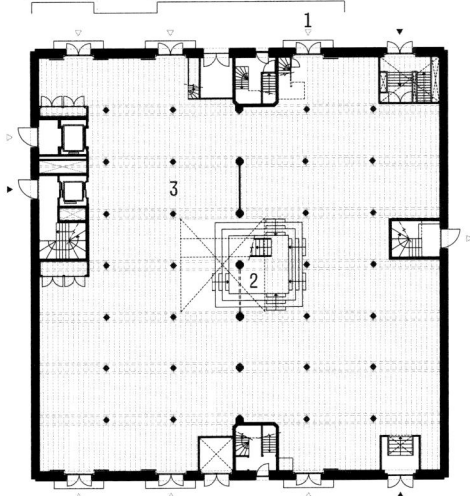

Zevende, zesde verdieping, begane grond/Seventh, sixth, ground floor
1 hoofdentree/main entrance
2 atrium
3 café
4 restaurant
5 kantoren/offices
6 short-staywoningen/short-stay accommodation
7 omloop/gallery

Doorsnede/Section

Situatie/Site plan
A Rijnhavenkade
B Brede Hilledijk
C Shanghaiplein

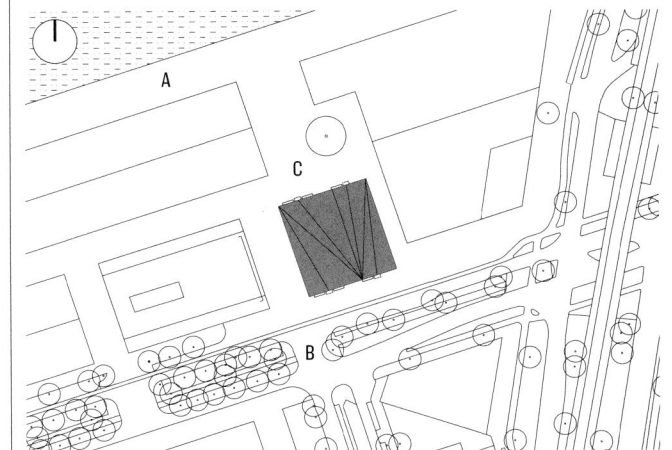

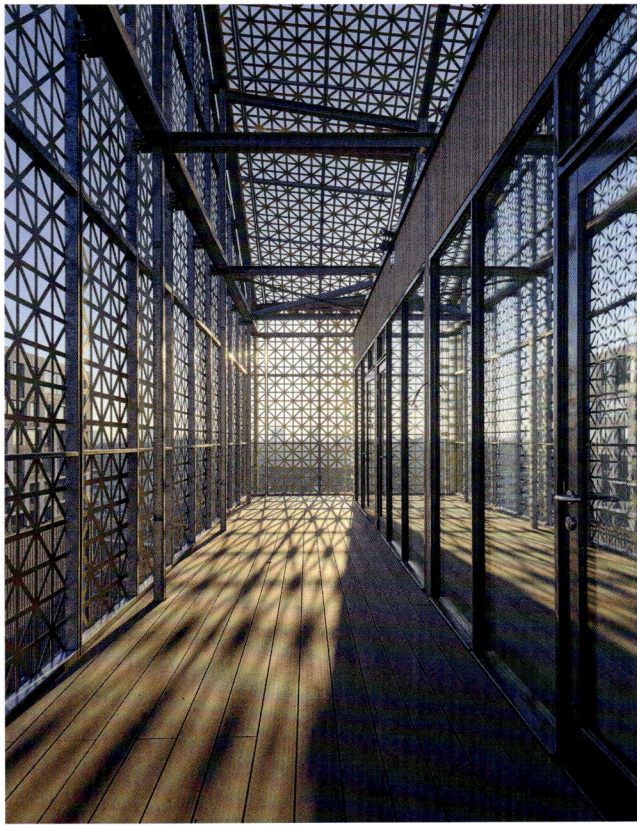

Santos Warehouse
Rotterdam

Katendrecht is rapidly morphing from desolate docklands site into a well-groomed Rotterdam residential area. Fortunately there are still a few muscular buildings to remind us of that grimy industrial past. The heritage-listed Pakhuis Santos (1902), where Brazilian coffee beans were once stored, is one of Rotterdam's most important prewar port buildings. WDJ and Renner Hainke Wirth Zirn Architekten's design for the Pakhuis dates from 2017 when the building was intended to house a Stilwerk design store and rooftop hotel. That project stalled leaving the future of the Pakhuis in limbo. Local benefactor Droom en Daad ensured that the building could be purchased by the National Museum of Photography, that had long outgrown its current premises. The eye is drawn to the expressive and contrasting roof extension, whose perforated aluminium shell houses short-stay accommodation and museum offices – an addition that announces the arrival of a new quayside silhouette far and wide. But the real strength of the work lies in the subtle interventions in the interior of the building. A void opened up in the heart of the building brings daylight cascading into what was a fairly dark building. The stairs in this void connect all the floors from the ground to the new roof extension. Because of a slight offset from one floor opening and stair to the next, there is a subtle difference between floors. Even in this new incarnation, the characteristic open, bare floor slabs and cast-iron columns remain intact. Instead of adding new structurally essential columns, the existing ones were cleverly and elegantly reinforced. Moreover, in order to preserve the rugged ambience of the existing facades in the interior as well, the architects opted not to insulate the closed sections of the facades. They are currently working on the museum's integration with a view to opening in late 2025. But WDJ has already demonstrated that with relatively modest interventions, an old warehouse can fairly effortlessly accommodate a wide range of functions even in this day and age.

Unsolicited Architecture

Unsolicited Architecture

Parkeerplaats voor vrachtauto's, PI Vught, Vught, 2020
Car park for lorries, PI Vught, Vught, 2020

Houten trapmeubel in aanbouw, Stampioenstraat 13, Rotterdam
Wooden staircase under construction, Stampioenstraat 13, Rotterdam

Verzetslaan vóór bouw servicestation, Purmerend, 2021
Verzetslaan before service station was built, Purmerend, 2021

Hoewel we in het reageren op een bestaande context een centraal aspect vonden dat onze selectie orde en verdieping kon geven, bleef daarmee iets anders niet zichtbaar genoeg. Iets waar dit boek ook over moet gaan: ontwerpvreugde! Projecten waar je – ongeacht de context – gewoon blij van wordt. Juist omdat niemand om ontwerpambitie vroeg, of omdat niemand het verwachtte. Ole Bouman noemde dit in 2008 in *VOLUME 14* '*unsolicited architecture*', architectuur als ongevraagd advies. Tijdens een lezing in Amsterdam die onderdeel was van 'Design by thinking of...' in 2025 gaf Mechthild Stuhlmacher van Korteknie Stuhlmacher Architecten aan dat ook voor hen juist die *unsolicited architecture* het kerningrediënt van de ontwerpen van hun bureau is.
Het inspireerde ons tot een intermezzo van drie ongewone projecten die we willen vieren om die reden: een vraag voor een anonieme doos die juist tot een fijne plek voor rehabilitatie in plaats van straf werd; een jong gezin dat een architect vroeg om een trap, maar een spannend huis kreeg; en een kille verkeersoksel in Purmerend waaraan een eenvoudige maar warme houten entree werd toegevoegd.

Although architectural reactions to an existing context provided us with a new way of organizing and deepening our selection for this Yearbook, it also shifted the focus away from something that should figure in any yearbook: design joy! Projects that – irrespective of the context – simply raise your spirits. Precisely because nobody asked for design ambition, or because nobody expected it. Writing in *VOLUME 14* in 2007, Ole Bouman dubbed this 'unsolicited architecture', architecture as unsolicited advice. During a lecture in Amsterdam that was part of a 'Design by thinking of...' event in early 2025, Mechthild Stuhlmacher of Korteknie Stuhlmacher Architecten revealed that for them, too, unsolicited architecture was a core ingredient of their practice's designs.
It inspired us to include an intermezzo of three unusual projects we would like to celebrate for that very reason: a design brief for an anonymous box that turned into a fine place for rehabilitation rather than punishment; a young family who asked an architect for a staircase and got a house full of surprises in return; and a bleakly situated roadside service station in Purmerend that was gifted a simple but warm wooden welcome.

Buro NØRD Architectuur

Foto's/Photos: **Stijn Poelstra**

Situatie/Site plan

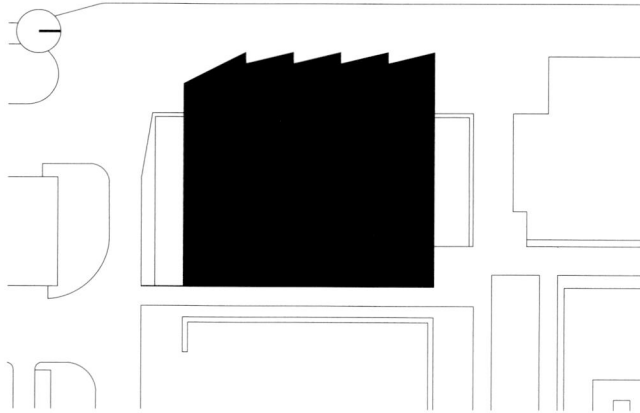

Axometrie/Axonometric projection
1 hoofdentree/main entrance
2 verhoogde ruimte toezicht/elevated area surveillance
3 kantine/canteen
4 supermarkt/supermarket
5 aanleveringsruimte goederen/ goods delivery area

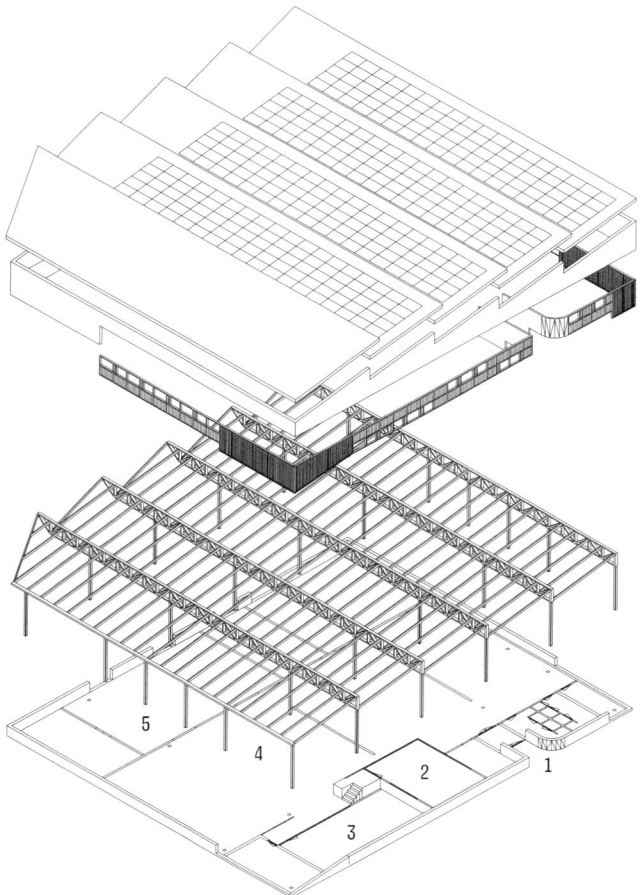

[*Unsolicited Architecture*]

Penitentiaire winkel PI Vught
Vught

Wie in de bossen van Vught na de nodige veiligheidschecks door de turquoise zware poorten van de Penitentiaire Inrichting (PI) binnenkomt, wordt verrast. Eenmaal binnen ontvouwt zich een complexe staalkaart van de architectuur van gevangenschap in Nederland. De PI in Vught is als complex van 7 gevangenissen met 600 gevangenen en 1.200 medewerkers een kleine stad in zichzelf. Dat het deze functie kreeg nadat het als doorvoerkamp in de Tweede Wereldoorlog gebouwd was, draagt bij aan de intensiteit van de plek. Wie er rondloopt vindt incoherente eilandjes uit alle tijdperken, met een nadruk op goedbedoelde, maar uiteindelijk treurige jaren tachtig gebouwen die aan Almere Muziekwijk doen denken. Binnen dit geheel is er een nieuwe winkel ontworpen door Buro NØRD, die daardoor extra opvalt. De opdrachtgever was aanvankelijk niet zo ambitieus en zocht naar een simpele doos. Na meegelopen te hebben met de gevangenen in Vught verhoogde Buro NØRD de ambities samen met de opdrachtgever. Uiteindelijk is het een strak getand, rechthoekig volume geworden opgebouwd rond een houten CLT bouwstructuur en een gevel die grotendeels uit polycarbonaatdelen bestaat. Die bouwstructuur is grotendeels flexibel en demontabel opgezet, zodat het gebouw aanpasbaar blijft. Binnen is de met zorg afgewerkte supermarkt, die door de gevangen onder begeleiding uitgebaat wordt, ruim en licht. De hiërarchische verhouding tussen cipiers en gevangenen is door een klein hoogteverschil te zien: de cipiers staan verhoogd, de gevangenen een tree lager. Ondanks de verschillen is het in alles een menselijk en fijn gebouw dat niet straf, maar rehabilitatie uitstraalt in materialisering en aandacht.

PI Vught prison shop
Vught

Anyone passing through the heavy turquoise gates of the Penitentiary Institution in the woods of Vught after the necessary security checks is in for a surprise. Once inside, a complex spectrum of Dutch prison architecture unfolds. The Vught prison, a conglomeration of 7 prisons housing 600 detainees and 1,200 employees, is a small town in its own right. The fact that it acquired this function after having initially been built as a transit concentration camp during the Second World War, merely adds to the intensity of the site. It is an incoherent assemblage of discrete islands from every era, with a preponderance of well-meant, but ultimately dismal 1980s buildings reminiscent of Dutch suburban housing of that era. Against this backdrop the new shop designed by Buro NØRD is especially noticeable. The client was initially not particularly ambitious and just wanted a simple box. But having chatted with the Vught detainees, Buro NØRD raised the level of ambition in collaboration with the client. The outcome was a sawtoothed rectangular volume with a CLT frame and an elevation consisting primarily of polycarbonate sheeting. The resulting structure is for the most part flexible and demountable, so the building remains adaptable. Inside is a meticulously finished, spacious and light-filled supermarket, run by the detainees under supervision. The hierarchical relationship between prison officers and detainees is implicit in a small height difference: the warders are slightly higher, the prisoners one step lower. Despite that difference it is in every respect a fine building that in materialization and attention to details radiates not punishment but rehabilitation.

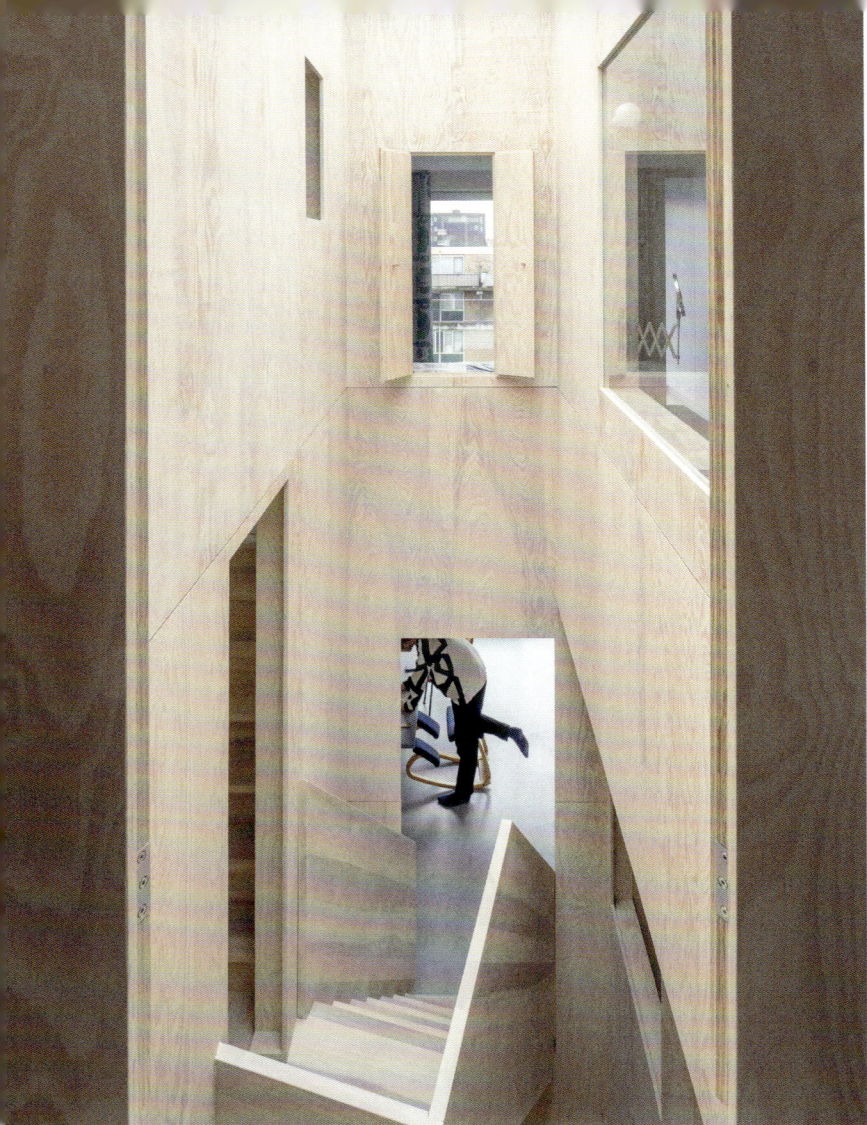

Atelier Tomas Dirrix

Foto's/Photos: **Stijn Bollaert**

[*Unsolicited Architecture*]

Trappenhuis
Rotterdam

Stampioenstraat 13 in Rotterdam Zuid is sinds kort het huis van het jonge kunstenaarsstel Koen Taselaar en Simone Trum en hun dochter Tauba. Taselaar is gevierd kunstenaar, Trum is bekend van het complexe, kleurrijke (typo)grafisch werk dat zij met haar bureau Team Thursday ontwerpt. De ontwerppret die uit hun beider werk spreekt wordt bij binnenkomst direct weerspiegeld in het interieur van hun woning. Achter de gevel van de wat belegen CPO-rijtjeswoning gaat een onverwachte bonte wereld schuil. Het stel gaf Thomas Dirrix de opdracht een trap voor de woning te ontwerpen, waarna Dirrix de uitdaging aannam. Maar wat gebeurt er als je een architect een trap laat ontwerpen? In plaats van de gevraagde trap kreeg het stel er een heel nieuw binnenwerk voor terug dat nog veel beter antwoord bood op de vraag om een passende, niet-conventionele gezinswoning. Dirrix holde de woning als het ware uit en schoof in het midden van het resterende betonnen karkas als *centerpiece* een heel nieuw trappenhuis in. Het dertien meter hoge houten trapmeubel kronkelt van onder naar boven en voegt de voor- en achterkamers aan weerszijden samen. Door de kern van het dak te openen daalt het daglicht naar binnen tot diep in de keuken, alwaar de geur van versgebakken koekjes opstijgt. Vensters in het trappenhuis zorgen voor zichtlijnen over en weer en onderlinge verbinding tussen de verschillende leef-, werk- en slaapkamers. De royale trap vormt een spectaculaire, ongedefinieerde tussenruimte waar in doorsnee eengezinswoningen in de regel nooit ruimte voor is. Tegelmaker Studio GdB nam de wc's en badkamer met vrolijk tegelwerk onder handen en Phil Procter tekende aan de boekenkast en keuken. De verzameling kunstobjecten rijkelijk en losjes verspreid door de woning maken het geheel af. Het voelbare symbiotische ontwerpplezier van architect, ontwerpers en opdrachtgevers leidde tot een vrolijke en verrassende woning. Een verrukkelijke *feel good* ervaring in de somberte die het jaar 2024 toch wel karakteriseerde.

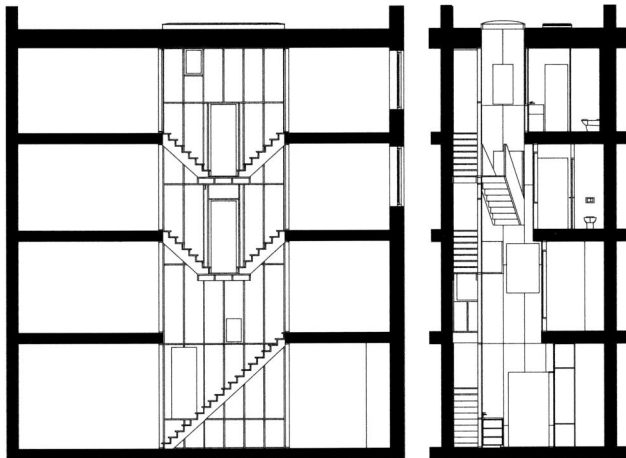

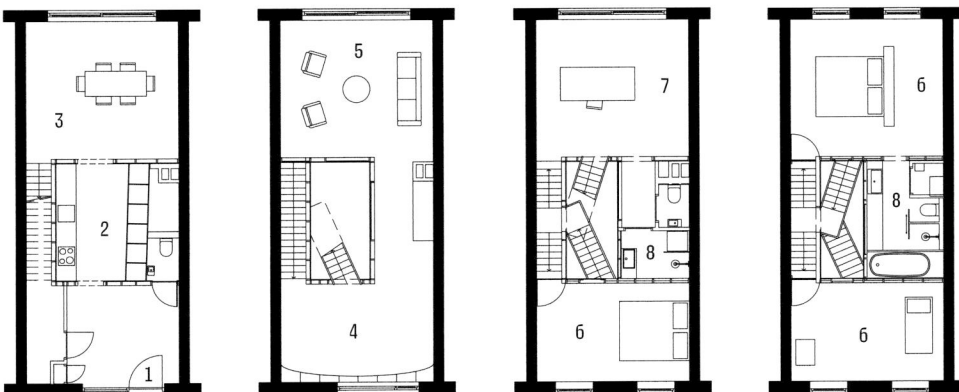

Staircase (Trappenhuis)
Rotterdam

Stampioenstraat 13 in Rotterdam Zuid recently became the home of the young artistic couple Koen Taselaar and Simone Trum and their daughter Tauba. Taselaar is a celebrated artist, Trum will be familiar from the complex, colourful (typo)graphic work she designs with her Team Thursday practice. The sheer design enjoyment evident in the work of both artists is apparent in the interior of their home the moment you step inside. Behind the rather dull facade of the collectively developed terrace house lies something completely unexpected. The couple commissioned Thomas Dirrix, to design a staircase for the house, a challenge Dirrix accepted with relish. But what happens when you let an architect design a staircase? Instead of the asked-for stair the couple got instead a whole new interior that offered an even better response to their request for a fitting, unconventional family home. Dirrix effectively hollowed out the newly built house and into the remaining concrete carcass he slotted a centrepiece in the form of a completely new staircase. The thirteen-metre-high wooden stair object winds its way from bottom to top, joining front and back rooms together along the way. A skylight cut out of the middle of the roof allows daylight to penetrate right down to the kitchen, from where the aroma of freshly baked biscuits rises. Windows in the staircase generate sight lines from both sides and connections between the various living, work and bedrooms. The generous stair is a spectacular, undefined intermediary space for which there is generally never room in the average single-family house. Tile maker Studio GdB, provided cheerful tiling in the toilets and bathroom while Phil Procter designed the bookcase and the kitchen. The collection of art objects liberally scattered around the house add the finishing touch. The palpable symbiotic design pleasure shared by architect, designers and clients has resulted in a joyous and surprising dwelling. An uplifting feel-good experience in the midst of the despondency that characterized the year 2024.

Doorsneden/Sections

Begane grond, eerste, tweede, derde verdieping/Ground, first, second, third floor

1. entree/entrance
2. keuken/kitchen
3. eetkamer/dining room
4. bibliotheek/library
5. zitkamer/living room
6. slaapkamer/bedroom
7. atelier
8. badkamer/bathroom

0 1 2 5m

NEXT architects

Foto's/Photos: **Jeroen Musch**

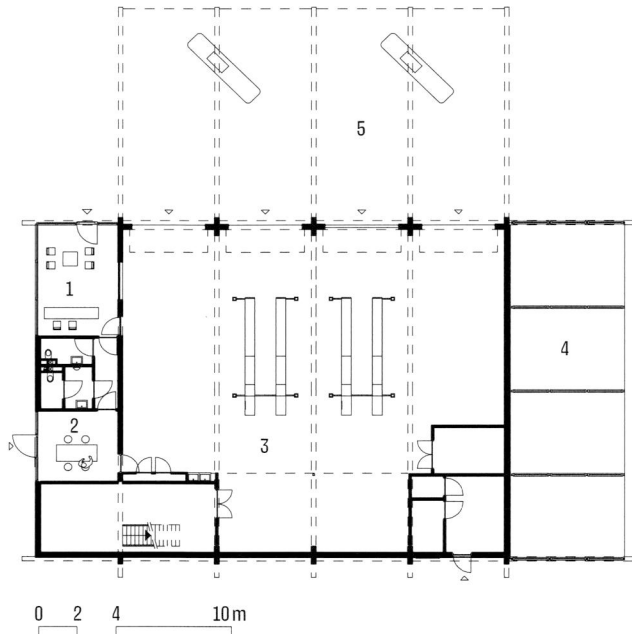

Begane grond/Ground floor
1   ontvangstruimte/reception area
2   kantine/canteen
3   servicestation/service station
4   autowasplaats/car wash
5   luifel/awning

0   2   4   10 m

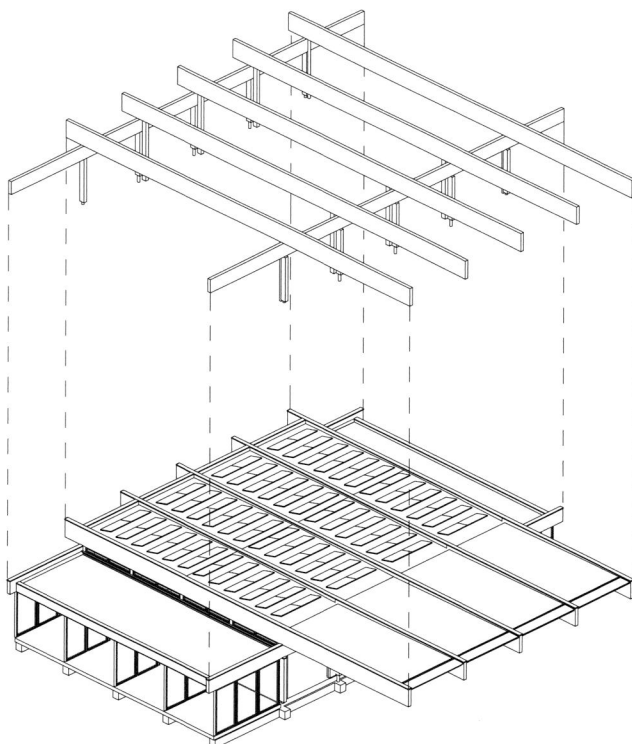

Axometrie/Axonometric projection

Situatie/Site plan
A   Verzetslaan
B   N235
C   KFC
D   McDonald's

[*Unsolicited Architecture*]

Servicestation Verzetslaan
Purmerend

In de oksel van een afrit van de provinciale weg en een verder door godverlaten zuidrand van Purmerend voel je je, tussen de KFC, McDonald's en noodwoningkolonie, als bij een Frans snelwegtankstation op weg naar een zomerse zon. In het in elkaar gerommelde toonbeeld van weinig subtiele stedelijke ontwikkeling is het door NEXT ontworpen nieuwe tank- en servicestation een simpele maar mooie uitzondering. Een eenvoudig ogende houten luifel met vier uitkragende CLT-balken biedt plek aan overdekt fossiel tanken. Aan de zijkant is een autowasplaats. In het centrale houten bouwdeel is een werkplaats gevestigd met een bandenopslag. De hoge balken zijn zo geplaatst dat de monteurs een optimale werkhoogte behouden. De monteurs waarderen de warmte die het hout brengt ten opzichte van hun eerdere onderkomen. De moderne tankstations van Dudok, Jacobsen of Mihelič blijven eleganter, maar hier is met hout een geslaagde poging gewaagd om Purmerend een fraaiere entree te geven.

Verzetslaan Service Station
Purmerend

In the curve of a freeway exit ramp on the godforsaken southern periphery of Purmerend, between a KFC, a McDonald's and a temporary housing colony, you suddenly feel as if you have stopped at a French motorway service station en route to the summer sun. Amidst the jumbled-together epitome of unsubtle urban development, the new filling and services station designed by NEXT stands out as a simple but beautiful exception. A seemingly straightforward awning supported on four cantilevered CLT beams provides shelter for fossil refuelling. There is a car wash to one side, while the central timber-built section contains a repair workshop and tyre storage racks. The elevated position of the beams is designed to give the mechanics an optimal working height. The mechanics appreciate the warmth provided by the wood compared with their previous premises. The modern filling stations designed by Dudok, Jacobsen or Mihelič may be more elegant, but here a successful attempt has been made with wood to give Purmerend a more attractive entrance.

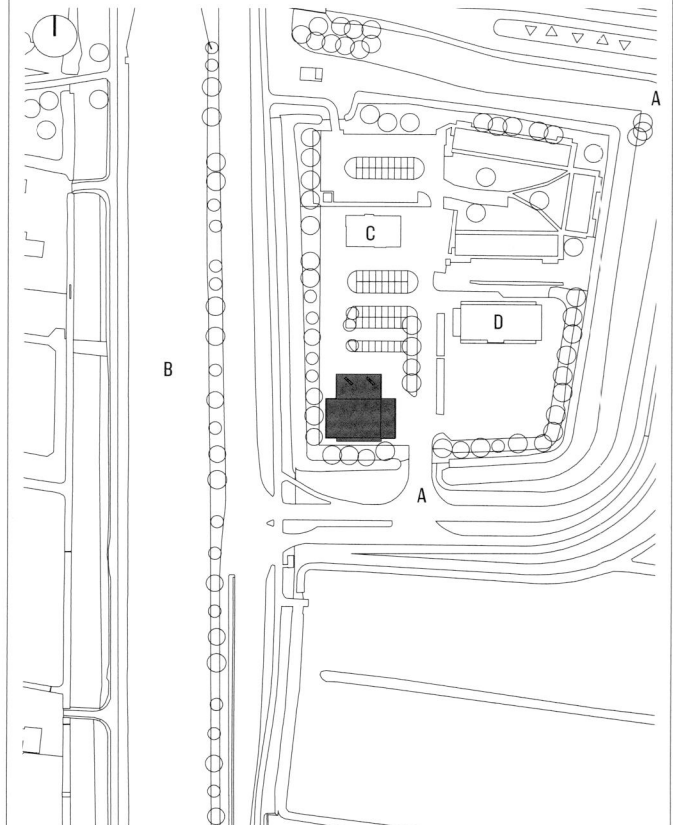

Zijn we nog relevant?

Loerend over de dijk naar andere Europese jaarboeken en het gras bij de buren

Are we still relevant?

Peering over the dike at other European yearbooks to see whether the grass is any greener

'Het is duurzaam. Het is sociaal. Het is behoud. Het is geënt op de buurt en voor de buurt, gerealiseerd dankzij de daadkracht van de wethouder ginder. En het is esthetisch uitmuntend uitgevoerd door ATAMA. Allez, dit project checkte voor ons alle boxen.' De wethouder en de architect knikken vriendelijk op de aardige woorden van Petrus Kemme, een van de redactieleden van het Vlaamse Architectuurjaarboek *Responses in Responsibility,* dat elke twee jaar uitkomt en in december 2024 aan een internationale groep journalisten gepresenteerd wordt door het Vlaams Architectuurinstituut (VAi). We zijn uitgenodigd door het VAi voor een tweedaagse tour door Vlaanderen, mogelijk gemaakt door de toeristenorganisaties van Gent en Kortrijk. Plaats van handelen is de Deelfabriek, de succesvolle verbouwing van een oude brandweerkazerne tot nieuw gemeenschapscentrum in Kortrijk. Door ATAMA dus.

De zevenkoppige jaarboekredactie in Vlaanderen bestudeerde 400 ingezonden projecten en selecteerde er 21 voor de uitgave. Met het VAi bezoeken we als eerste het project Winter-circus door Atelier Kempe Thill, ANNo, Baro Architectuur en Sumproject in het centrum van Gent. Het gebouw begon als circusgebouw in 1894, transformeerde in 1944 tot parkeergarage, werd vervolgens opslag van een privécollectie oldtimers van de eigenaar, en stond de laatste jaren leeg. Na een bescheiden renovatie van het al indrukwekkende historisch gelaagde gebouw, is het nu een nieuwe broedplaats ondersteund door Vlaamse en lokale autoriteiten dat nog overtuigd lijkt van het ethos van Silicon Valley en haar startupcultuur. In de kelder is een mooie nieuwe geluiddichte plek voor alternatieve bands en muziek. Vervolgens zien we een Vlaamse variant op de CPO in appartementencomplex Bijgaardehof van &bogdan, waar zonder te veel franje 59 prettige woonplekken gerealiseerd zijn met fijne gemeenschappelijke ruimtes en tuinen waarover alle bewoners samen in het ontwerpproces hun zegje hadden kunnen doen. We sluiten de rondleidingen van de dag af in de De Heilig Hart kerk door De Smet Vermeulen architecten eveneens in Gent, waar een grote, verlaten negentiende -eeuwse

kerk met een fraaie nieuwe houten 'box-in-box' een nieuwe buurtfunctie krijgt, ook dankzij de betrokken stad Gent en hun plaatselijke gelieerde ontwikkelmaatschappij.

Wat opviel: het voelde als *Groundhog Day* (regie Harold Ramis, 1993*)*, de film waarin Bill Murray als televisieweerman vast komt te zitten in een tijdlus waardoor hij steeds weer dezelfde dag door moet. Het leek veel op projecten die we als jaarboekredactie de weken ervoor in Nederland bezochten. Kundig gebruik maken van historische verwaarlozing of veranderde functies. Het afmaken van een weefsel. Dezelfde CLT oplossingen. Het invullen van een gapend sociaal gat. Het werken met *craft*. De schone maar meestal warme soberheid. De hoeveelheden kussens om ongekend leed te verzachten. De afwezigheid van extravagantie of spektakel. Hoe 'lokaler' het project gepresenteerd wordt, hoe meer het lijkt te voldoen aan een afgemeten receptuur rijk aan beige, knusheid en pastel, omlijst door een architect die vertelt hoe zij/hij werkt binnen 'het mogelijke'. Het is vanille-ijs, een Unilever reclame, een grijze Skoda Octavia. Er is niets mis mee en goed te verantwoorden, met een kleine noot dat Nederland zeker niet voor Vlaanderen onderdoet. Zeker in de uitvoering is de Nederlandse oogst dit jaar fijner gematerialiseerd met dunnere profielen en door de bank genomen betere afwerking. Maar de vraag die blijft hangen is of dit nu hetzelfde theaterstuk was met een andere cast en in hoeverre er buiten Nederland nog andere smaken te krijgen zijn. Tijd voor een *tour d'horizon* langs West-Europese jaarboeken[1] van dit jaar met de vraag: hoe staat Nederland er vanaf de grens bekeken voor? Hoe relevant zijn we nog?

Vlaanderen

De 16[de] editie *Architectuurboek Vlaanderen* heet *Antwoorden in verantwoordelijkheid* (zie p. 64), een titel die verwijst naar een publicatie van de Vlaamse filosofe Lydia Baan Hofman. Het volgt de editie *Allianties met de realiteit* op en wordt uitgegeven door het VAi. In de introductie wordt de architect door de voormalige

---

'It's sustainable. It's social. It's preservation. It's inspired by and for the neighbourhood, realized thanks to the decisiveness of the alderman over there. And it is aesthetically outstandingly executed by ATAMA. Allez, this project checked all the boxes for us.' The alderman and architect in question nod cordially in response to these flattering words from Petrus Kemme, one of the editors of the 16th edition of the biennial Flemish yearbook, *Responses in Responsibility*, which was presented to an international group of journalists by the Flanders Architecture Institute (VAi). The scene of the action was the Deelfabriek, a successful conversion of an old fire station into a new community centre in Kortrijk. By ATAMA, obviously. The VAi had also invited us on a two-day tour of Flanders, made possible by the Ghent and Kortrijk tourist offices.

The seven-strong yearbook editorial team in Flanders studied 400 submitted projects and selected 21 for inclusion. The first project we visited with the VAi was Winter-circus by Atelier Kempe Thill, ANNo, Baro Architectuur and Sumproject in the centre of Ghent. What started out as a circus building in 1894 was converted into a parking garage in 1944 and subsequently used to store the then owner's private collection of Oldtimers; in recent years the building has stood empty. Following a modest renovation of the already impressive historically layered building, it has become a new incubator with the support of the Flemish and local authorities. The whole approach seems to be still in thrall to the ethos of Silicon Valley and its startup culture. The basement provides a fine new soundproof space for alternative bands and music. Next we visited a Flemish version of collective private commissioning (CPO) in the form of &bogdan's Bijgaardehof apartment complex where, without too many frills, 59 pleasant living spaces have been realized complete with fine communal areas and gardens about which the residents were able to have their say during the design process. The day's tour concluded in De Heilig Hart by De Smet Vermeulen architecten, also in Ghent, where a handsome new wooden box-in-box construction has given a vast, deserted nineteenth-century church a new neighbourhood function, thanks in part to the Ghent

city council and its local affiliated development company.

What struck us: it felt a bit like *Groundhog Day* (dir. Harold Ramis, 1993), the film in which Bill Murray, playing a TV weatherman, gets stuck in a time loop that has him endlessly reliving the same day. There was an eerie similarity with the projects we had visited back home in previous weeks for our own yearbook. Skilful handling of historical neglect or a change of function. Completing a piece of built fabric. The same CLT solutions. Filling a gaping social need. The commitment to craftsmanship. Immaculate but generally warm austerity. Plenty of cushions to soften unprecedented suffering. An absence of extravagance and spectacle. The more 'locally' presented the project, the more it seems to conform to a considered recipe replete with beige, cosiness and pastel shades, framed by an architect who confides that he/she works within the bounds of 'what's possible'. It's vanilla ice cream, a Unilever ad, a grey Skoda Octavia. There's nothing wrong with it and it's perfectly justifiable, although it's worth noting that the Netherlands is by no means inferior to Flanders. In terms of execution, the materialization was finer, the profiles thinner and the finishing generally speaking superior in the projects produced by this year's Dutch cohort. But the question remains whether this is just the same stage play with a different cast and whether different stagings are to be found outside the Netherlands. Time for a tour d'horizon of this year's West European architecture yearbooks[1] in search of an answer to the question: how do we shape up compared with our fellow Europeans? Are we still relevant?

Flanders

The 16th edition of the *Flanders Architectural Review* is subtitled *Responses in Responsibility* (see p. 64), which references a publication by the Flemish philosopher Lydia Baan Hofman. It follows on the heels of *Alliances with the Real* and is published by the VAi. The introduction, written by the former and current directors of the VAi, Sofie De Caigny and Dennis Pohl, places the architect on a pedestal

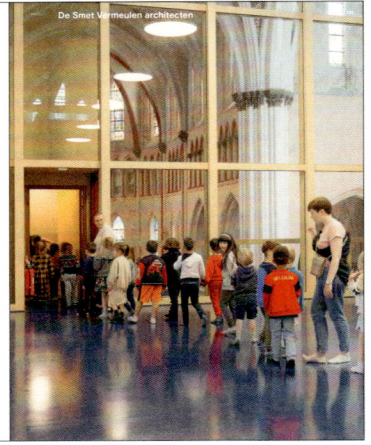

Enkele pagina's uit/A few pages from:
Flanders Architectural Review N°16,
2024. *Responses in Responsibility,*
VAi (Flanders Architecture Institute)

Enkele pagina's uit/A few pages from:
Deutsches Architektur Jahrbuch
2024/German Architecture Annual
2024, DOM Publishers

Enkele pagina's uit/A few pages from:
AV Monographs 261-262. España 2024/
Spain Yearbook 2024, Arquitectura
Viva

en de huidige directeur van het VAi, Sofie De Caigny en Dennis Pohl, op het voetstuk geplaatst als unieke probleemoplosser en maatschappelijke verbinder. De turbulente praktijk maakt Vlaamse architecten flexibeler dan ooit. De Caigny en Pohl zien meer samenwerkingen tussen bureaus ontstaan. Ze zien ook architecten die minder nadrukkelijk aanwezig zijn en ruimte geven aan eigen invulling door gebruikers, iets dat we in andere jaarboeken ook zullen terugzien. Naast de projecten biedt het essays en *infographics* die tonen hoe de beroepspraktijk zich voegt; ook hier een groeiend landschap van kleine bureaus (88% heeft geen architecten als werknemers onder contract), waarin de rol van vrouwen in de Vlaamse architectuur met moeite toeneemt en de staat van de diversiteit in de sector ook hier onbekend is, maar problematisch blijft.[2] Financieel is de Vlaamse architect ook in een moeilijke positie en denkt slechts 16% van hen het pensioen als architect te gaan halen. Naast dat *Antwoorden in verantwoordelijkheid* het meest kritisch activistische jaarboek in deze selectie is, is het ook het mooiste met een handzaam formaat, een verhalende opzet en dynamische lay-out. Dankzij zes fotografen die de projecten onafhankelijk vast mochten leggen, krijgt het zichtbaar maken van het gebruik van de gebouwen de plek die het eigenlijk verdient in architectuurpublicaties. De betrokkenheid van de overheid lijkt er wel toe te leiden dat de private sector minder goed vertegenwoordigd is, waardoor het minder duidelijk is hoe representatief het nu is voor Vlaanderen.

Duitsland

Het *Deutsches Architektur Jahrbuch* (zie p. 64) bestaat sinds 1980 en is daarmee, voor zover wij kunnen nagaan, het oudste nog bestaande jaarboek in Europa. Het boek wordt door het Deutsche Architektur Museum (DAM) gemaakt en de editie in 2024 door DOM Publisher uitgegeven en valt niet tegen. Het format is hier gelinkt aan de jaarlijkse architectuurprijs van DAM. De selectie van projecten is – zeer Duits – bepaald via uitgebreide consultaties

met de regionale *Architektenkammer* en externe experts die de ruim 200 voorgestelde projecten terugbrengen naar een longlist van 104 projecten. Een 12-koppige jury bracht dit terug tot een shortlist van 24 projecten. Uit projectbezoeken van de jury kwamen vijf finalisten en daaruit één winnaar: de circulaire en duurzame uitbreiding van de architectuurfaculteit van Braunschweig door debuterend duo Gustav Duesting en Max Hacke. DAM Directeur Peter Schmal prijst het als een vroege duurzamere Richard Rogers. Bladerend door het boek is er opnieuw veel herkenbaar uit de Nederlandse bouwpraktijk: veel degelijke houtbouw en respectvolle renovaties maar ook voor Duitse maat-

• •

<u>Frankrijk</u>

De drie belangwekkendste projecten in Frankrijk uit 2024 volgens Fabrizio Gallanti, directeur van Arc en rêve centre d'architecture, Bordeaux.

Alt174: basisschool Simone Veil, Lompret
De speelplaatsen van de school zijn in overleg met de leerlingen heringericht, met een grote ronde luifel als middelpunt. Een 'simpele' ingreep die laat zien hoezeer de toekomst van de architectuur ligt in hergebruik en behoud.

Chartier Dalix: logistiek centrum in de wijk Ardoines, Vitry
De vaak veronachtzaamde opgave van industriële en logistieke behuizing wordt hier juist op een hoger plan gebracht door het elegante ontwerp van de hal. Het dak biedt plaats aan 10.000 m² groentetuin.

GRAU: woningbouw Le Hameau de Séléné, Parempuyre
Bij het ontwerp van de tweeëntwintig sociale huurwoningen hebben een gemeenschappelijke zone met open ruimten en gedeelde voorzieningen veel aandacht gekregen, waarmee nieuwe manieren van samenleven in beeld komen.

<u>France</u>

The three most relevant projects in France in 2024 according to Fabrizio Gallanti, director of Arc en rêve centre d'architecture, Bordeaux.

Alt174: Groupe Scolaire Simone Veil, Lompret
The school courtyards have been reconfigured in dialogue with the students, in the form of a large canopy. A modest intervention that demonstrates how much the future of architecture will lie in rehabilitation and recovery.

Chartier Dalix: Hôtel logistique aux Ardoines, Vitry
The often-neglected production of industrial and logistic equipment is given due respect here with an elegantly designed shed that doubles as the support for a 10,000 m² rooftop vegetable garden.

GRAU: Résidence Le Hameau de Séléné, Parempuyre
Twenty-two social housing rental units generate a small community area, with particular attention being paid to the open areas and shared facilities, thus imagining novel ways of living together.

• •

as a unique problem solver and community unifier. The turbulent operating conditions have made Flemish architects more agile than ever. De Caigny and Pohl discern greater collaboration between practices. They also see architects who are less emphatically present and allow scope for users' own interpretation, something we will also see in other yearbooks. As well as the projects, there are essays and infographics charting how professional practice is faring; here, too, there is a growing landscape of small practices (88% have no architects under contract), the proportion of women in Flemish architecture is barely increasing and here too while precise figures on the degree of diversity in the sector are lacking it remains problematical.[2] Flemish architects are also doing it tough financially and only 16% think they will still be practising architects at pension age. As well as being the most critically activist yearbook in this overview, *Responses in Responsibility* is also the most attractive, with a handy format, a narrative approach and dynamic layout. Thanks to the fact that six photographers were engaged to independently record the projects, the visualization of how the buildings are used receives the attention it actually deserves in architecture publications. Government involvement in many of the projects does seem to suggest that the private sector is less well represented, which in turn raises the question of how representative this is for Flanders.

Germany

The *German Architecture Annual* (see p. 64) was first published in 1980, making it, as far as we've been able to ascertain, the oldest surviving architecture yearbook in Europe. Produced by the Deutsche Architektur Museum (DAM) and published by DOM Publishers, the German yearbook does not disappoint. Its format is linked to the DAM's annual architecture prize. The selection of projects is determined – in typically German fashion – through extensive consultations with the regional chambers of architecture and external experts, who reduced this year's 200+ nominated projects to a longlist of

104 projects. A 12-person jury in turn reduced this to a shortlist of 24 projects, which they then proceeded to visit. The upshot was five finalists and one winner: the circular and sustainable extension of the architecture faculty at the Technical University of Braunschweig, a debut work by Gustav Düsing and Max Hacke. DAM Director Peter Schmal praised it as an early, more sustainable, Richard Rogers. Leafing through the book there is once again much that is recognizable from Dutch building practice: many well-crafted timber constructions and respectful renovations together with, by German standards, slightly more funky projects: outside Berlin the fast-food restaurant in the DDR's sole amusement park has been inspiringly converted by modulorbeat into Blaue Stunde, an open

staven iets meer funky projecten: buiten Berlijn is het fastfood restaurant van het enige pretpark van de DDR door modularbeat inspirerend tot open blauwe kunstplek *Blaue Stunde* verbouwd. In Weimar is er een klein Marjolein van Eigachtig toiletgebouw bij een park dat opvalt door vrolijke detaillering. Daarnaast is de Duitse esthetiek bij vlagen iets meer uitgesproken als in Kunstraum Kassel door het Oostenrijkse Innauer Architekten op de naoorlogse moderne universiteitscampus in Kassel, de renovatie van het voormalige woonhuis van Egon Eiermann in Baden-Baden, maar ook in een imposant KAANachtig nieuw sportcentrum van de TU München als onderdeel van het Olympiapark in München. Behalve projecten zijn er twee essays: een over mogelijkheden van vlas en mycelium voor ecologisch bouwen door Lars Klaaßen, de ander over houtbouw naar aanleiding van de ontwikkeling van de City of Wood door *bauherr* Ernst Böhm in Bad Aibling, Beieren geschreven door Sebastian Krass. Er is geen specifieke poging gedaan om het geheel samen te vatten, maar door de bijdragen van de jury heen waart de angst dat de huidige vastgoedcrisis in Duitsland ertoe leidt dat dit mogelijk de voorlopig laatste hoogtepunten zullen zijn van Duitse architectuur.

Spanje

España 2024 (zie p. 65) door de voorname Spaanse uitgever Arquitectura Viva (AV) onder leiding van Luis Fernández-Galiano ademt ten opzichte van Nederland meer sobere betonnen bouwwerken die niet zelden door of met hulp van lokale overheden zijn aangelegd. Het is de 30ste editie van het jaarboek in de veertig jaar dat AV bestaat. Fernández-Galiano plaatst deze editie in een internationale turbulente wereld waarin hij ziet hoe architectuur een globaal project geworden is. Geopolitieke ontwikkelingen, klimaatverandering en wereldwijd stijgende vastgoedprijzen zetten de leefbaarheid van die architectuur onder druk. Maar deze jubileumeditie viert ook de reputatie die Spanje de afgelopen decennia als architectuurland heeft weten op te bouwen door extra aandacht

te geven aan Spaanse architecten die in het buitenland werken aan prestigieuze projecten. Verder voelt dit jaarboek het meeste als *business as usual*: hoofdzakelijk geïnteresseerd in het tonen van veel projecten met mooie beelden. Het ziet de wereld veranderen zoals iedereen, maar onthoudt zich van een activistische toon, als bijvoorbeeld het Vlaams jaarboek. Naast Galiano's introductie, een overzicht van prijswinnaars en een in memoriam, zijn het de thematisch georganiseerde projecten die voorop staan. Thema's zijn onder meer 'historical revision', 'domestic alternatives' en 'urban dialogue'. Een David Chipperfieldachtige toevoeging aan het kunstmuseum van het koninklijk paleis in Madrid

- -

Zweden

De drie belangwekkendste projecten in Zweden uit 2024 volgens Björn Ehrlemark, hoofdredacteur van *Arkitektur: the Swedish review of architecture.*

White arkitekter: Exercisfältet Storm Water Pond, Uppsala
Een groot bureau (een typisch Zweeds fenomeen), een klein project (in essentie een regenwater bufferzone), veel ophef (gepubliceerd in *Domus* en *A+U*), en een Grote Kwestie (een steeds wisselvalliger klimaat).

Kjellander Sjöberg: Gjuteriet (de Gieterij), Malmö
Het project bevindt zich in het centrum van het volgende venndiagram: 1. De explosief toegenomen aandacht voor hergebruik en transformatie; 2. Malmö's ambities op het vlak van doordachte post-industriële architectuur en planning; 3. Grootschalig gebruik van gelaagd hout in onconventionele toepassingen (de kantoor-'dozen' die aan de hijsinstallatie zijn opgehangen).

Elding Oscarson: Wisdome, Stockholm
Wederom hout, maar deze keer in de vorm van complexe geometrieën en geavanceerd Zwitsers (ja, niet Zweeds) ingenieurswerk in een gelukkig huwelijk met een ontwerpaanpak die … plezier uitstraalt?

art space. In a park in Weimar, the cheerful detailing of a small Marjolein van Eig-like toilet block catches the eye. The German aesthetic is occasionally more pronounced, as in Kunstraum Kassel by the Austrian practice Innauer Architekten on the modern university campus in Kassel, the renovation of Egon Eiermann's former home in Baden-Baden, as well as an imposing new KAAN-like sports centre at TU Munich as part of Munich's Olympia Park. In addition to projects there are two essays: one about the potential of flax and mycelium in eco-construction by Lars Klaaßen, the other about wood construction prompted by entrepreneur Ernst Böhm's City of Wood development in Bad Aibling, Bavaria, by Sebastian Krass. There is no specific attempt to summarize the whole, but the jury's contributions are permeated by the fear that current property crisis in Germany might mean that these will be the last highlights in German architecture for some time to come.

Spain

Compared with the Netherlands, *Spain 2024* (see p. 65) from esteemed Spanish publisher AV/Arquitectura Viva headed by Luis Fernández-Galiano, displays more austere concrete structures, not infrequently built by or with the help of local governments. It is the 30th edition of the yearbook in the forty years of AV's existence. Fernández-Galiano locates this edition in an internationally turbulent world, noting that architecture has become a global project. Geopolitical developments, climate change and worldwide rising property prices are threatening the viability of architecture. But this anniversary edition also celebrates the reputation Spain has in recent decades managed to build as a country of architecture by paying extra attention to Spanish architects working on prestigious projects abroad. For the rest this yearbook feels mostly like business as usual: chiefly concerned with displaying a lot of projects accompanied by pretty pictures. Although like everyone else it recognizes that the world is changing, it refrains from adopting an activist tone like that of the Flemish yearbook. Besides Galiano's introduction, a rundown

Sweden

The three most relevant projects in Sweden in 2024 according to Björn Ehrlemark, editor of *Arkitektur: the Swedish review of architecture.*

White arkitekter: Exercisfältet Storm Water Pond, Uppsala
Big office (that's a very Swedish phenomenon), small project (basically a rainwater buffer zone), big fuss (it has been published by Domus and A+U), and addressing a huge question (a more volatile climate).

Kjellander Sjöberg: Gjuteriet, Malmö
Sitting in the middle of a Venn diagram of 1. the wave of re-use and transformation, 2. Malmö's ambitions as a place for thoughtful post-industrial architecture and planning, and 3. large-scale use of engineered timber in unconventional ways (the 'boxes' with office space hang from the big overhead crane).

Elding Oscarson: Wisdome, Stockholm
Wood again, but this time in the form of complex geometries and advanced Swiss (yes, not Swedish…) engineering in happy marriage with a sense of design that feels… fun?

- -

of prize-winners and an in memoriam, the main focus is on the thematically arranged projects. Themes include 'historical revision', 'domestic alternatives' and 'urban dialogue'. A David Chipperfield-style addition to the art museum of the royal palace in Madrid by Mansilla + Tuñón Architects is one of the highlights of the selection. The cover features an agreeable-looking public housing block on Ibiza by 08014 arquitectura. The project is based on climate-friendly traditional Moorish building techniques using atria and cupolas, thereby using the maximum allowable volume on the plot. A logistical centre for Mayotal by System Arquitectura in Malaga is lent a sculptural quality by an unusual curtain-like facade.

OMA
PONT SIMONE-VEIL
BORDEAUX

COSA / RHB
RESTRUCTURATION DE L'INSA
STRASBOURG

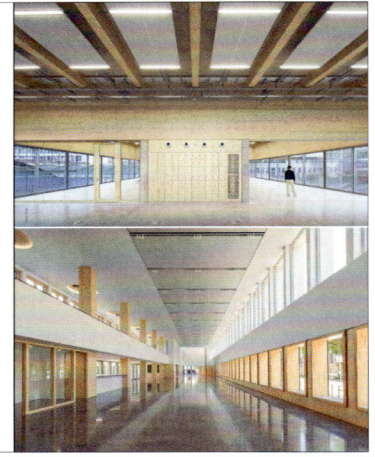

Enkele pagina's uit/A few pages from:
2024 ARCHITECTURE EN FRANCE.
Les 100 bâtiments de l'année 2024,
Groupe Moniteur

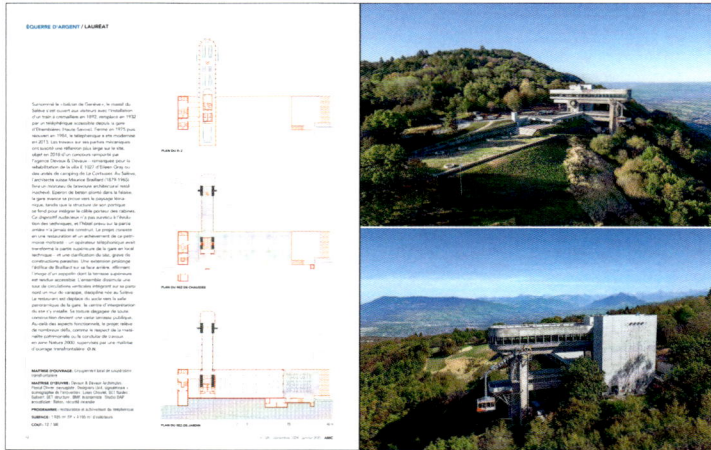

CHARLES-HENRI TACHON
HALLE DE MARCHÉ
SAINT-CLOUD

TOUR DE LOGEMENTS
LAN

Enkele pagina's uit/A few pages from:
*Schweizer Architektur Jahrbuch 2023/
Swiss Architecture Yearbook 2023/
Annuaire de l'architecture suisse 2023/
Annuario dell'architettura svizzera
2023*, Park Books

door Mansilla + Tuñón Architects is een van de *highlights* in de selectie. Op de cover staat een vriendelijk ogend sociaal woning-bouwblok op Ibiza door 08014 arquitectura. Het project is geïnspireerd door klimaatvriendelijke traditionele Moorse bouwmethodes met atria en koepels, waarmee tegelijkertijd het maximale volume op het plot benut wordt. Een logistiek centrum voor Mayotal door System Arquitectura in Malaga krijgt door een bijzondere gordijnachtige gevel sculpturale kwaliteit.

Frankrijk

Architectuurtijdschrift *AMC* (zie p. 68) is de enige die zich in Frankrijk lijkt te wagen aan het uitgeven van een jaarboek en net als in Duitsland is het ook gekoppeld aan een verkiezing, hier samen georganiseerd met *Le Moniteur*, een ander Frans architectuurtijdschrift. Ook hier gaat de grote aandacht uit naar projecten, naast een uitgebreid jaaroverzicht dat verslag doet van prijswinnaars, overledenen, feesten, tentoonstellingen, boeken en een uitstekend filmoverzicht. Het is het best geschreven jaarboek. Hoofdredacteur Olivier Namias opent de editie van 2024 met de vraag of het nog mogelijk is om iets anders te maken dan gebouwen die *durable, inclusif, résilient* en *décarboné* zijn en komt tot de conclusie dat in dat licht de afwezigheid van het heden – *le mine de rien* – en daarmee de architect, de oogst van het jaar het best samenvat. Prijswinnaars zijn onder andere OMA met hun brug zonder fratsen (op de breedte van de brug na) over de Gironde, die wordt geprezen voor de kunst van het weglaten. Een *bric-o-lage dissonant,* een alternatieve doe-het-zelf aanpak, door COSA architecten in een grootschalige verbouwing bij ingenieursopleiding INSA in Straatsburg is een ander voorbeeld. De variatie in projecten in het Franse jaarboek is misschien rijker, maar de overeenkomsten tussen Nederland en Frankrijk blijven groter dan de verschillen. Ook hier zijn er scherpe voorbeelden van slim hergebruik, zoals de restauratie van een schitterend brutalistisch kabelbaanstation in de Savooien door Devaux & Devaux en de frêle

betonnen Markthallen van Saint-Cloud door Charles-Henri Tachon. Er zijn voorbeelden van bakstenen sociale woningbouw in de Parijse buitenwijk Bagneux door Tolila + Gilliland, demontabel bouwen in een zogeheten multi-centrum door Bétillon & Freyermuth / Crypto in Laguiole, en nieuwe houtbouw in het nieuwe intercommunale gemeentehuis in Neuves-Maisons door Ladastudio en de vijftig meter hoge houten toren Wood-up in Parijs door LAN.

Zwitserland

The Swiss Architecture Yearbook (zie p. 69) van uitgeverij Park Books is voor het eerst in 2023 uitgegeven en daarmee het jongste jaarboek in Europa. Volgens jaarboek pleitbezorgers Andreas Ruby en Daniel Kurz is er geen twijfel over de kwaliteit van Zwitserse architectuur, maar was de architectuurgemeenschap alleen regionaal georganiseerd. Het ontbrak aan erkenning van een nationale schaal in de vorm van een jaarboek, en daarmee duiding van wat nu eigenlijk Zwitserse architectuur is. Daarnaast dient het jaarboek als Zwitsers follow-up voor de Davos Declaration of Baukultur uit 2018 waar alle Europese ministers van Cultuur, de Architects Council of Europe en andere vertegenwoordigers hun handtekening onder zetten. Dat betekent niet dat de methode of opzet radicaal verschilt van andere jaarboeken. Net als in Duitsland werden experts uit elke regio gevraagd om voorstellen in te dienen waarmee een longlist van 129 projecten tot stand kwam. Een 9-koppig selectiecomité bracht de selectie terug tot 36 projecten op basis van presentaties van de architecten. In een analyse van de resultaten ziet Ludovica Molo hoe grotere steden de meeste projecten leveren, maar is verrast door de hoeveelheid hoogwaardige renovatie buiten de steden. Daarnaast is verduurzaming een tweede leidraad. Manon Mollard, de sprankelende hoofdredactrice van *The Architectural Review*, werd gevraagd om een blik van buiten te werpen op Zwitserland. Ze staat daarin stil bij de controversiële nieuwe torens van Herzog de Meuron in Bazel voor farmaceut Roche die volgens haar terecht uit het

France

The architecture magazine *AMC* (see p. 68) seems to be the only publisher in France willing to try their hand at issuing a yearbook and, as in Germany, it is linked to a competition, in this case jointly organized with another architecture magazine, *Le Moniteur*. Again the main focus is on projects, alongside a comprehensive annual overview of prize-winners, deceased, events, exhibitions, books and a particularly good rundown of films. It is the best written yearbook. Editor-in-chief Olivier Namias opens the 2024 edition with the question of whether it is still possible to make anything other than buildings that are *durable, inclusif, résilient* and *décarboné*, and concludes that in that light the absence of the present day – despite appearances to the contrary – and thus also of the architect, best sums up the 2024 crop of buildings. Prize-winners include OMA's bridge without _eye-catching features (other than its width) over the Gironde, praised as an example of the art of omission. Another example is COSA architects' *bric-o-lage dissonant*, an alternative DIY approach in a major renovation at the National Institute of Applied Sciences in Strasbourg. There is perhaps a greater variety of projects in the French yearbook but the similarities between the Netherlands and France are greater than the differences. Here, too, there are discerning examples of smart reuse, such as the restoration of a superb brutalist cable-car station in the Savoie by Devaux & Devaux, and the delicate concrete market hall in Saint-Cloud by Charles-Henri Tachon. There are examples of brick-built social housing in the Parisian suburb of Bagneux by Tolila + Gilliland, demountable construction in a 'multi-centre' by Bétillon & Freyermuth / Crypto in Laguiole, and more timber construction in the new town hall in Neuves-Maisons by Ladastudio and the fifty-metre Wood-up tower in Paris by LAN.

Switzerland

The *Swiss Architecture Yearbook* (see p. 69) published by Park Books appeared for the first time in 2023, making it Europe's youngest architecture yearbook. According to yearbook protagonists Andreas Ruby and Daniel Kurz, the quality of Swiss architecture has never been in doubt, but because the architectural community is regionally organized there has been a lack of recognition at the national level in the form of a yearbook, and consequently of any analysis of what constitutes Swiss architecture. The yearbook also serves as a follow-up to the 2018 Davos Declaration on Baukultur signed by all the European ministers of culture, the Architects' Council of Europe and other parties involved. That doesn't mean that the method or format differ radically from other yearbooks. As in Germany experts from every region were invited to make submissions, resulting in a longlist of 129 projects. A 9-person selection committee reduced that to 36 based on architect presentations. In her analysis of the results, Ludovica Molo noted that most of the projects are in the larger cities but was surprised by the number of high quality renovations outside the cities. Retrofitting for sustainability was a second theme. Manon Mollard, the engaging editor-in-chief of *The Architectural Review*, was invited to cast an outsider's eye over Swiss architecture. Having considered Herzog de Meuron's controversial new towers in Basel for pharmaceutical giant Roche, she agreed with the decision to exclude it from the yearbook. Essays on such topics as sustainability, transformation, countryside and urbanism are displayed side by side with the projects. For the rest, readers of this yearbook can expect a lot of beige, grey and the occasional beautifully curated colour. The Küng Holzbau office building by Seiler Linhart Architekten is a masterclass in fine, but minimalist timber construction, as you might or even should expect from Swiss architecture. There is a touch more frivolity in the Genossenschaftshaus Warmbächli by BHSF Architekten in Berne, where that refinement coincides with reuse in the redevelopment of a Toblerone warehouse. In Vernier, the gigantic modernist Lignon

China

De drie belangwekkendste projecten in China uit 2024 volgens Fang Zhenning, een van China's toonaangevende bloggers.

reMIX studio: Futian High School Campus, Shenzhen
Het nieuwe, innovatieve campusontwerp verstaat zich met de extreme stedelijke dichtheid van Shenzhen. Maar liefst 120.000 m² functionele ruimte op het 40.000 m² grote stuk grond moet voldoen aan de leer- en leefbehoeften van 3.000 high school studenten, verdeeld over 60 klassen en met specifieke aandacht voor technologie. reMIX is sterk beïnvloed door het idee van landschap-stedenbouw, waarin de stad gezien wordt als een complex ecosysteem. In tegenstelling tot de meeste Chinese scholen die rondom een centraal punt (meestal het sportveld) zijn gegroepeerd, zijn de gebouwen op de Futian Campus naar buiten gericht: via een reeks gekleurde gangen openen alle volumes zich naar de betoverende uitzichten op Futian Central Park en het CBD van Shenzhen. Dit onderwijsgebouw zal een grote impact hebben op het ontwerp van soortgelijke gebouwen in China in de toekomst.

Ábalos+Sentkiewicz: Shanghai East Museum, Shanghai
Het eenvoudige en frisse exterieur van het museum golft als het ware,

wat het enorme oppervlak tot een meer subtiele interventie maakt. Maar het belangrijkste is dat het gebouw voldoende ruimte voor tentoonstellingen biedt, iets waar de meeste Chinese musea in tekort schieten. De meeste zijn voorzien van overmaatse atria zonder veel nut. Het East Museum is ook een zogenaamd 'toekomst museum' waarbij het museum ook als openbare voorziening functioneert met een interne stadsstraat, '24-uurs museum', stedelijke woonkamer en een klassieke Jiangnan tuin op het dak. Dit open bouwblok is in zijn ruimtelijke opzet een compleet nieuw concept voor museumarchitectuur.

Foster + Partners: Alibaba Shanghai Campus, Shanghai
Het architectonisch ontwerp van de campus vormt een nieuw paradigma voor geavanceerde kantoorbouw. Het gebouw ondermijnt het traditionele kantoormodel vooral door daglicht, openbare ruimte en transparantie diep in het gebouw te laten doordringen. Hiermee draagt het bij aan de geest van samenwerking en de dynamische teamstructuur binnen het bedrijf. De verbinding tussen de centrale ruimten en buitenruimten in het gebouw beoogt een innige relatie met de natuur te onderhouden; het is een metaforische ontwerptechniek om verbinding met de buitenwereld te propageren. Van buiten valt vooral het grotachtige aspect op.

jaarboek geweerd zijn. Essays onder andere over duurzaamheid, transformatie, platteland en stedelijkheid worden zij aan zij getoond met projecten. Verwacht in dit jaarboek verder veel beige, grijs en af en toe een mooi gecureerde kleur. Het kantoorgebouw Küng Holzbau door Seiler Linhart Architekten is een meesterproef qua fijne, maar minimalistische houtbouw, zoals je dat van Zwitserse architectuur mag of zelfs moet verwachten. Meer frivoliteit komt aan het licht in het Genossenschaftshaus Warmbächli door BHSF Architekten in Bern, waar die verfijning samenkomt met hergebruik in de herontwikkeling van een Toblerone pakhuis. Het gigantische moderne Lignon Complex in Vernier met Bijlmermeerachtige sociale woningbouw werd subtiel en met een zorgvuldig ingezet bescheiden budget voor de bewoners opgeknapt. Op het platteland is de portico terug met het kleinschalige woningbouwproject Burggarta in Valendas van Gion A. Caminada en het wooncomplex voor senioren annex dorpscentrum Brütten door Roider Giovanoli Architekten. De meest in het oog springende projecten zijn buiten Zwitserland gebouwd met twee tot de verbeelding sprekende projecten van Manuel Herz:
de Babyn Yar synagoge in Kyiv en het tropisch modernistisch kinderziekenhuis Tambacounda in Senegal.

Het Europese Plaatje

Eigenlijk vatte Petrus Kemme van het Vlaamse jaarboek in zijn korte rede in de Meelfabriek een West-Europees jaarboek goed samen: sociaal, duurzaam, behoud, rustig, mooi. Behalve over het werk van de architecten zegt het evengoed veel over ons als respectievelijke redacties, jury's en comités. Het is moeilijk te ontwarren hoe de wisselwerking tussen selectie en uitsluiting overal plaatsvindt, maar een breedgedragen sentiment is overduidelijk. Wie door de oogharen turend zich een Europees jaarboek voorstelt, ziet een mooi kabbelend utopisch landschap ontspringen uit kardinale deugden van wijsheid, rede en andere welgevallig-

---

China

The three most relevant projects in China in 2024 according to Fang Zhenning, one of China's leading architecture bloggers.

reMIX studio: Futian High School Campus, Shenzhen
The new innovative campus design addresses the extremely high urban density of Shenzhen. 120,000 m² of functional space within the original 40,000 m² campus meets the learning and living needs of 3,000 high school students in 60 classes with a specific focus on technology. reMIX is deeply influenced by the concept of landscape urbanism, which sees the city as a complex ecosystem. Unlike most Chinese schools that are clustered around a central point (usually the sports field), the buildings on the Futian Campus are oriented outwards: through a series of coloured corridors, all volumes open up to the enchanting views of Futian Central Park and Shenzhen's CBD. The construction of this educational building will have a major impact on the design of similar buildings in China in the future.

Ábalos+Sentkiewicz, Shanghai East Museum, Shanghai
The new museum's simple and fresh exterior has a wave-like effect, which

turns its huge surface into a more subtle intervention. Most importantly the building creates enough space for display, which is lacking in most Chinese museums which feature oversized atria without any defined function. It is also a so-called future museum that functions as an urban public service, with an internal urban street space, '24-hour museum', urban living room and a classical Jiangnan garden on the roof. This form of open-block space is a completely new concept in museum design.

Foster + Partners, Alibaba Shanghai Campus, Shanghai
The architectural design of Alibaba's Shanghai campus is a new paradigm of advanced office space. The building subverts the traditional office model, mainly by introducing natural light, public space and transparency deep inside the building, thus contributing to the collaborative spirit and dynamic team structure within the company. The connection between the central and external spaces within the building is an attempt to maintain a close relationship with nature and a metaphorical design technique to promote connection with the outside world. Externally, the most striking aspect is the modern cave-like presence.

social housing complex has been subtly and cost-effectively refurbished for its residents. In the countryside the portico is back in the small-scale Burggarta housing scheme in Valendas by Gion A. Caminada and the seniors housing-cum-village centre in Brütten by Roider Giovanoli Architekten. The most eye-catching projects were built outside Switzerland: two inspirational projects by Manuel Herz: the Babyn Yar synagogue in Kyiv and the tropical modernist Tambacounda maternity and paediatric hospital in Senegal.

The European Picture

Actually, the Flemish yearbook's Petrus Kemme provided a good summary of a West European yearbook in his short address in the Meelfabriek: social, sustainable, preservation, calm, beautiful. As well as describing the architecture it also says a lot about the respective editorial teams, juries and committees. While it's difficult to unravel the correlation between selection and omission for each yearbook, one widely shared sentiment is abundantly clear. Anyone endeavouring to conjure up a picture of a European yearbook, will see a lovely, babbling brook springing from the cardinal virtues of wisdom and reason and other benevolences. There are critical marginal notes about the professional group and an increasingly bleak outside world. At the same time, Europe is busy adding accolades and laurel crowns as a way of keeping the big, systemic issues at bay. Despite the different political colours and systems, it is striking how often local or national government involvement is part of the success, alongside smaller local groups vying for collective space. Differences do exist, for example in climatological conditions and construction specialisms, resulting in minor variations in materialization. Perhaps slightly thicker or thinner versions of components, but ultimately the same composition (the same aluminium frames, moisture-resistant film, claddings, et cetera). The similarities among countries are consequently considerable. There is a high level of consensus. One thing is missing at any rate. Apart from the virtues there is also a shared but unnamed reality

heden. Er zijn kritische noten aan de flanken over de beroeps-groep en een steeds guurdere buitenwereld. Tegelijkertijd houdt Europa zich bezig met het toevoegen van accolades en lauwerkransen om grote systemische vragen op afstand te houden. Ondanks de verschillende politieke kleuren en systemen valt op dat de aanwezigheid van de (lokale) overheid vaak een deel van het succes vormt, naast kleinere lokale groepen die samen strijden voor ruimte. Verschillen zijn er wel, bijvoorbeeld klimatologische en de aanwezige bouwspecialismen, wat leidt tot beperkte variatie in materialsering. Misschien wat dikkere en dunnere uitvoeringen van componenten, maar toch veel hetzelfde in opbouw (dezelfde alu-kozijnen, dampremmende folie, beplatingen, et cetera). De overeenkomsten tussen de landen zijn dus groot. Men is het sterk met zichzelf eens ook. Een ding is in ieder geval afwezig: met het invullen van de deugden is er ook een gedeelde, maar ongenoemde werkelijkheid die nauwelijks aandacht krijgt: dat wat we niet ter beoordeling aangeboden of te zien krijgen en zelf ook niet weten te vinden. Als een soort Voldemort waart hij door alle boeken, maar krijgt nooit een plek; het asociale, het egoïstische, het exorbitante, het extravagante, het platte. Dat maakt ook dat persoonlijkheid afwezig raakt en het een beetje de dood in de pot wordt. Juist in een tijd waarin een ieder technologisch de vrijheid heeft om alles te vinden of voor te stellen, zijn persoonlijke fantasieën en fascinaties, gekkigheden, ideologische kreten of speculaties maar spaarzaam aanwezig. Je kan veel over de generatie 'ster'-architecten zeggen, maar niet dat ze geen ideeën hadden of hebben. Je zou bijna willen dat Manfredo Tafuri weer uit z'n graf kwam met een hartig ondoorgrondelijk woord, alleen al om het grondig oneens met hem te kunnen zijn. Naast bekende en zeker belangrijke algemene observaties over klimaat en ongelijkheid zijn er weinig diepgaande analyses of ideeën over hoe we aan de huidige dogma's zijn gekomen, waarom het palet van vormen, materialen juist op deze door heel Europa uitgewaaide set uitgekomen is en wat dat zegt over onze cultuur. Of er nationaal verzet is blijft ook onduidelijk, laat staan in Europees verband.

that receives scant attention: that which is not offered to us for evaluation or that we don't get to see and don't know how to find for ourselves. Like some kind of Voldemort, it stalks all the yearbooks but is never given houseroom: the antisocial, the egotistic, the exorbitant, the extravagant, the vulgar and banal. The result is an absence of personality and a grave-like quiescence. At a time when everyone has the technological freedom to find or represent anything at all, there is a paucity of personal fantasies and fascinations, follies, ideological slogans and speculations. You can say many things about the generation of starchitects, but not that they were or are lacking in ideas. It almost makes you wish that Manfredo Tafuri would rise up out of his grave with a pithy, inscrutable utterance, if only to be able fundamentally to disagree with him. Alongside familiar and undoubtedly important general observations about climate and inequality, there are few penetrating analyses or ideas about how we arrived at the current dogmas, why the palette of forms and materials ended up in this Europe-wide set and what that says about our culture. Whether there is any national resistance to this unquestioned sameness is also unclear, let alone at the European level.

The West European yearbook presents architecture as a beacon of stability. It is reliable in an unreliable world. Is the daring of architects inversely proportional to the stability of their context? Those who operate in political quicksand have little to gain from ideas, radical visions, let alone theories, because their shelf life is indeterminable and the chance that they will lead somewhere is even more uncertain. The projects articulate a deep-seated longing for peace and quiet. Is a waning interest in yearbooks proof of their success precisely because they are experienced as reassuring, so there is no need to actually read them? A recognition of abiding traditions that are not to be mocked? Architecture as detox. It is déjà vu. You've already seen it somewhere, perhaps in a slightly different colour. It falls into a broader social craving for evergreens, franchise films and (healthy) snacks. Not so much James Brown or the Sexpistols as a Strauss waltz, quietly swaying back and forth in

De drie belangwekkendste projecten in de VS uit 2024 volgens Ashley Schafer, hoogleraar Architectuur aan de Knowlton School, Ohio State University, tevens mede-oprichter van Praxis: a journal of writing + design.

Studio Gang: uitbreiding van de California College of the Arts Campus, San Francisco
De uitbreiding van de campus past in een lange ontwikkeling van innovatieve ontwerpscholen. Op het vlak van duurzaamheid scoort het punten met de massief houten constructie, de biodiverse landschapstuin en zonnepanelen die meer stroom opwekken dan het project verbruikt. Het project creëert met het plein op de verdieping een nieuw grondvlak met daarop paviljoens. Maar het belangrijkste wellicht is de omgang met de locatie en de aanpak van het grondvlak.

Kieran Timberlake en Olin (landschap): renovatie en uitbreiding van de Folger Shakespeare Library, Washington
De Folger bibliotheek is een monument uit het interbellum en was voorheen alleen toegankelijk voor wetenschappers als onderzoeksbibliotheek en archief. De renovatie en (ondergrondse) uitbreiding beoogde het historisch karakter te

behouden en tegelijk een breder publiek te kunnen ontvangen door de toevoeging van algemeen toegankelijke lobby's, nieuwe tentoonstellingsruimten, een 'leer lab', onderzoeksruimten en een café. Het entreeplein ontworpen door Olin vervangt het maaiveld door een evenementen grasveld, toegang voor minder validen en biodiverse beplanting.

REX, Lindemann Performing Arts Center van de Brown Universiteit, Providence
Het Lindemann Center is een multifunctioneel theatercomplex van het Brown Arts Institute van de Brown Universiteit. Alle zes de wanden (inclusief plafond en vloer) van de grote zaal kunnen ruimtelijk en akoestisch aangepast worden om vijf verschillende uitvoeringspraktijken te faciliteren: van intieme recitals en complete orkestuitvoeringen tot theater, dans en film. Het ontwerp brengt de toekomstgerichte ambities van de opdrachtgever tot uitdrukking door de grenzen op te rekken van innovatief ruimteontwerp voor uitvoerende kunsten.

The three most relevant projects in the United States of America in 2024 according to Ashley Schafer, Professor of Architecture at Knowlton School, Ohio State University, and co-founder of Praxis: a journal of writing + design.

Studio Gang: California College of the Arts Campus Expansion, San Francisco
The Campus expansion establishes itself in a long line of innovative design schools. The building's sustainability credentials are impeccable, from the use of mass timber as the primary structural system to the biodiverse landscape garden and the passive solar design, complete with a PV array sized to exceed the project's electrical demand. But perhaps the most significant aspect of the project is its approach to the site and reconsideration of the ground plane.

Kieran Timberlake and Olin (landscape): Folger Shakespeare Library, Renovation and Addition
The Folger Library is a heritage listed historic building from the WPA era that was previously open to scholars as a research library and archive. The ambition of the renovation and expansion (essentially a new building constructed below the existing structure) was to preserve its historic

character while opening it to a broader audience through the addition of publicly accessible lobbies, new exhibition galleries, a learning lab, research spaces and a cafe. The entry plazas by Olin replace a surface lot with an event-lawn, an accessible entry, and biodiverse plantings.

REX: Lindemann Performing Arts Center at Brown University, Providence
The Lindemann Center is a multipurpose performing arts centre for the experimental Brown Arts Institute at Brown University. All six surfaces of the main hall can be spatially and acoustically adjusted to create five different experiences: from intimate music recitals through full orchestra performances, to theatre, dance and film. In pushing the boundaries of innovation in performing spaces, the design mirrors the radically forward-leaning ambitions of the client.

Het West-Europese jaarboek toont architectuur als een baken van stabiliteit. Het is degelijk in een ondegelijke wereld. Is de durf van architecten omgekeerd evenredig aan de stabiliteit van hun context? Wie in politiek drijfzand opereert, heeft weinig aan ideeën, radicale visies, laat staan theorieën, omdat hun houdbaarheidsdatum niet te bepalen is en de kans dat ze ergens toe leiden nog onzekerder is. De projecten articuleren een diepe behoefte aan rust. Is een tanende interesse in jaarboeken juist een bewijs van hun succes omdat het ervaren wordt als geruststelling en je er dus niet in hoeft te kijken? Erkenning van gedurige tradities waar niet mee te spotten valt? Architectuur werkt erin als detox. Het is déjà vu. Je hebt het elders eerder gezien, misschien in een iets andere tint. Het valt binnen een breder maatschappelijk verlangen naar *evergreens*, franchise films en (gezonde) snacks. Het is weinig James Brown of Sexpistols, maar eerder een Strausiaanse wals die rustig in de pas heen en weer deint, op en neer, op en neer. Nogmaals, daar is weinig mis mee en goed te begrijpen. Betekent dat stilstand? Niet meteen. Het aandeel houtbouw neemt in Noord-Europa duidelijk toe. Wie naar bredere ontwikkelingen zoekt moet kijken met een vergrootglas: minder naar radicale tektonische vernieuwing of bijzondere verhalen of figuren, maar juist naar meer diepgaande technische verfijning en detaillering. Innovatie toont zich, paradoxaal juist in een gebrek aan duidelijke uiterlijke verandering: het ziet er hetzelfde uit, even strak of verfijnd, maar wel duurza(a)m(er). En het is niet zo dat andere landen per se voorlopen, mocht je dat al kunnen vaststellen. Nederland is daarmee net zo relevant als andere landen om ons heen. Het Nederlandse gazonnetje is niet makkelijk te onderscheiden van de buren. Nederland blaast in het Europese orkest een uitstekend toontje mee en kan zich qua ambitie en realiserend vermogen zeer goed meten met haar buurlanden. De vraag is of we het daarmee gaan redden de komende jaren, nu de Voldemorts van de wereld steeds sterker om zich heen grijpen. Hoe relevant of effectief zijn de veranderingen die bespeurbaar zijn in die vreemde wereld? Snappen we eigenlijk wat er voor nodig is om relevanter te worden?

Om de echte uitdagingen aan te pakken, binnen en buiten de kaders die architectuur biedt. Dat laat zich niet allemaal behandelen binnen het bestek van dit jaarboek, maar toch: zullen we het samen dan toch eens serieus over systeemvragen gaan hebben?

Dank aan Domenica Schulz (Park Books), Laura Mulas (AV), Olivier Namias (AMC) en Prof. Dr. Philipp Meuser (Dom Publishers) voor het ter beschikking stellen van verschillende edities van de respectievelijke jaarboeken.

Noten

1   De 'traditie' van het uitbrengen van jaaroverzichten is een grotendeels krimpende bezigheid waardoor een breder beeld van Europa via deze lens helaas niet mogelijk is. Verschillende Scandinavische landen hadden jaarboeken maar zijn daar rond 2012 mee opgehouden. Italië kende een jaaroverzicht van *Casabella*, maar ook dat bestaat niet meer. Het enige jaarboek dat we in het Verenigd Koninkrijk vonden was door een commercieel bedrijf en zien we niet als representatief voor de beroepsgroep. Er is gezocht naar andere jaarboeken in Oost-Europa, maar ook hier is niet veel meer bekend.

2   Zie het essay 'De 99,85%' in de vorige editie van *Architectuur in Nederland*. De dataset in *Antwoorden in verantwoordelijkheid* is gebaseerd op een anonieme bevraging van 49 architectenbureaus die gepubliceerd waren in de eerdere editie.

step, up and down, up and down. To be clear, there's nothing wrong with this and it's perfectly understandable. Does it betoken stasis? Not necessarily. The proportion of timber construction in northern Europe is clearly on the rise. If you're looking for broader developments you'll need to arm yourself with a magnifying glass and instead of searching for radical tectonic innovation or extraordinary tales or figures, search for more penetrating technical refinement and detailing. Innovation appears paradoxically in a lack of obvious external change: it looks the same, just as taut or refined, but is actually (more) sustainable. And it is not that other countries are necessarily ahead of us, even if this were possible to determine.

The Netherlands is just as relevant as the other countries around us. The Netherlands' lawn is virtually indistinguishable from that of its neighbours. The Netherlands plays a first-rate note in the European orchestra and is more than capable of holding its own against neighbouring countries. The question is whether that will get us through the coming years, with the Voldemorts of the world running rampant. How relevant or effective are the changes that are discernible in that uncanny world? Do we actually understand what is needed in order to become more relevant? To tackle the real challenges, within and beyond the framework provided by architecture. Not all of that is within the scope of this yearbook, but still: shall we start talking seriously about systemic issues together?

Our thanks to Domenica Schulz (Park Books), Laura Mulas (AV), Olivier Namias (AMC) and Prof. Dr. Philipp Meuser (Dom Publishers) for providing us with various editions of their respective yearbooks.

Notes

1   The 'tradition' of publishing annual reviews is on the wane, making it impossible to get a wider picture of Europe through this particular lens. Various Scandinavian countries had yearbooks but abandoned the practice around 2012. In Italy *Casabella* used to publish an annual review, but it too is no more. The only yearbook we could find in the United Kingdom was published by a commercial concern and we do not regard it as representative of the profession. We did look for other yearbooks in eastern Europe, but without success.

2   See the essay 'The 99.85%' in the previous edition of *Architecture in the Netherlands*. The dataset in *Responses in Responsibility* is based on an anonymous survey of 49 architectural practices, the results of which were published in the previous edition.

Wederopbouw Nederland

Post-War Reconstruction Netherlands

Woningbouw hoek Hemsterhuistraat/ Jacob Geelstraat, Amsterdam, 2021
Apartment building on corner of Hemsterhuistraat/Jacob Geelstraat, Amsterdam, 2021

Trompschool, M.H. Trompweg, Dordrecht, 1970

Kantongerecht (ontwerp Jos. Bedaux), Tilburg, jaren 1970
District court (design Jos. Bedaux), Tilburg, 1970s

Knooppunt Geusselt (A2) met rechts-boven, tijdelijk braakliggend terrein, Kolonel Millerstraat, Maastricht, 2016
Geusselt intersection (A2), top right, temporarily undeveloped area, Kolonel Millerstraat, Maastricht, 2016

Cobbenhagegebouw (ontwerp Jos. Bedaux), Campus Tilburg University, Tilburg, 1962
Cobbenhagegebouw (design Jos. Bedaux), Campus Tilburg University, Tilburg, 1962

Kantoorgebouw, Prinses Irenestraat, Amsterdam, jaren 1970
Office building, Prinses Irenestraat, Amsterdam, 1970s

De afgelopen decennia is de waardering voor stukken Wederopbouw Nederland beetje bij beetje gegroeid. Steeds meer gebouwen uit die periode komen in aanmerking voor erfgoedstatus, dankzij de inzet van erfgoedinstellingen als Docomomo en Heemschut, de Rijksdienst voor Cultureel Erfgoed, historici en lokale inzet van groepen en inwoners. Toch blijft het moeilijk navigeren in de snelle, soms technisch beperkte bouw, waarin er nog andere opvattingen over energiegebruik of duurzaamheid waren, maar juist nu om extra investeringen vraagt. Het seriematige karakter maakte dat de uniciteit van het erfgoed moeilijk gewaardeerd kan worden. Maar waar in het verleden vrij snel tot sloop is overgegaan is die keuze, nu naar aanleiding van de kritiek op slopen ook vanuit duurzaamheidsoverwegingen ondertussen zo groot dat er wel nieuwe aanpakken en mogelijkheden naar voren komen. We zijn ook benieuwd hoe onze collega's over zestig jaar terugkijken op alle inzet om juist deze episode uit de geschiedenis op waarde te schatten en nieuw leven te geven.

In de volgende projecten zien we traditionele sloop en verdichting binnen het wederopbouw Amsterdam van de Jacob Geelbuurt, het herstellen van moderne sociaaldemocratische wederopbouwwaarden door Studio Nauta in Dordrecht, een vrolijke efficiënte invoeging binnen een wederopbouwbuurt in Hilversum door Monadnock, nieuwe circulaire monumentaliteit binnen een modernistisch masterplan door Powerhouse Company in Tilburg, een nieuwe toekomst voor een van de oudste brutalistische kantoorgebouwen aan de Zuidas, opvallende expressionistische wederopbouw esthetiek in Maastricht, en een pleidooi voor langzame transformatie van een modern familiestuk in Tilburg.

Recent decades have seen a steady increase in appreciation for Reconstruction Netherlands works. More and more buildings from that period are in the frame for heritage status thanks to the efforts of heritage organizations like Docomomo and Heemschut, the Cultural Heritage Agency, historians, and local associations and residents. But it is still difficult to navigate the rapid-build, sometimes structurally obsolete construction that reflects different ideas about energy consumption or sustainability and for that very reason requires added investment. The system-built character delivers a unicity that makes it difficult to appreciate this heritage. But whereas demolition was once the go-to option, growing criticism of demolition, not least on the grounds of sustainability, is fuelling the emergence of new approaches and possibilities. We are, however, curious to know how, sixty years on, our colleagues will look back on all these efforts to evaluate and repurpose this particular historical episode.

The following seven projects include a traditional demolition and infill in Amsterdam's post-war reconstruction Jacob Geelbuurt, the rehabilitation of social democratic reconstruction values by Studio Nauta in Dordrecht, a cheerful, efficient insertion in a reconstruction neighbourhood in Hilversum by Monadock, new circular monumentality in a modernist master plan by Powerhouse Company in Tilburg, a new future for one of the oldest brutalist office buildings on Amsterdam's Zuidas, a striking example of expressionist reconstruction aesthetic in Maastricht, and an argument for a slow transformation of a modern family creation in Tilburg.

Geurst & Schulze architecten

Foto's/Photos: **Stefan Müller**

[*Wederopbouw Nederland*]

Jacob Geelbuurt
Amsterdam

In Amsterdam Nieuw-West is al jarenlang een van de grootste stedelijke vernieuwingen uit de Nederlandse geschiedenis bezig. De Jacob Geelbuurt, ontworpen binnen het Algemeen Uitbreidingsplan (AUP) van Cornelis van Eesteren en Jakoba Mulder, is aangemerkt als 'wederopbouwbuurt van nationaal belang' door de overheid. Het is binnen het plan een van de weinige plekken waar de kenmerkende structuur van het AUP nog uitgangspunt is voor de nieuwbouw. Tegelijkertijd is ervoor gekozen om een aantal karakteristieke open bouwblokken te slopen en te verdichten. De mogelijkheid om de bestaande bebouwing te benutten was wonderbaarlijk genoeg niet beschikbaar voor Geurst & Schulze, maar er is hard gewerkt om de oorspronkelijke stedenbouwkundige kwaliteit overeind te houden. Ten opzichte van de eerdere bebouwing is de open binnenhof verdicht door twee volumes dwars naar binnen te plaatsen tegen een hogere rand. Dit gaat ten koste van de openheid van de binnenruimte van het blok, maar zorgt voor een beter afsluitbare en hogere benutting van de ruimte. Richting de groene rand aan de oostzijde blijft de openheid wel bewaard. De verscheidenheid in plattegronden is ook vergroot met kleinere en grotere gezinswoningen. In de materialisering is met aandacht een fijn ritme in het metselwerk gebracht en zijn er liefdevol vormgegeven details rond de kozijnen aangebracht. De bewoners die we spreken en de buurtregisseur zijn zeer content en zien hoe het buurtleven opbloeit in de nieuwe blokken van Nieuw-West en met dit succes op zak wordt in een tweede fase deze aanpak doorgezet door Geurst & Schulze.

**Bestaande en nieuwe situatie/
Existing and new site plan**
A   Hemsterhuistraat
B   Jacob Geelstraat
C   spoorlijn/railroad

**Begane grond, tweede verdieping/
Ground, second floor**
1   hoofdentree appartementen/main entrance apartments
2   inpandige fietsenstalling/indoor bicycle storage
3   collectieve tuin/shared garden

■ fase / phase 1
▨ fase / phase 2

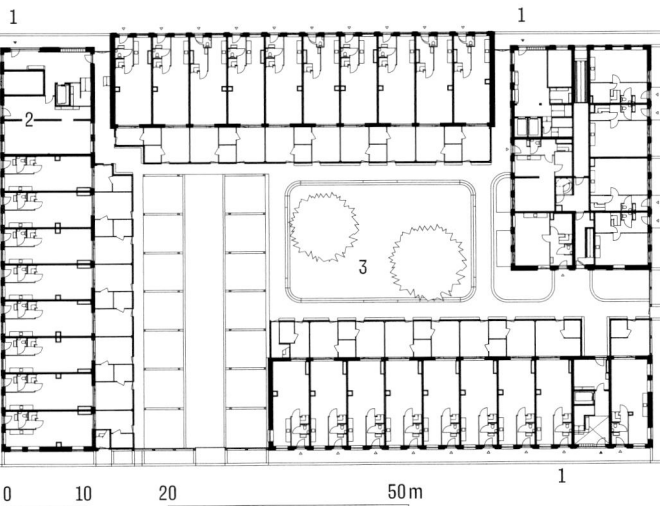

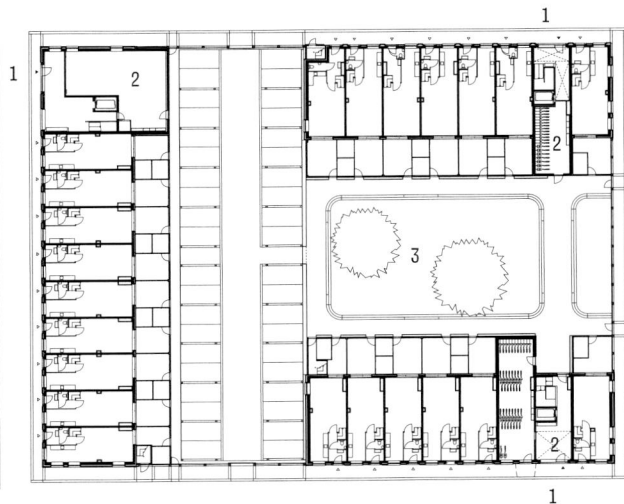

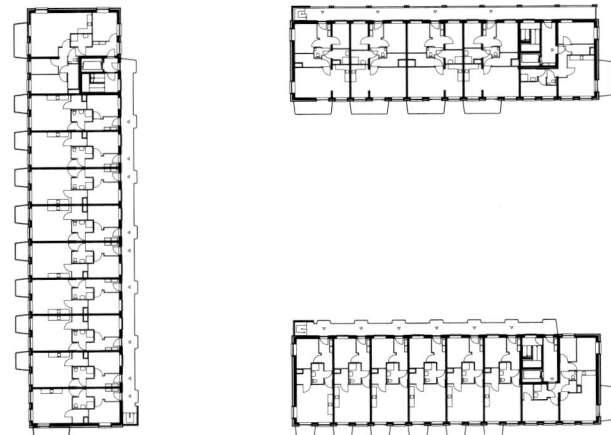

0   10   20   50 m

Jacob Geelbuurt
Amsterdam

For years now Amsterdam Nieuw-West has been the scene of one of the largest urban renewal schemes in Dutch history. The Jacob Geelbuurt, designed as part of Cornelis van Eesteren and Jakoba Mulder's Amsterdam General Extension Plan (AUP for short), was designated a 'reconstruction neighbourhood of national importance' by the government. It is one of the few areas in the plan where the characteristic structure of the AUP still informs any new construction. It was nonetheless decided to demolish several typical open housing blocks and to rebuild at greater density. The possibility of using the existing structures was oddly enough not available to Geurst & Schulze, but they have worked hard to maintain the original urban design quality. Compared with the earlier situation, the open courtyard has been densified by placing two volumes diagonally inwards against a taller perimeter. This comes at the expense of the openness of the inner precinct of the block but makes better use of the space, which is also easier to secure. And on the east side, facing the park, the openness is retained. There is now a greater variety of floor plans to accommodate different sized households. In the materialization a pleasing rhythm has been created in the brickwork elevations, with lovingly designed detailing around door and window frames. The residents we speak to and the neighbourhood warden are delighted and have seen how social life is flourishing in the new blocks. With this success under their belt, Geurst & Schulze will press ahead with this approach in the second phase.

Studio Nauta & Vanschagen Architecten

Foto's/Photos: **Paul Swagerman**

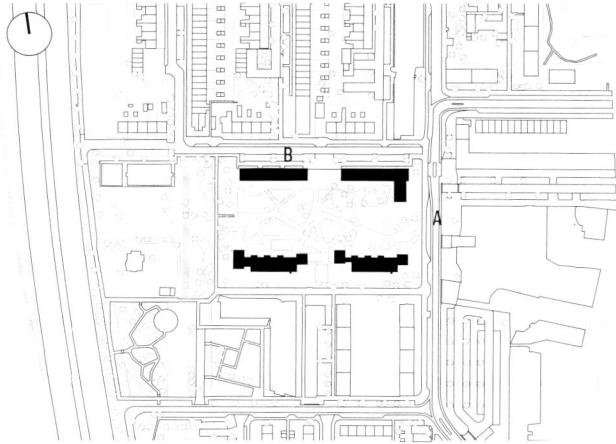

Situatie/Site plan
A   M.H. Trompstraat
B   Van Gendtstraat

Begane grond/Ground floor
1   kinderdagverblijf/day care centre
2   uitbreiding kinderdagverblijf/
    extension day care centre
3   basisschool/primary school
4   gedeelde speeltoestellen en
    speeltuin/shared play equipment
    and garden

0   5   10   25 m

[*Wederopbouw Nederland*]

Schools in a Park
Dordrecht

In de Dordtse Wielenwijk lag een verwaarloosd hof met twee basis-scholen en een kinderopvang. De oorspronkelijke modernistische opzet van licht en lucht uit de wederopbouw was verloren geraakt door later toegevoegde harde scheidingen tussen de twee scholen en ongevoelig en gebrekkig onderhoud. Op papier voldeed het complex niet meer aan de eisen voor hedendaags onderwijs door een overmaat aan transparantie en was het rijp voor sloop. Gefaseerd heeft Nauta, ondersteund door de gewaardeerde Stichting Mevrouw Meijer en samen met Vanschagen Architecten en Bureau RIS, de mogelijkheid gekregen om wat van de oorspronkelijke kernwaarden terug te brengen in een langlopende renovatie en uitbreiding. In 2019 zijn de schoolgebouwen opgeknapt. Met name de grote vensters en plafonds in de klaslokalen zijn verbeterd, naast andere sanerings-punten in de installatietechniek, zodat het geheel toch weer voldoet aan de nieuwe eisen. Daarna volgde een landschapsplan met gedeelde speeltoestellen voor de kinderen van de twee scholen, waarmee de oorspronkelijke publieke doorwaadbaarheid terug-kwam. Het sluitstuk, dat in 2024 is opgeleverd, is de renovatie en uit-breiding van de kinderopvang. De houten luifels aan de buitenzijde verbeteren de klimaatcondities en voor het nieuwe vierogenbeleid zijn er een centrale open gecombineerde pantry en verschoon-stations toegevoegd die ook door Nauta ontworpen zijn. Ook hier weer veel aandacht voor details met een eigen plafondsysteem en een nieuw houten CLT bouwdeel, dat samen een fijne omgeving vormt met liefde voor naoorlogse sociale waarden. Alleen grote installaties op de daken van de school, ietwat storend zichtbaar vanaf het plein, verraden dat niet altijd alles lukt zoals je het wilt.

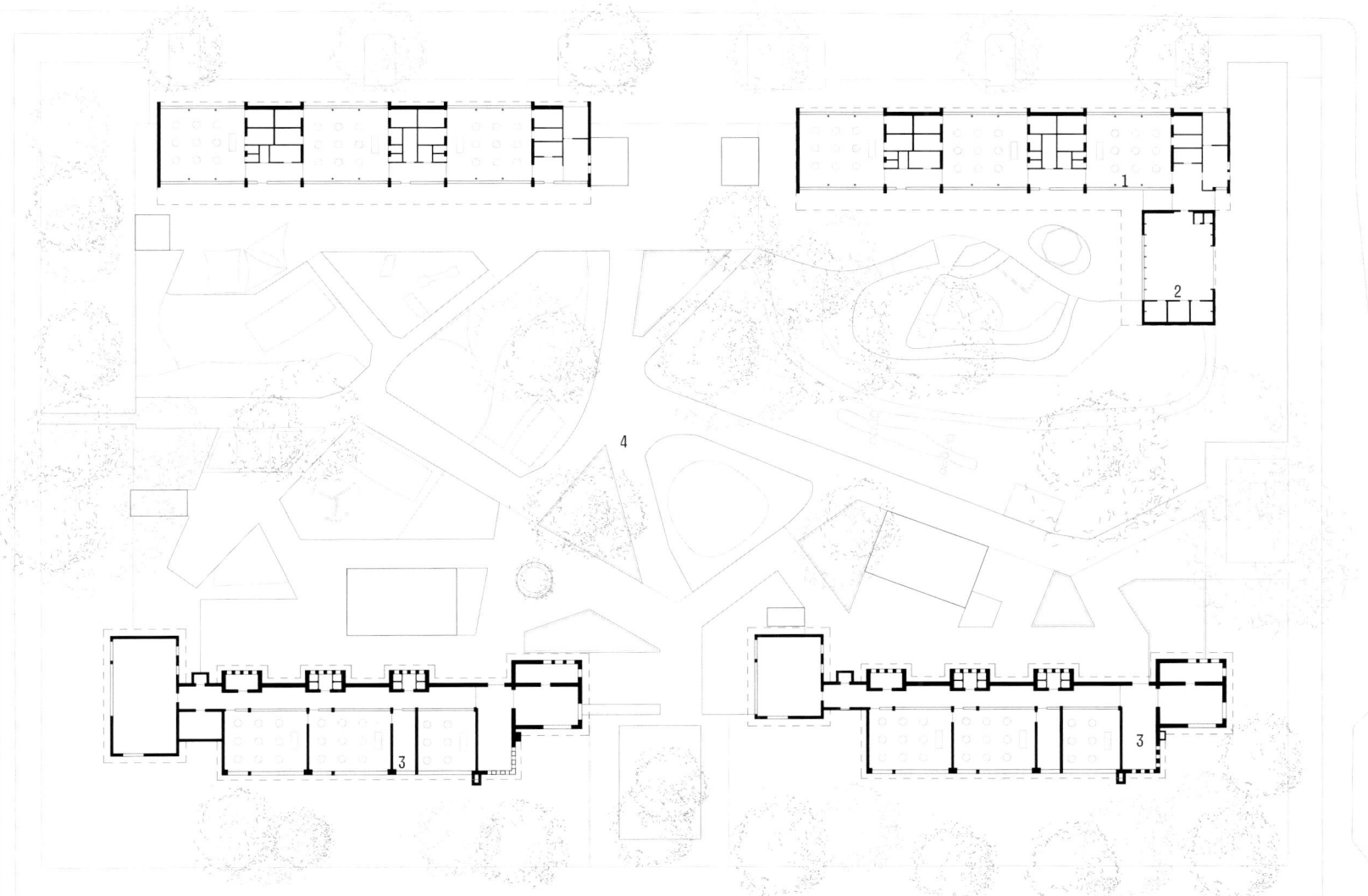

Schools in a Park
Dordrecht

In Dordrecht's Wielenwijk there was a neglected quadrangle hosting two primary schools and a day care centre. The original post-war modernist light and air concept had been negated by the later addition of hard partitions between the two schools and by indifferent and inadequate maintenance. On paper the schools, which no longer met contemporary educational requirements because of an excess of transparency, were ripe for demolition. Instead, Nauta, supported by the well-regarded Mevrouw Meijer foundation and together with Vanschagen Architecten and Bureau RIS, was given the opportunity to reinstate some of the original core values in a long-term, phased renovation and extension. The school buildings were refurbished in 2019 with particular attention being paid to the large windows and the classroom ceilings, as well as upgrading the electrical and mechanical services, so that the buildings now comply with the latest requirements. There followed a landscape plan with shared play equipment for the children of both schools, which restored the original public accessibility of the site. The finishing touch, delivered in 2024, was the renovation and extension of the day care centre. The external wooden awnings improve indoor climatic conditions while the new 'four eyes' safety policy is catered to by an open, centrally located combined pantry and changing station, also designed by Nauta. Once again, there has been meticulous attention to details with a special ceiling system and a new CLT timber section, which together make for a fine environment that respects post-war social values. The only discordant note is struck by the large installations on the school roofs, a reminder that not everything always turns out as you would have liked.

Foto/Photo: **Stijn Brakkee**

Bedaux de Brouwer Architecten

Foto's/Photos: **René de Wit**

Kantongerecht Tilburg
Tilburg

Ietwat nerveus kijkend staat Thomas Bedaux met Joyce Verstijnen van Bedaux de Brouwer ons op te wachten bij de hoofdingang van het kantongerecht, dat ontworpen werd door Bedauxs opa Jos in 1966 en later verbouwd werd door zijn vader Peer. Het gebouw kwam in 2020 leeg te staan en eigenaar Rijksvastgoedbedrijf zocht een nieuwe eigenaar met een plan. Deze uitvraag won Bedaux in eerste instantie niet, maar toch kwam het project in zijn handen in samenwerking met een investeerder. Wat het project bijzonder maakt, is dat Bedaux mede-eigenaar en uitbater is geworden. Het bureau is er gevestigd. Daarnaast zijn er ambities om het verder te ontwikkelen met oog voor de architectuurgemeenschap in Tilburg. Hogeschool Fontys gebruikt de oude rechtszaal al op sommige dagen voor architectuuronderwijs. Naast een commerciële huurder is het waarschijnlijk dat het Tilburgse architectuurcentrum CAST er zal intrekken en dat de te krap geworden parkeerkelder een galerie voor architectuur zal worden. De fysieke ingrepen in het gebouw sinds de aanschaf zijn zacht en traag: naast verduurzaming wordt een deel van de 'verrommeling' door het toevoegen van installaties en plafonds door de jaren heen ongedaan gemaakt of vervangen. Werk aan het gebouw verloopt langzaam in kleinere deelprojecten en kan zo als voorbeeld van *slow architecture* gezien worden: niet alles in één klap, maar juist telkens met kleine stappen naar een uiteindelijk bedachtzaam nieuw geheel voor een volgende generatie Bedauxs.

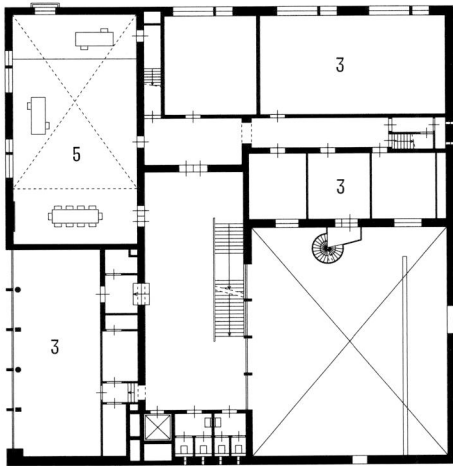

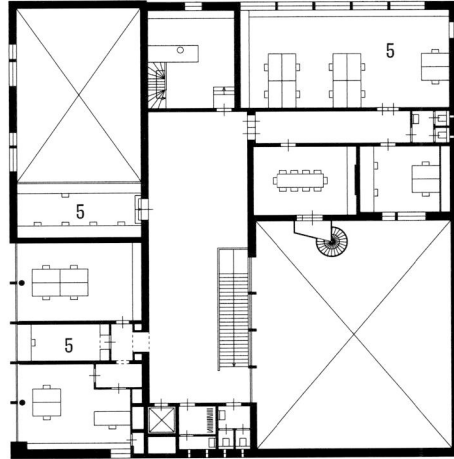

0 2 4 10 m

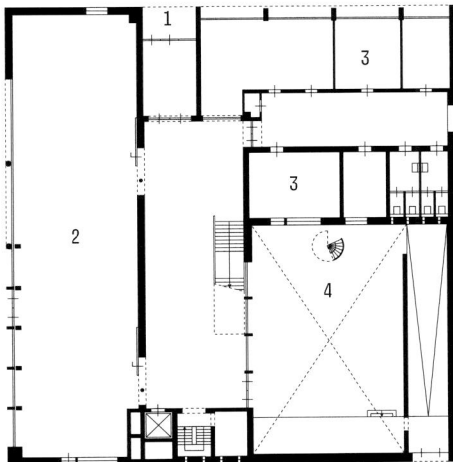

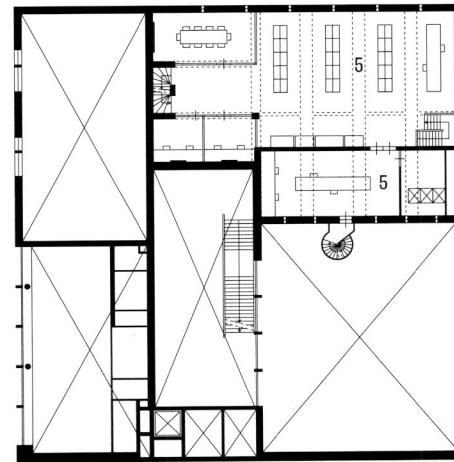

Eerste verdieping, begane grond, tweede- en tussenverdieping/First, ground floor, second, mezzanine floor

Doorsnede/Section

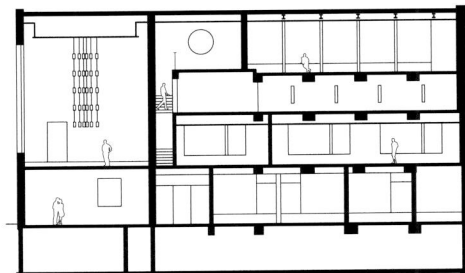

1 hoofdentree/main entrance
2 horeca/catering
3 kantoor/office
4 binnenhof/courtyard
5 kantoor architectenbureau/ architecture firm office

Situatie/Site plan
A Stadsplein
B Koningsplein

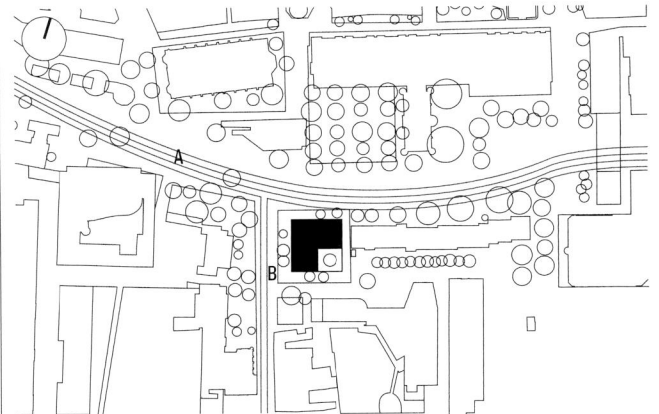

Tilburg district court
Tilburg

A somewhat nervous Thomas Bedaux, along with Joyce Verstijnen of Bedaux de Brouwer, stood waiting for us at the entrance to the district court designed by his grandfather Jos in 1966 and later renovated by his father Peer. The building fell vacant in 2020 and its owner, the Central Government Real Estate Agency, sought a new owner with a plan. Although Bedaux did not initially win that tender the project did ultimately end up in his hands in collaboration with an investor. What makes this project so unusual is that Bedaux became co-owner and manager. His practice is now located in the building. There are also plans to develop it further with an eye to the local architectural community. Hogeschool Fontys already uses the old courtroom on occasion for architecture classes. In addition to a commercial tenant, it is likely that CAST, the Tilburg architectural centre, will move in and that the cramped basement car park will be turned into a gallery for architecture. The physical alterations to the building since its acquisition have been gentle and unhurried: apart from a sustainability upgrade, some of the 'clutter' generated by the addition of building services and ceilings over the years will be undone or replaced. Work on the building proceeds slowly in the form of sub-projects and as such it can be viewed as an example of slow architecture: not everything all at once, but successive small steps towards a final considered new whole for the next generation of Bedauxs.

Martens, Willems & Humblé

Foto's/Photos: **Arjen Schmitz**

Miller
Maastricht

Met de ondertunneling van de A2 dwars door de stad Maastricht moest er een vertaling worden gegeven aan de arbeiderswijk Wyckerpoort die noodgedwongen plaatsmaakte voor de nieuwe woonwijk de Groene Loper. Het innemende Maastrichtse architectenbureau Martens, Willems & Humblé ontwierp aan de noordrand van de nieuwe woonwijk een fijn gebouwensemble van een appartementengebouw met in totaal 38 woningen en 21 grondgebonden woningen (eerder opgeleverd in 2022). Het appartementencomplex sluit in vorm en massa aan op verschillende stedelijke contexten: de jaren vijftig wederopbouwwijk Wyckerveld, de tegelfabrieken van Mosa, de ringweg van Maastricht én de nabijgelegen jaren twintig arbeiderswoningen van Amsterdamse architecten Z. Gulden en D. Geldmaker.

Blikvangers in het appartementengebouw zijn het sculpturale trappenhuis, dat herinnert aan de bekende woningbouw van Hendrik Wijdeveld aan de Amsterdamse Hoofdweg, en de opvallende rode bakstenen gevel met afwisselende metselverbanden. Door de verplichte geluidsdichte galerij van de woningen zo breed mogelijk te maken, prettig mintgroen te dresseren en te voorzien van zitbankjes in de gevel is een informele verblijfsruimte gerealiseerd die plaats biedt aan samenkomst van buren en een bescheiden territoriale uitbreiding vanuit de kleine woning. Plantenbakken, tennisrackets en schoenverzamelingen tonen het dagelijks leven. Dit noemt men van de nood een deugd maken. De twee haaks gepositioneerde laagbouwstrookjes met eengezinswoningen die eerder werden opgeleverd in opvallend rood en roze uitgevoerd en vormen, ondanks het krappe budget, een bijzonder evenwichtig ensemble met de recent in gebruik genomen hoogbouw uitbreiding. De warmtepompen zijn slim geïntegreerd in donkere schoorstenen die zorgen voor een ritmische cadans. De ton-sur-tonpatronen in het gebakken steenstripmateriaal van de gevels, de terugliggende entreepartijen en gemetselde muurtjes rondom de voortuinen maken van deze eenvoudige woningen in samenhang met de hoogbouw een klein feestje.

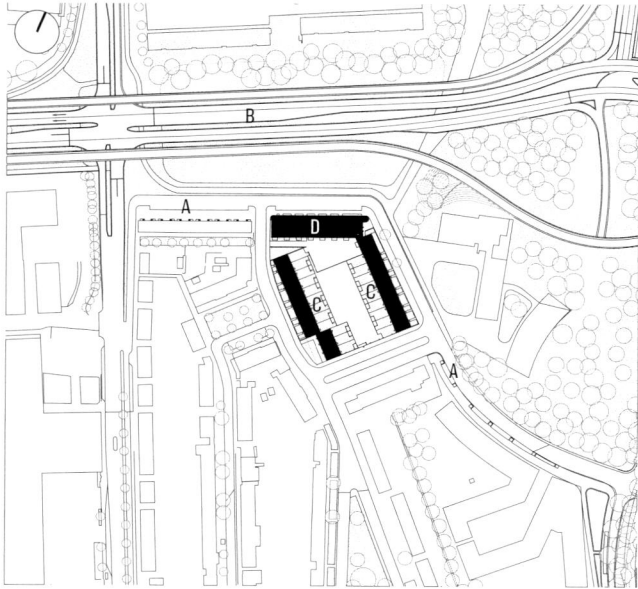

Situatie/Site plan
A   Kolonel Millerstraat
B   Viaductweg
C   grondgebonden woningen/ground-accessed dwellings
D   appartementgebouw/apartment building Miller

Eerste verdieping, begane grond/First, ground floor
1   hoofdentree/main entrance
2   hal/hall
3   woonkamer/living room
4   keuken/kitchen
5   slaapkamer/bedroom
6   geluidsdichte galerij/soundproof gallery

Doorsnede/Section

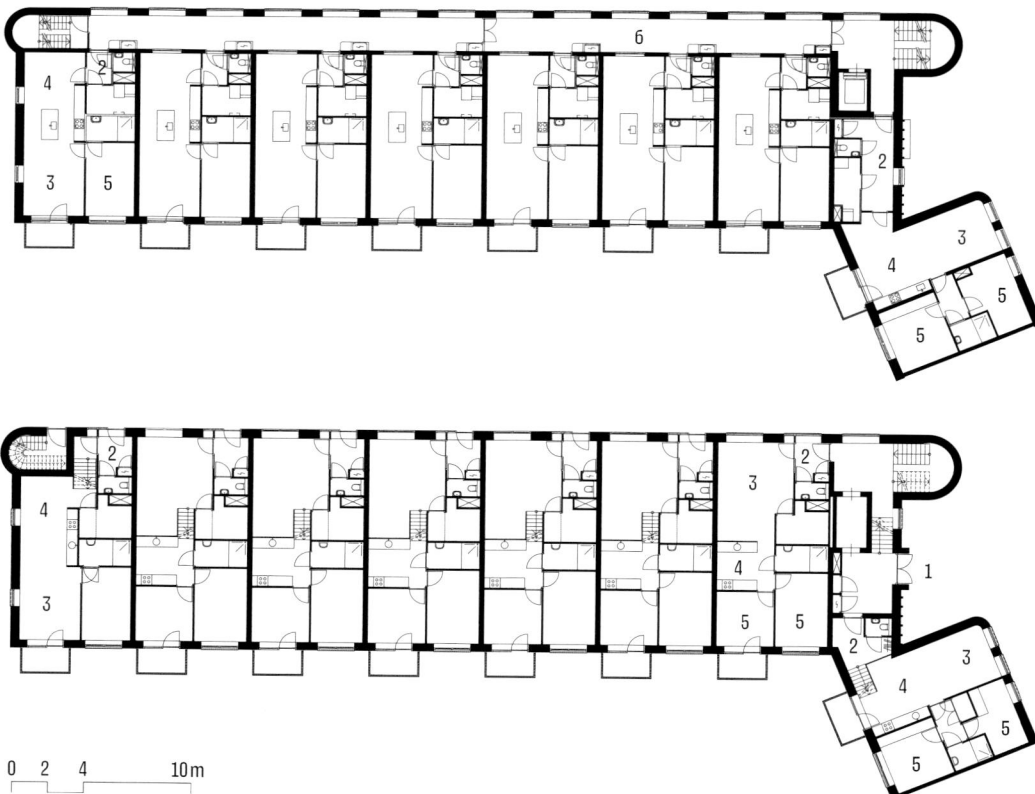

0 2 4   10m

Miller
Maastricht

The construction of a tunnelled section of the A2 motorway in Maastricht made it necessary to reconfigure the Wyckerpoort workers' district, displaced to make room for the new Groene Loper residential area. On the northern perimeter of the new section, the amiable local architects Martens, Willems & Humblé designed a fine ensemble consisting of an apartment building with 38 apartments and 21 ground-accessed dwellings (completed in 2022). The apartment complex responds in form and mass to several different urban contexts: the 1950s post-war reconstruction district of Wyckerveld, the Mosa tile factory, the Maastricht ring road, and the neighbouring 1920s working class dwellings by the Amsterdam architects Z. Gulden and D. Geldmaker.

Focal points in the apartment building are the sculptural staircase, reminiscent of Hendrik Wijdeveld's famous housing block on Amsterdam's Hoofdweg, and the striking red brick facade with alternating brick patterns. By making the mandatory soundproof gallery as deep as possible, dressing it in a pleasant mint green and furnishing it with window seats, the architects have created an informal social space that provides a place for neighbourly encounters and a modest territorial extension of the small dwelling. Flower boxes, tennis rackets and assorted shoes are a testimony of daily life. It's called making a virtue of necessity. The two right-angled, low-rise terraces of single-family homes completed earlier are executed in striking red and pink and together with the recently completed high-rise extension form an exceptionally well-balanced ensemble, in spite of the tight budget. The heat pumps are cleverly integrated into rhythmic pairs of dark grey chimneys. The ton-sur-ton patterns in the brick veneer of the facades, the recessed entrances and low brick walls around front gardens turn these simple dwellings and high-rise into a modest delight.

Powerhouse Company

Foto's/Photos: **Sebastian van Damme**

Marga Klompégebouw
Tilburg

Binnen de orthogonaal opgezette campus van de Universiteit van Tilburg, met plechtig modernistische gebouwen van onder andere Jos Bedaux, Hugh Maaskant en meer recent KAAN Architecten, heeft Powerhouse een eveneens monumentaal blok toegevoegd. Het natuurstenen voorkomen – typische Powerhouse chic – van deze onderwijsvoorziening verraadt weinig van het feit dat het kubusvormige gebouw een vurenhouten CLT-gebaseerde bouwstructuur en binnenkant heeft. De geur van hars hangt nog in de lucht als we de goudgele ontvangsthal binnenstappen. Binnen is er plek voor duizend studenten, verdeeld over veertien grotere en kleinere collegezalen en open studieplekken. De ruimtes worden ontsloten door een centrale trap met een lichte vide waar studenten ook zitten te werken. Alle collegezalen hebben daglicht. In het ontwerp en de uitvoering is er serieuze aandacht geweest voor circulair bouwen, waarbij dit project voor bouwer BAM ook als een proeve van bekwaamheid gold in dit voor hen nog nieuwe metier. Daar is op punten nog wat aan te merken op onnodige verkleuring tussen houten delen en aansluitingen die beter afgewerkt hadden kunnen worden, maar dat blijft, binnen het grotere plaatje, klein bier. Het gebouw heeft een materialenpaspoort en is voor 69% losmaakbaar. Het komt daarmee niet in de buurt van de bekende circulaire toppers van Superuse of Rotor, maar toont wel opnieuw aan dat grote, bijzondere circulaire gebouwen zonder 'houtjetouwtje'-esthetiek en binnen budget goed mogelijk zijn.

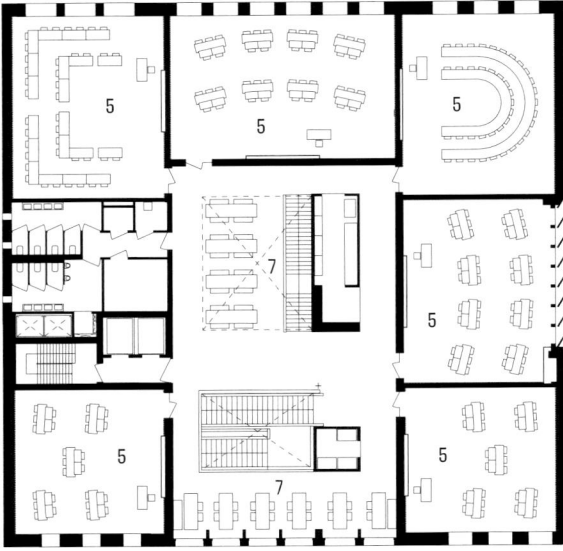

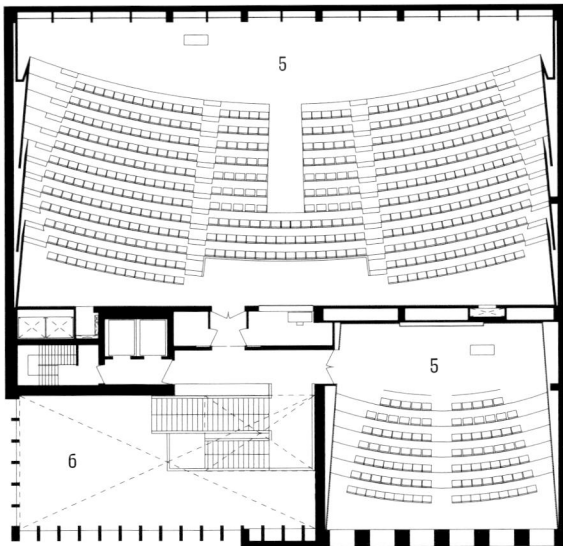

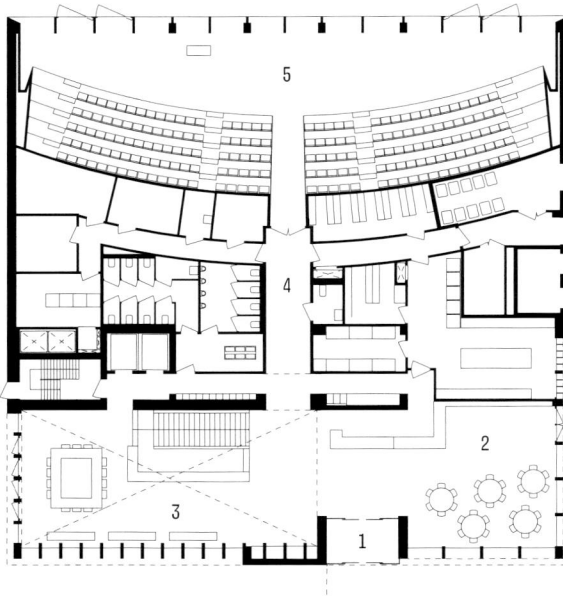

Tweede, eerste verdieping, begane grond/Second, first, ground floor
1 hoofdentree/main entrance
2 café
3 foyer
4 collegezaal/lecture hall
5 hal/hall
6 vide/void
7 open studieplekken/open study areas

Doorsnede/Section

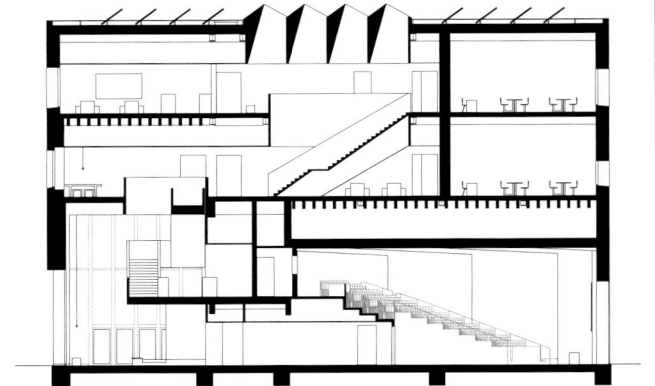

Situatie/Site plan
A Hogeschoollaan
B spoorlijn/railroad

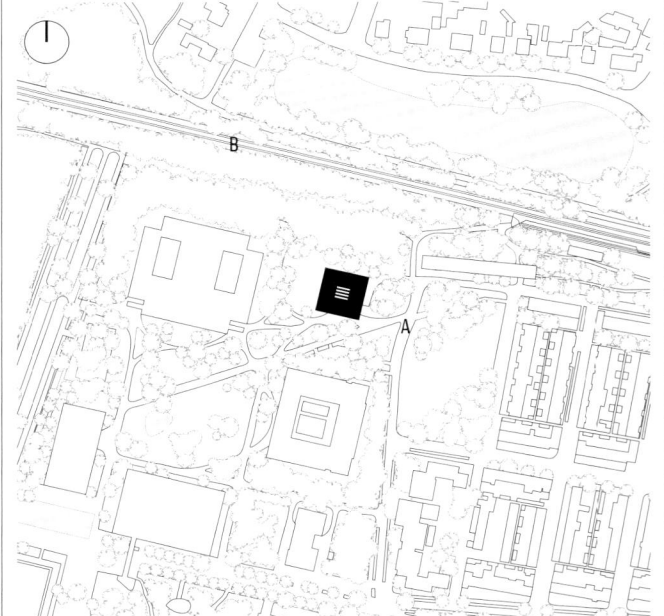

Marga Klompé Building
Tilburg

Within the orthogonal plan of the Tilburg University campus, replete with stately modernist buildings by the likes of Jos Bedaux, Hugh Maaskant and more recently KAAN Architecten, Powerhouse Company has inserted an equally monumental block. The stone exterior – Powerhouse chic meets Maaskant/Bedaux – of this educational facility betrays little of the fact that the cuboid building has a pinewood CLT frame and interior. The air was redolent with the scent of resin as we stepped through the doors of the golden lobby. Inside there is room for a thousand students distributed over fourteen variously sized lecture halls and open study areas. The spaces are accessed via a central stair in a light and airy void where students can also sit and work. All the lecture halls have daylight. In the design and the execution serious thought was given to circular construction, as this project was regarded as a proof of competence for the builder, BAM, for whom this was a new area of expertise. On that score one could find fault with the avoidable colour variations between the timber sections and with joints that could have been better finished, but in the grand scheme of things these are minor quibbles. The building has a materials passport and is 69% demountable. That doesn't get it anywhere near the circular architecture virtuosi of Superuse or Rotor, but shows yet again that large, exceptional circular buildings are perfectly possible minus the improvised aesthetic and within budget.

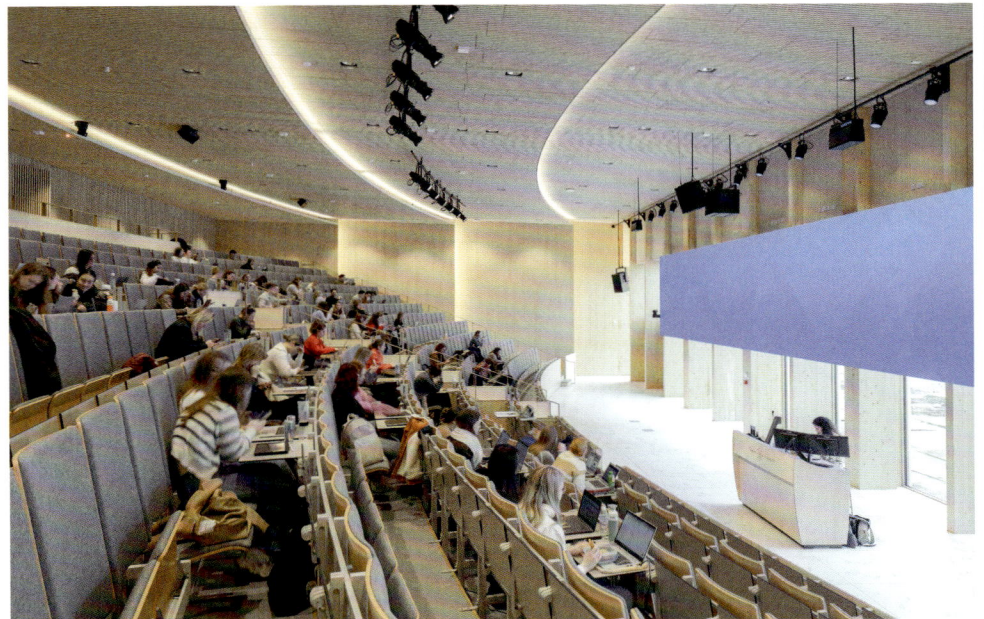

V8 Architects

Foto's/Photos: **Aiste Rakauskaite**

Philips Headquarters
Amsterdam

Oorspronkelijk ontworpen als filiaal van de NMB-bank en later in gebruik als internationale school, zal het kantoorpand aan de Prinses Irenestraat 59 binnenkort dienstdoen als hoofdkwartier van Philips. Het gebouw (Le Grand & Selle, 1972) is een typisch voorbeeld uit de Post '65 periode. Kantoren werden ontworpen met gesystematiseerde bouwsystemen en aan de gevel bekleed met zware geprefabriceerde betongevelplaten. De vensteropeningen waren doorgaans bescheiden en voorzien van getint glas in een halfbakken poging de zomerwarmte buiten en de winterse kachelwarmte binnen te houden. Dat verschafte wellicht meer comfort op de werkplek, maar deed weinig aan de gasrekening van deze donkere energieslurpers. Om die reden worden gebouwen van deze generatie vandaag de dag massaal vervangen.

Vanuit duurzaamheid is de terechte beslissing genomen om de bestaande bebouwing te behouden maar deze wel tot op het bot te strippen. Daarmee ging de oorspronkelijke architectuur met de karakteristieke betonbeplating maar ook een lokale cultuurhistorische bijzonderheid verloren. Het betreft hier een van de eerste kantoorgebouwen aan de Zuidas. In de nieuwe situatie wordt een relatie gezocht met de geliktere architectuur van het zakencentrum. V8 Architects breidde het bestaande volume uit, topte de structuur op en voegde een souterrain toe, waardoor er flink meer ruimte werd gerealiseerd. Dat het bouwbudget fors was – de vierkante meters in deze omgeving behoren tot de allerduurste van Nederland – leest men af aan de prachtig ontworpen gevel die als een decor tegen de bestaande constructie werd gezet. Grote ramen met gebogen glas zijn rondom toegepast en voorzien van ornamenten in messing. Zachtheid in uitstraling is verkregen door de toepassing van gepolijst beton met een natuursteen toeslag. De cannelures in de plint zijn een knipoog naar de geribbelde prefab betonplaten die het gebouw eens bekleedden. Deze met plezier gemaakte aaibare gevel, waarbij dunnetjes is gezocht naar een vertaling van de oorspronkelijke architectuur, maakt het verlies van het bestaande goed.

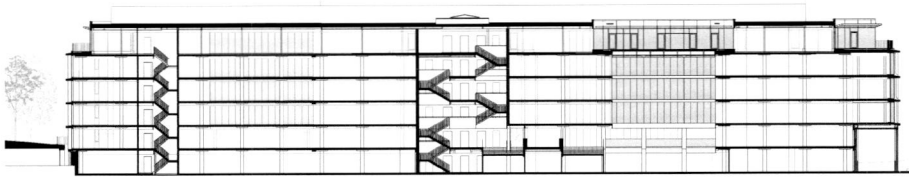

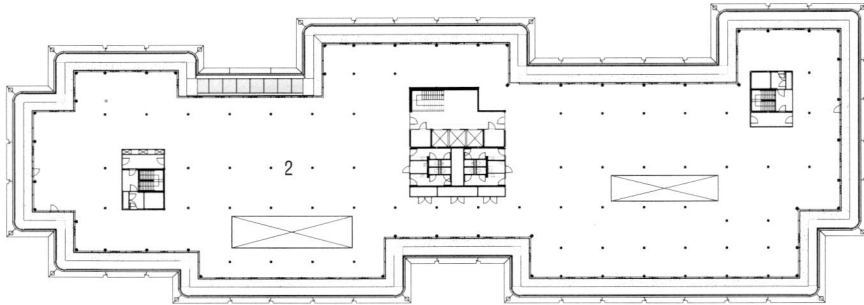

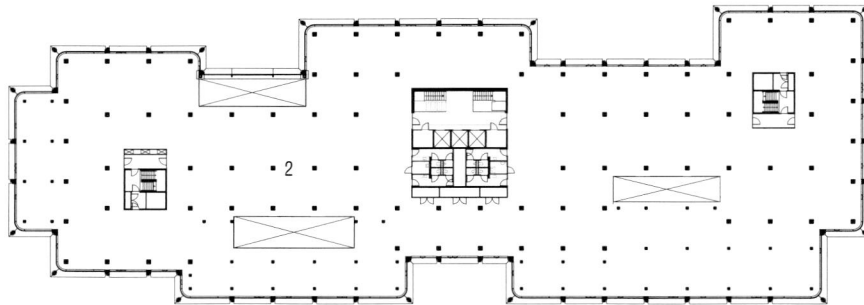

0 5 10   25 m

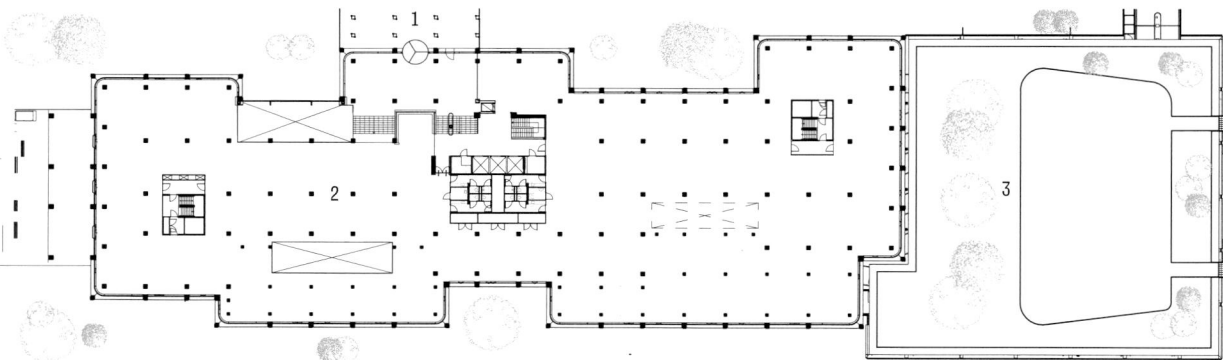

Doorsnede/Section

Vierde, tweede verdieping, begane grond/Fourth, second, ground floor
1   hoofdentree/main entrance
2   kantoortuin/open-plan office
3   tuin/garden

Situatie/Site plan
A   Prinses Irenestraat
B   Parnassusweg
C   Strawinskylaan

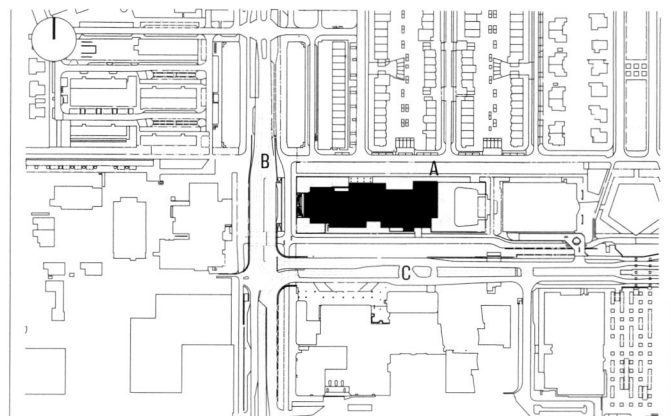

Philips Headquarters
Amsterdam

Originally designed as a branch of the NMB bank and later used as an international school, the office block at Prinses Irenestraat 59 is set to become the headquarters of the Philips corporation. The building (Le Grand & Selle, 1972) is a typical product of the post '65 period when offices were designed using systematized construction methods and clad with heavy pre-cast concrete facade panels. The window openings were generally modest and fitted with tinted glass in a half-baked attempt to keep the summer heat out and the winter heated warmth in. It might have provided a more comfortable work environment, but it did little to lower the gas bill for these gloomy energy guzzlers. Which is why so many buildings from that generation are currently being replaced.

On the grounds of sustainability the logical decision was taken to retain the existing building but to strip it to the bones, removing not just the original architecture but also a local cultural history landmark: this was one of the first offices to be built along the Zuidas. In the new situation the aim was to establish a rapport with the business district's slicker architecture. V8 architects extended the existing volume, topped it up and added a basement, creating a lot more space. The substantial budget – square metres in this area are amongst the most expensive in the Netherlands – is evident in the beautifully designed facade, which was attached to the existing structure like a piece of decor. Every side boasts large window openings with curved glazing and brass ornamentation. A certain mellowness in appearance is achieved through the use of polished concrete with a natural stone aggregate. The grooves in the concrete at ground level are a subtle allusion to the original ribbed precast concrete panels. This appealing facade, which testifies to the architects' pleasure in creating a faint echo of the original architecture, compensates the loss of the existing.

Monadnock

Foto's/Photos: **Stijn Bollaert**

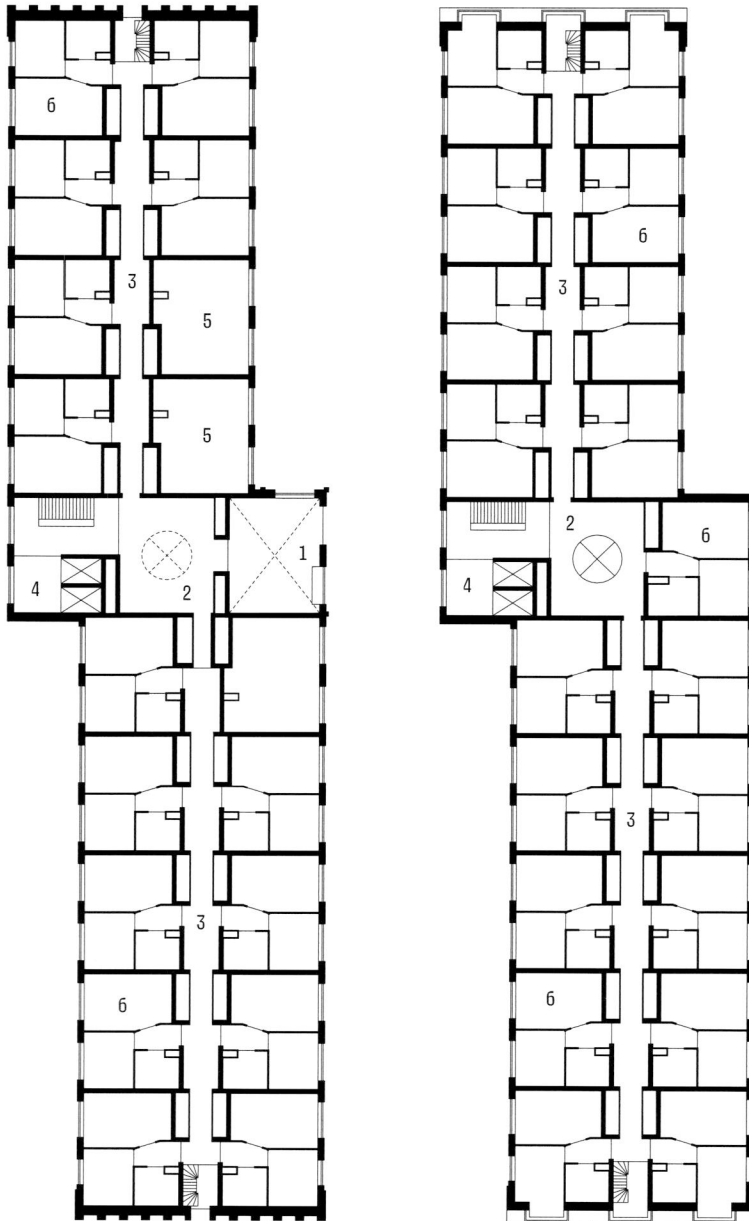

```
0    2    4              10 m
```

Volante
Hilversum

De kwaliteit van Nederlandse sociale woningbouw is in korte tijd hollend achteruitgegaan. Er valt nog nauwelijks eer aan te behalen: de budgetten zijn tergend laag, de woningen te klein en de plattegronden het liefst zo efficiënt mogelijk te herhalen. De condities waren niet heel anders bij Volante, als sluitstuk van een grotere woningverdichting in een Hilversumse wederopbouwbuurt. Ook hier is maximaal ingezet op efficiënte bouw. Het blok telt 1 plattegrond die maar liefst 108 keer is herhaald. Maar die ene plattegrond is dan gelukkig wel heel redelijk. De kleine woning is in de breedte georiënteerd langs de gevel en beschikt daardoor over twee flinke ramen waardoor het daglicht royaal binnenstroomt. Ook in de gangen, meestal nare, donkere plekken die nooit getoond worden op de foto's, is er ruimte voor daglicht dat vanuit de koppen binnendringt. Het uitstulpen van meterkasten in de gangen maakt dat er zelfs een ieniemienie voorgebied bij de entree is gecreëerd. Door het lange bouwvolume in het midden te verschuiven en de ontsluiting in de knik te organiseren is ook het trappenhuis heel prettig voorzien van vensters. Dit zijn de details die van dit alles meer maakt dan het (onder)gemiddelde van vandaag de dag.

Meest in het oogspringend is toch de bakstenen gevel met opvallend kleurenpalet, dat fris afsteekt tegen de veel tammere aangrenzende woonbebouwing. De goudkleurige ribben zorgen voor reliëf en tactiliteit. Ook de hoofdentree met cirkelvormige vide is opvallend geornamenteerd en gewoon mooi. Monadnock voorman Job Floris beschrijft Volante tijdens een publieke presentatie als een gebouw met lipstick. En dat is het ook. De heerlijke figuratieve gevel is als een volle coating die, dat wat er onder zit en al best in orde is, met glans en kleur verbijzondert. De lipstick maakt jammer genoeg niet het gemis aan balkons en gemeenschappelijke ruimtes goed; die zouden het project vleugels hebben gegeven.

**Begane grond, tweede verdieping/
Ground, second floor**
1 hoofdentree/main entrance
2 hal/hall
3 gang/corridor
4 lift
5 inpandige fietsenstalling/indoor
   bicycle storage
6 appartement/apartment

Doorsnede/Section

Situatie/Site plan
A Van Ghendtlaan
B Diependaalselaan

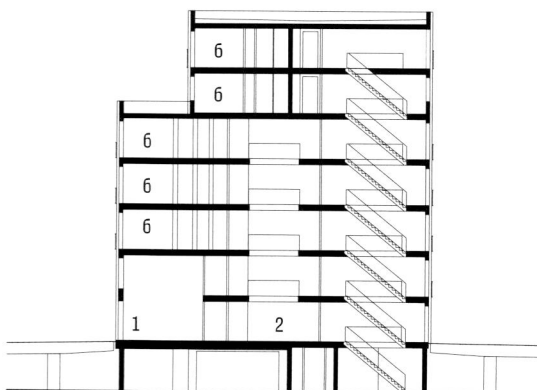

Volante
Hilversum

The quality of Dutch social housing has plummeted in recent years. It offers architects little opportunity to shine: the budgets are frustratingly low, the dwellings too small and there is a preference for efficiently repeatable floor plans. Conditions were not much different for Volante, the final piece of a much larger housing densification scheme in a Hilversum post-war reconstruction district. Here, too, the watchword was maximum efficiency. The block has one floor plan that was repeated no fewer than 108 times. As luck would have it, that single floor plan is very reasonable. The small apartments are oriented widthwise across the facade, giving them two large windows and an abundance of daylight. Even the corridors, usually grim, dark places that are omitted from the photo shoot, receive daylight from the either end. The projecting meter boxes even create a minuscule entrance area in front of the apartment doors. By offsetting the two halves of the long volume and putting the stairs and lifts in the resulting angle, even the staircase is brightened by windows. Details like these are what elevates this building above the present-day (below-)average. The most striking aspect though is the brick facade with its distinctive colour scheme, which makes a refreshing contrast with the much tamer neighbouring buildings. The gold-coloured ribs provide texture and tactility. The front entrance with circular void is strikingly decorated as well and quite simply beautiful. During a public presentation Monadnock lead architect Job Floris described it as a building with lipstick. And so it is. The delightfully figurative facade is like a full coating that accentuates what is underneath and already in order, with gloss and colour. Unfortunately, the lipstick does not compensate the lack of balconies and communal spaces; they would have truly lent the project wings.

26 + 9 projecten in Nederland …

26 + 9 projects in the Netherlands …

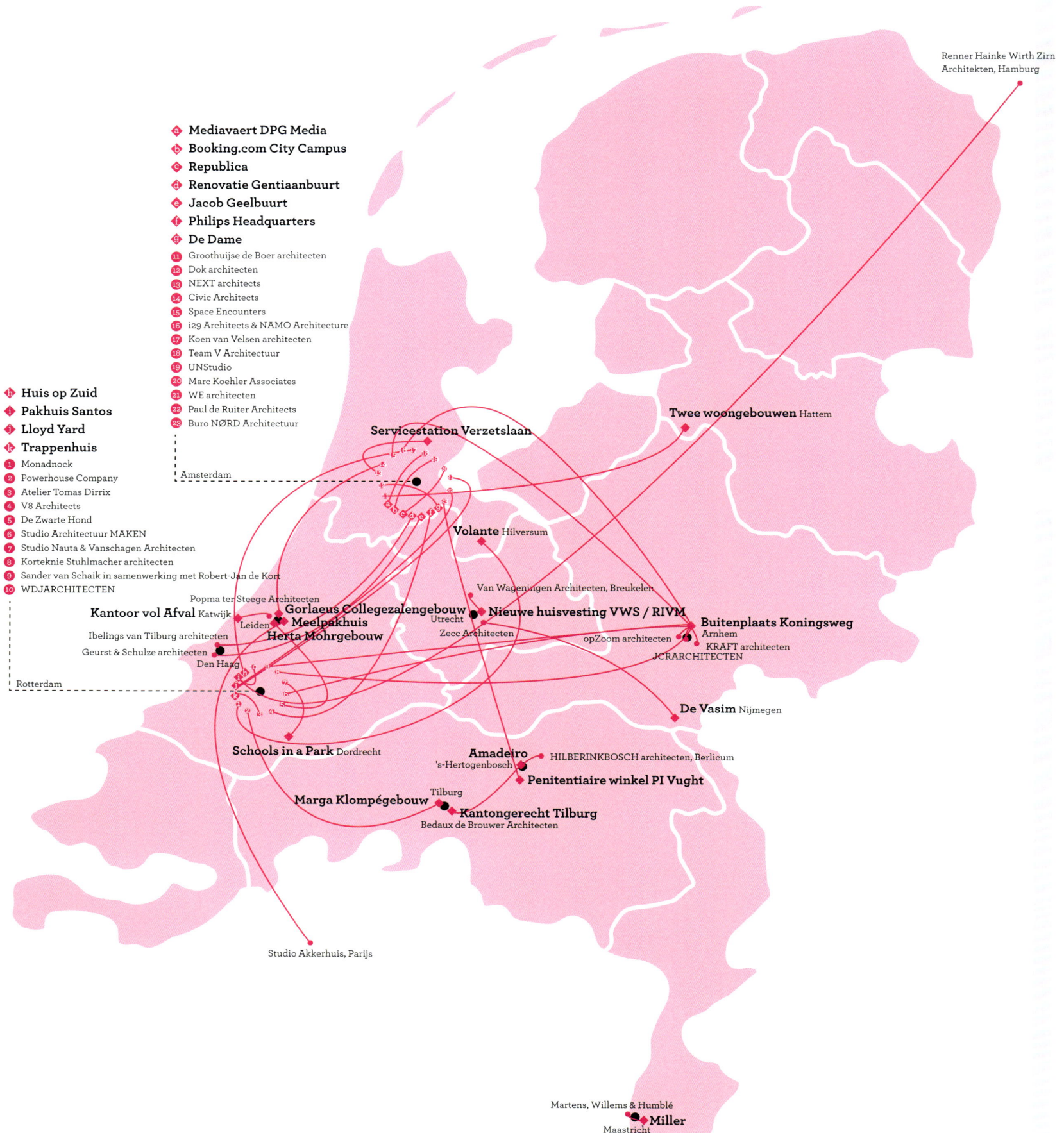

Renner Hainke Wirth Zirn Architekten, Hamburg

◆ⓐ Mediavaert DPG Media
◆ⓑ Booking.com City Campus
◆ⓒ Republica
◆ⓓ Renovatie Gentiaanbuurt
◆ⓔ Jacob Geelbuurt
◆ⓕ Philips Headquarters
◆ⓖ De Dame
⑪ Groothuijse de Boer architecten
⑫ Dok architecten
⑬ NEXT architects
⑭ Civic Architects
⑮ Space Encounters
⑯ i29 Architects & NAMO Architecture
⑰ Koen van Velsen architecten
⑱ Team V Architectuur
⑲ UNStudio
⑳ Marc Koehler Associates
㉑ WE architecten
㉒ Paul de Ruiter Architects
㉓ Buro NØRD Architectuur

Amsterdam

◆ⓗ Huis op Zuid
◆ⓘ Pakhuis Santos
◆ⓙ Lloyd Yard
◆ⓚ Trappenhuis
① Monadnock
② Powerhouse Company
③ Atelier Tomas Dirrix
④ V8 Architects
⑤ De Zwarte Hond
⑥ Studio Architectuur MAKEN
⑦ Studio Nauta & Vanschagen Architecten
⑧ Korteknie Stuhlmacher architecten
⑨ Sander van Schaik in samenwerking met Robert-Jan de Kort
⑩ WDJARCHITECTEN

Rotterdam

Twee woongebouwen Hattem

Servicestation Verzetslaan

Volante Hilversum

Van Wageningen Architecten, Breukelen

Gorlaeus Collegezalengebouw
Popma ter Steege Architecten
Kantoor vol Afval Katwijk
Meelpakhuis
Leiden
Herta Mohrgebouw
Ibelings van Tilburg architecten
Geurst & Schulze architecten
Den Haag

Nieuwe huisvesting VWS / RIVM
Utrecht
Zecc Architecten

Buitenplaats Koningsweg
Arnhem
opZoom architecten
KRAFT architecten
JCRARCHITECTEN

De Vasim Nijmegen

Schools in a Park Dordrecht

Amadeiro
's-Hertogenbosch
HILBERINKBOSCH architecten, Berlicum

Penitentiaire winkel PI Vught

Marga Klompégebouw
Tilburg
Kantongerecht Tilburg
Bedaux de Brouwer Architecten

Studio Akkerhuis, Parijs

Martens, Willems & Humblé
Miller
Maastricht

... gerealiseerd in 2024 ...   ...realised in 2024...

Involvement of the architect

Project / Architect	SD	PD	FD	TD	DD
Nieuwe huisvesting VWS / RIVM Van Wageningen Architecten	☑	☑	☑	☑	☑
Meelpakhuis Studio Akkerhuis	☑	☑	☑	☑	☑
Booking.com City Campus UNStudio	☑	☑	☑	☑	☑
Pakhuis Santos WDJARCHITECTEN | Renner Hainke Wirth Zirn Architekten	☑	☑	☑	☑	☑
Huis op Zuid Koen van Velsen architecten	☑	☑	☑	☑	☑
Republica Marc Koehler Associates	☑	☑	☑	☑	☑
Renovatie Gentiaanbuurt Ibelings van Tilburg architecten	☑	☑	☑	☑	☑
Schools in a Park Studio Nauta & Vanschagen Architecten	☑	☑	☑	☑	☑
Herta Mohrgebouw De Zwarte Hond	☑	☑	☑	☑	☑
Buitenplaats Koningsweg Space Encounters, Studio Architectuur MAKEN, KRAFT architecten, JCRARCHITECTEN, i29 Architects & NAMO Architecture, Sander van Schaik i.s.m./with Robert-Jan de Kort, opZoom architecten, Korteknie Stuhlmacher architecten	☑	☑	☑	☑	☑
Amadeiro HILBERINKBOSCH architecten, Bedaux de Brouwer Architecten	☑	☑	☑	☑	☑
Marga Klompégebouw Powerhouse Company	☑	☑	☑	☑	☑
Miller Martens Willems & Humble	☑	☑	☑	☑	☑
Mediavaert DPG Media Team V Architectuur	☑	☑	☑	☑	☑
De Dame Dok architecten	☑	☑	☑	☑	☑
Jacob Geelbuurt Geurst & Schulze architecten	☑	☑	☑	☑	☑
Philips Headquarters V8 Architects	☑	☑	☑	☑	☑
Lloyd Yard WE architecten, Paul de Ruiter Architects	☑	☑	☑	☑	☑
Trappenhuis Atelier Tomas Dirrix	☑	☑	☑	☑	☑
Twee woongebouwen Groothuijse de Boer architecten	☑	☑	☑	☑	☑
Gorlaeus Collegezalengebouw Civic Architects	☑	☑	☑	☑	☑
De Vasim Zecc Architecten	☑	☑	☑	☑	☑
Kantongerecht Tilburg Bedaux de Brouwer Architecten	☑	☑	☑	☑	☑
Volante Monadnock	☑	☑	☑	☑	☑
Penitentiaire winkel PI Vught Buro NØRD Architectuur	☑	☑	☑	☑	☑
Servicestation Verzetslaan NEXT architects	☑	☑	☑	☑	☑
Kantoor vol Afval Popma ter Steege Architecten	☑	☑	☑	☑	☑

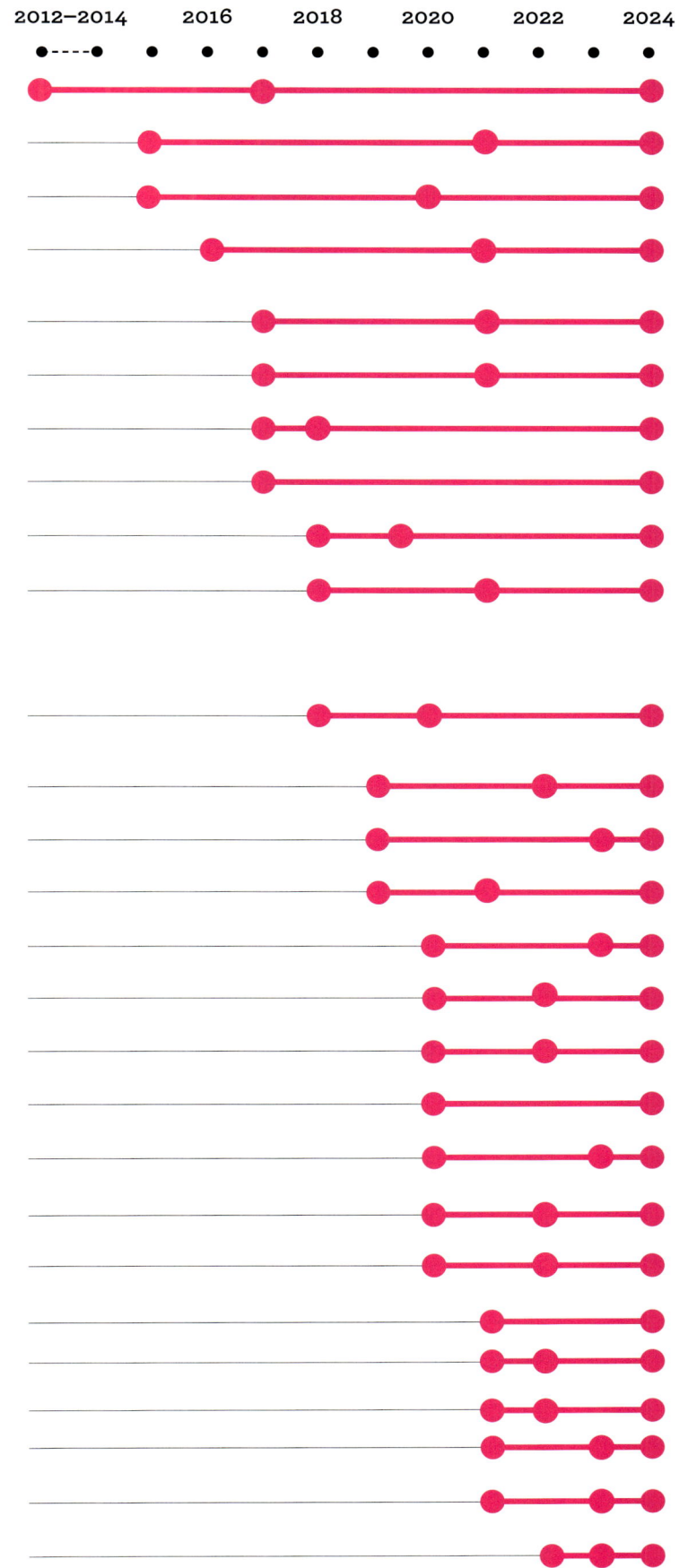

Timeline: 2012–2014 · 2016 · 2018 · 2020 · 2022 · 2024

SD Sketch design   **PD** Provisional design   **FD** Final design   **TD** Technical design   **DD** Detailed design   ● Construction start

... (bijna) allemaal duurzaam op hun eigen manier ...

... (almost) all of them sustainable in their own way ...

	MPG[1]	EPC/BENG[2]/ Energy Label[3]	Paris Proof[4]/ CO$_2$-Budget	BREEAM[5]	Materials passport[6]	Bio-based/Circular Applications[7]
Nieuwe huisvesting VWS / RIVM Van Wageningen Architecten	€ 0,90 per m²/year	0	—	Outstanding	—	—
Meelpakhuis Studio Akkerhuis	—	0,4; A+++	—	—	—	—
Booking.com City Campus UNStudio	—	—	—	Excellent	—	Reuse of piling from the foundation of previous building.
Pakhuis Santos WDJARCHITECTEN | Renner Hainke Wirth Zirn Architekten	—	—	—	—	—	—
Huis op Zuid Koen van Velsen architecten	€ 0,57 per m²/year (residential)	0.566 (sports); A+/A++ (residential)		—	Yes (sports)	—
Republica Marc Koehler Associates	€ 0,63 €/m² GFA per year	≤ 0,40; A+++	—	—	—	Integration of plants and vegetation for biodiversity, heat stress reduction and water retention; nests for birds and bats; use of recycled materials like brick, and removable stone paving in square; Open Building principles for flexible redesign and less building waste; water retention systems that reduce urban heat; waste disposal units in all the kitchens in the tallest tower send food waste to nearby raw materials station where it is converted into biogas and phosphate.
Renovatie Gentiaanbuurt Ibelings van Tilburg architecten	—	on average 0,9; from E to A	—	—	—	—
Schools in a Park Studio Nauta & Vanschagen Architecten	—	—	—	—	—	Renovation with timber extension.
Herta Mohrgebouw De Zwarte Hond	—	0,641	6,53 kg CO$_2$ eq/m²	Excellent	—	Reuse of existing structure and elevations, interior components; water storage. New thermal energy storage system avoids 150,000 CO$_2$ emissions per year.
Amadeiro HILBERINKBOSCH architecten, Bedaux de Brouwer Architecten	€ 0,58–0,60 per m²/year	0,28–0,311	—	—	—	—
Marga Klompégebouw Powerhouse Company	€ 0,50 per m²/year	BENG 3: 88,6%/A++++	155 kg CO$_2$ eq/m²	Outstanding	Yes	MCI Material Circularity Index + Disassembly index: 72%; BCI: Building Circularity Index 0.67.
Miller Martens Willems & Humble	€ 0,76 (houses), € 0,46 (apartments) per m²/year	0,0 (houses), 0,4 (apartments)	—	—	—	—
Mediavaert DPG Media Team V Architectuur	€ 0,59 per m²/year	0,597	Climate change due to Module A (Paris Proof) per m². Gross floor area: 222 kg CO$_2$ eq/m²	Excellent	—	Hybrid timber construction (7,000 m3 timber); Green roofs with integrated rainwater buffering.
De Dame Dok architecten	—	—	—	—	—	—
Jacob Geelbuurt Geurst & Schulze architecten	€ 0,48–0,52 per m²/year	BENG 1: 59,6% BENG 2: 38,9 % BENG 3 : 55,6%	—	—	—	Reuse artworks in end elevations.
Philips Headquarters V8 Architects	€ 0,5 per m²/ year	0,7	Paris-proof	Excellent	—	—
Lloyd Yard WE architecten, Paul de Ruiter Architects	€ 0,85 per m²/ year	0	—	—	—	—
Trappenhuis Atelier Tomas Dirrix	—	—	—	—	—	All wood structure.
Twee woongebouwen Groothuijse de Boer architecten	€ 0,918 per m²/year	0,4	—	—	—	—
Gorlaeus Collegezalengebouw Civic Architects	—	A++	—	—	—	The interior is built entirely from recycled materials and furniture.
De Vasim Zecc Architecten	—	—	—	—	—	—
Kantongerecht Tilburg Bedaux de Brouwer Architecten	—	A+++	It is planned to install PV panels, which will make the building Paris Proof in the future.	—	—	—
Volante Monadnock	€ 0,50 per m²/year	Energy need: 53,19 kWh/m² per year; Fossil energy: 48,10 kWh/m² per year; Renewable energy: 46,6%	—	—	—	—
Penitentiaire winkel PI Vught Buro NØRD Architectuur	—	A++++	—	—	—	Timber frame and demountable.
Servicestation Verzetslaan NEXT Architects	—	—	—	—	—	The entire service station structure, both internal walls and main bearing structure, are made of wood.
Kantoor vol Afval Popma ter Steege Architecten	—	A+	Paris Proof (material-related energy) with 76,6 kg CO$_2$ eq/m²	—	—	This is a reduction of 40% versus the same renovation using new materials; 68% of the interventions involve recycled materials.

1) **MilieuPrestatie Gebouwen (MPG)** is a Dutch environmental building performance standard that measures the environmental impact of the materials in a building. All applications for a permit under the Environment and Planning Act must be accompanied by an MPG certificate, which rates a building's sustainability in terms of material usage over its entire life cycle, from the extraction of raw materials up to and including demolition and possible reuse. It measures the building's environmental performance in 19 environmental impact categories. Weighting according to the importance of the various categories results in a 1-point score: the building's environmental performance. The total sum is divided by the lifespan and by the gross floor area (GFA) of the building. This is the MPG score expressed in euros/m2/year. A lower MPG score means a lower environmental impact and so a more sustainable building. As of 1 January 2018 a maximum MPG score of 1.0 was permitted. Since 1 July 2021 the environmental performance score for new dwellings has been tightened to 0.8. The ultimate goal is to progressively lower the permitted MPG until it has been halved for both offices and dwellings no later than 2030.

2) **The Energy Performance Coefficient (EPC)** was a Dutch standard for measuring a building's energy efficiency. The EPC value was based on aspects like insulation, heating systems, ventilation, cooling, lighting and use of renewable energy sources. The EPC requirements were gradually tightened over time: for dwellings, for example, from a value of 1.0 in 1995 to 0.4 in 2015. On 1 January 2021 the EPC was replaced by BENG, the Dutch version of the EU's nZEB (nearly zero energy building). The BENG method consists of three separate indicators rather a single number. BENG 1: maximum energy demand, BENG 2: maximum primary fossil energy use, BENG 3: minimum percentage of renewable energy. The transition from EPC to BENG was part of a government policy aimed at making buildings more energy neutral and more in line with European directives on the energy performance of buildings.

3) **The Energy Label** is a certificate indicating a building's energy performance. In the Netherlands it is mandatory when signing off, selling or renting a building. Labels vary from A++++ (very energy efficient) to G (very energy inefficient). Since 1 January 2021 a licensed energy consultant must visit a building to establish its label based on the NTA 8800 calculation method (the same as that used for BENG ratings).

4) **Paris Proof** is a sustainability criterion developed by the Dutch Green Building Council based on the 2015 Paris Climate Agreement and mainly relates to a building's energy efficiency in terms such as use of sustainable materials and generating energy from renewable sources like wind and solar energy. Whether and to what extent a building is energy efficient is determined by its 'Weii' (actual energy intensity indicator). A building's WEii is based on its actual, metered energy consumption. This can be read from the building's (main) energy meters and is related to a building's usable area (UA). Based on their WEii numerical value buildings are allocated to different classes (WENG [Truly Energy Neutral Building], Paris Proof, Very Efficient, Efficient, Average, Inefficient, Very Inefficient).

5) **BREEAM (Building Research Establishment Environmental Assessment Method)** is one of the world's most widely used sustainability certification systems for buildings. It was developed in the United Kingdom by the Building Research Establishment (BRE) and has been applied worldwide since 1990. BREEAM assesses buildings in nine main categories: Energy, Management, Health and wellbeing, Transport, Water, Materials, Waste, Land use and ecology, Pollution. Buildings receive a total score which is converted into a classification: Pass (≥30%), Good (≥45%), Very Good (≥55%), Excellent (≥70%), Outstanding (≥85%). The Netherlands uses the Dutch version, BREEAM-NL, managed by the Dutch Green Building Council (DGBC), which has been adapted to Dutch building regulations and practice.

6) **The Materials passport** is a digital document containing information about the finished and raw materials used in a building, product or piece of infrastructure. The aim of the passport is to encourage circular construction and the reuse of materials. Architect Thomas Rau introduced the idea of a material passport as part of his 2012 circular construction concept. He was seeing a lot of valuable materials going to waste when buildings were demolished because there was no information about their composition and recycling potential. He founded the platform Madaster, a kind of materials cadastre, where buildings could obtain a materials passport. This made it easier for those materials to be reused when the building reached the end of its life. Besides Madaster, other initiatives like the EU Green Deal, are also working on regulations for material passports, especially for the construction industry.

7) **Bio-based/Circular Applications**: because there is so much variation in the types of buildings and their size, the yearbook editors decided to add two more ways in which sustainability can play a role in project design. Under bio-based and circular applications, we understand substantial interventions that enhance the sustainability of a building in a broad sense, for example in the use of bio-based materials, the detachability of the construction, the reuse of materials and waste streams, and specific applications that increase biodiversity in and around the building.

... voor ...

... for ...

Gross floor area / Construction cost

16 x New construction

Booking.com City Campus Amsterdam	72,500 m²	@ € – p/m²	€ –
Nieuwe huisvesting VWS / RIVM Utrecht (*oorspronkelijke bouwsom)	70,000m²	@ € 2,300 p/m²	€ 160,000,000*
Mediavaert DPG Media Amsterdam	46,000 m²	@ € – p/m²	€ –
Jacob Geelbuurt Amsterdam	22,854m²	@ € 1.663 p/m²	€ 38,000,000
Lloyd Yard Rotterdam	21,700 m²	@ € – p/m²	€ –
Republica Amsterdam	20,300 m²	@ € 3,500-4,000 p/m²	€ –
Amadeiro 's-Hertogenbosch	19,700m²	@ € 1,530 p/m²	€ 30,150,000
Huis op Zuid Rotterdam	15,419 m²	@ € 2,568 p/m²	€ 39,600,000
Volante Hilversum	8,032m²	@ € – p/m²	€ –
Miller Maastricht	6,205m²	@ € 1,297 p/m²	€ 8,050,000
Marga Klompégebouw Tilburg	5,100 m²	@ € – p/m²	€ –
Penitentiaire winkel PI Vught Vught	1,200 m²	@ € 2,911 p/m²	€ 3,493,580
Twee woongebouwen Hattem	614 m²	@ € 2,475 p/m²	€ 1,520,000
Servicestation Verzetslaan Purmerend	546 m²	@ € – p/m²	€ –
Trappenhuis Rotterdam	225 m²	@ € – p/m²	€ –
Buitenplaats Koningsweg Arnhem	– m²	@ € 3,000 – 6,400 p/m²	€ –

11 x Renovation

Renovatie Gentiaanbuurt Amsterdam	24,210 m²	@ € 1.363 p/m²	€ 33.000.000
Philips Headquarters Amsterdam	19,810m²	@ € – p/m²	€ –
Herta Mohrgebouw Leiden	16,008 m²	@ € – p/m²	€ –
Pakhuis Santos Rotterdam	9,800 m²	@ € – p/m²	€ –
De Vasim Nijmegen	9,500 m²	@ € 900 p/m²	€ 10,000,000
Meelpakhuis Leiden	7,,300m²	@ € 2,250 p/m²	€ 16,500,000
Gorlaeus Collegezalengebouw Leiden	6,500 m²	@ € 1,539 p/m²	€ 9,300,000
Kantongerecht Tilburg Tilburg	3,140 m²	@ € 593 p/m²	€ 1,200,000
Schools in a Park Studio Dordtrecht	2,516 m²	@ € 2,647 p/m²	€ 6,660,000
Kantoor vol Afval Katwijk	2,140 m²	@ € – p/m²	€ 2,786,980
De Dame Amsterdam	– m²	@ € – p/m²	€ –

... ontworpen door ...

Amadeiro
HILBERINKBOSCH architecten
Geert Bosch, Jaap Janssen, Frenske Wijnen, Annemariken Hilberink, Ulaş Temel, Chris Burghouts, Jurre Mattheeuwse, Nijs de Vries

Bedaux de Brouwer Architecten
Pieter Bedaux, Jacq. de Brouwer, Sjim van Beijsterveldt, Peter Keijsers, Dennis Schuurkes, Nick van Esch, Daan Donkers, Martijn Rasenberg, Koen de Witte-Van Rijswijk, Lizzy van Zon

Philips Headquarters
V8 Architects
Michiel Raaphorst, Rudolph Eilander, Taro Yoshikawa, Kelly Otter, Emilia Serowiecm, Kaj Florens Boonstra, Bob Robertus , Fleurtje Ruijs, Lucie Marie Julie Castillo-Ros, David Fang, Jasper Rabenort, Tim Sietse ter Heide, Egle Kalonaityte, Niels Roodbergen , Malgorzata Marczak, Jekaterina Balyšuk, Aiste Rakauskaite, Jeroen van Rijen

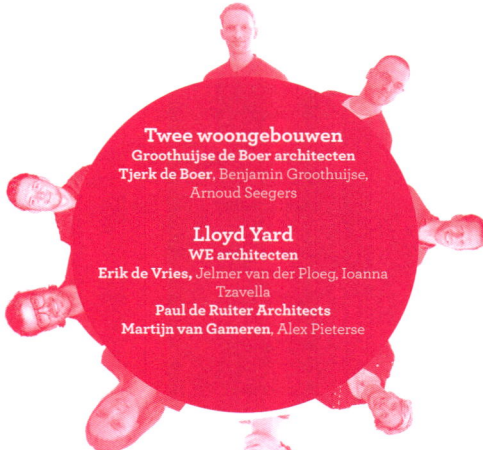

Twee woongebouwen
Groothuijse de Boer architecten
Tjerk de Boer, Benjamin Groothuijse, Arnoud Seegers

Lloyd Yard
WE architecten
Erik de Vries, Jelmer van der Ploeg, Ioanna Tzavella
Paul de Ruiter Architects
Martijn van Gameren, Alex Pieterse

Meelpakhuis
Studio Akkerhuis
Bart Akkerhuis, Amata Boucsein, Nicola Masotti, Marzio Di Pace, Patricia Salvadores, Caren Sfeir, Federico Musso

Buitenverblijf Nest
i29 Architects & NAMO Architecture
Noud Paes, Chris Collaris, Jaspar Jansen, Jeroen Dellensen, Redmer Weijer

Renovatie Gentiaanbuurt Amsterdam
Ibelings van Tilburg architecten
Marc Ibelings, Tim Schuijt, Marcel Vermeer, Mart Gout, Edwin van den Driesschen

De Dame
Dok architecten
Liesbeth van der Pol, Kim Wandel, Patrick Cannon, Niek Slijkerman

Pakhuis Santos
WDJARCHITECTEN
Karin Wolf, Sander Nelissen, Ralph Knufing, Linde Petit dit de la Roche, Mario Lingga Wisnugraha, Boris van Hattum, Heleen Pijman-Rutten, Paula Ebert, Wessel de Jonge
Renner Hainke Wirth Zirn Architekten
Karin Renner, Melanie Zirn,, Stefan Wirth, Fabian Schebesta, Sung-Mun An, Naomi Kadish, Anne Arnbjerg-Pedersen, Lukas Hähnel

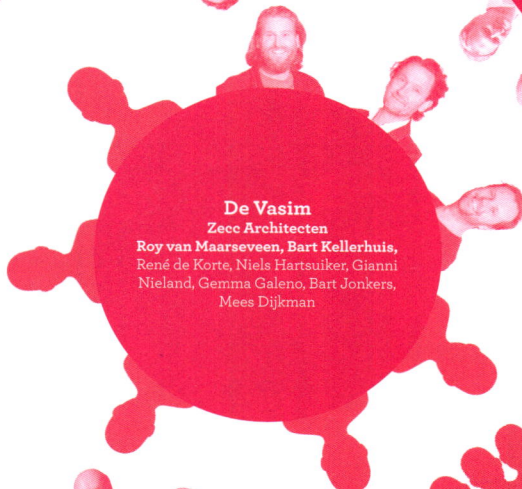

De Vasim
Zecc Architecten
Roy van Maarseveen, Bart Kellerhuis, René de Korte, Niels Hartsuiker, Gianni Nieland, Gemma Galeno, Bart Jonkers, Mees Dijkman

Servicestation Verzetslaan
NEXT Architects
Joost Lemmens, Bart Reuser, Marijn Schenk, Michel Schreinemachers, Nick Vullings, Jate Bleeker, Marcel Geerdink

Folly de Ooggetuige
opZoom architecten
Johan Blokland, Alissa Los, Klaas Tuin, Mieke Bloem

Jacob Geelbuurt
Geurst & Schulze architecten
Jeroen Geurst, Rens Schulze, Martina van Ess, Christiane Wirth, Wendy Kroon, Andreas Buijs, Hsuanya Kao, Haneen Al Hafadhi

Huis op Zuid
Koen van Velsen architecten
Koen van Velsen, Frank Beurskens, Hugo Bolté, Erik-Jan van Dalfsen, Steven van der Heijden, Daan Jenniskens, Helga Kommer, Jan Maarten Mulder, Arthur Schoonenberg, Jeroen Spit, Stijn Swolfs

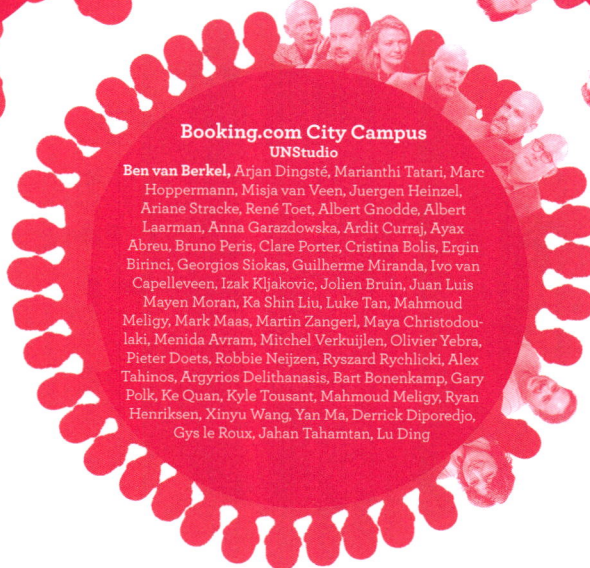

Booking.com City Campus
UNStudio
Ben van Berkel, Arjan Dingsté, Marianthi Tatari, Marc Hoppermann, Misja van Veen, Juergen Heinzel, Ariane Stracke, René Toet, Albert Gnodde, Albert Laarman, Anna Garazdowska, Ardit Curraj, Ayax Abreu, Bruno Peris, Clare Porter, Cristina Bolis, Ergin Birinci, Georgios Siokas, Guilherme Miranda, Ivo van Capelleveen, Izak Kljakovic, Jolien Bruin, Juan Luis Mayen Moran, Ka Shin Liu, Luke Tan, Mahmoud Meligy, Mark Maas, Martin Zangerl, Maya Christodoulaki, Menida Avram, Mitchel Verkuijlen, Olivier Yebra, Pieter Doets, Robbie Neijzen, Ryszard Rychlicki, Alex Tahinos, Argyrios Delithanasis, Bart Bonenkamp, Gary Polk, Ke Quan, Kyle Tousant, Mahmoud Meligy, Ryan Henriksen, Xinyu Wang, Yan Ma, Derrick Diporedjo, Gys le Roux, Jahan Tahamtan, Lu Ding

... designed by ...

Miller
Martens, Willems & Humblé
Maikel Willems, Rik Martens, Fred Humblé, Bas Emde, Sam Tonnard, Joep Salden

Republica
Marc Koehler Associates
Marc Koehler, Eric Thijssen, Carlos Moreira, Andrea Verdecchia, David Klinkhamer, Satoru Muneda, Michiel Kroese, Robbie Neijzen

Schools in a Park
Studio Nauta
Jan Nauta, Danique van Hulst, Andrea Gentilini **Vanschagen Architecten**
Gert Jan te Velde, Jules Stefelmanns

Folly BAT
Studio Architectuur MAKEN
Nina Aalbers, Ferry in 't Veld, Rune Lierman

Marga Klompégebouw
Powerhouse Company
Janneke van der Velden, Stefan Prins, Iván Guerrero, Romano van den Dool, Antonia Poharikova, Erwin van Strien, Martijn Ravia, Bjørn Andreassen, Gert Ververs, Giovanni Coni, Rafael Zarza García, Sanja Kralj, Robert Cuijpers

Kazemat Koningsweg
JCRARCHITECTEN
Jeroen Helder, René Jansen, Veronika Stehlíková, Saskia de Kinkelder

Verblijf onder de Radar
Sander van Schaik architect
Sander van Schaik, Robert-Jan de Kort

Hooimijt & Kleine Kapel
KRAFT architecten
Joep Koenders, Arno Geesink, Dirk van de Lockand

Kantongerecht Tilburg
Bedaux de Brouwer Architecten
Joyce Verstijnen, Sjim van Beijsterveldt, Thomas Bedaux, Dennis Schuurkes, Sofie van Gulik, Koen de Witte-Van Rijswijk, Daan Donkers

de Spothut
Korteknie Stuhlmacher architecten
Joppe Douma

Herta Mohrgebouw
De Zwarte Hond
Bart van Kampen, Marco Overwijk, Kerstin Tresselt, Marjolein Maatman, Charis Nika, Bas van Nieuwenhuijsen, Magda Porcoteanu

Volante
Monadnock
Job Floris, Sandor Naus, Marta Cendra, Michael Maminski

Kantoor vol Afval
Popma ter Steege Architecten
Josse Popma, Cas Bollen, Thinh Pham, Jan Willem ter Steege

Gorlaeus Collegezalengebouw
Civic Architects
Gert Kwekkeboom, Ingrid van der Heijden, Rick ten Doeschate, Jan Lebbink, Rick Hospes, Robert Comas, Chiara Ciccarelli, Ioulia Voulgari, Maeve Corke Butters. Laura Berasaluce

Penitentiaire winkel PI Vught
Buro NØRD Architectuur
Maarten Meester, Jurgen Vesters

Trappenhuis
Atelier Tomas Dirrix
Tomas Dirrix, Julia Strömland, Stefan Hutterer

Nieuwe huisvesting VWS / RIVM
Van Wageningen Architecten
Dick van Wageningen, Felix Claus, Sander Monteiro, Thom Knubben, Linda Cappetijn, Stefhan Broekema, Floris Koelink, Jakub Pakos, Matthijs Vreke, Qing Chen, Takahiro Yonezu, Adrien Thivolle, Frederick Fasola, Michel Baumann, Charlotte Garrett, Qing Chang, Ewout van Rossum, Kasper Johannessen, Cilian Wright, Ruben van Wageningen

Mediavaert DPG Media
Team V Architectuur
Do Janne Vermeulen, Fleur Kay, Job Stuijt, Charlot Klinkhamer, Coen Ooijevaar, Bart-Jan Hopman, Paul van Berkum, Ruben Kaipatty, Ivan Ordonez, Loo Wai, Abel van Unen, Josje Landman, Dennis Merkens, Francine van Loon en Martijn Perik

Afgeschreven Nederland

Depreciated Netherlands

Letterenfaculteit Rijksuniversiteit (ontwerp Joop van Stigt), Witte Singel, Leiden, jaren 1970
Faculty of Humanities, (design Joop van Stigt), Witte Singel, Leiden, 1970s

Bestaand interieur kantoorgebouw, voormalige vliegbasis Valkenburg, Katwijk, 2022
Existing office building interior, former Valkenburg air base, Katwijk, 2022

Gorlaeus Collegezalengebouw, Leiden, 1969
Gorlaeus Lecture Hall, Leiden, 1969

Complex Koningsweg Noord, voormalig militair terrein, Arnhem, 2011
Complex Koningsweg Noord, former military site, Arnhem, 2011

In de jaren dertig van de vorige eeuw bedacht men in Chicago om belasting- en verzekeringstechnische redenen dat de levensduur van een gebouw dertig jaar zou zijn.* Een vergelijkbaar idee van tijdelijkheid van de architectuur kreeg vat op de meeste andere plekken in de wereld. Gecombineerd met een enorme behoefte aan nieuwe werkplekken, huizen, ziekenhuizen en winkelcentra maakte dat betrokkenen zich minder zorgen maakten over de kwaliteit van een gebouw in de brede zin. Binnen de kortste tijd zou er toch wel weer iets anders voor in de plaats gebouwd worden, zo werd gedacht.

Dat was al helemaal het geval in de jaren zeventig en tachtig in Nederland, toen er door bezuinigingen en een gebrek aan hoogopgeleide vakmensen steeds meer ingezet werd op versobering en lagere bouwbudgetten, waarbij de esthetische kwaliteit van de architectuur het kind van de rekening werd. Het leverde ook een architectuur op die maar moeizaam aansluit op de huidige manier van werken. Nisjes, hoekjes en labyrintische structuren combineren niet langer met flexwerken en scrumsessies. Het Rijk was vaak betrokken als opdrachtgever of eigenaar en heeft nu nog een fiks aantal gebouwen uit deze periode in bezit. Vijftig jaar later heeft deze categorie een hoog 'wat moet je ermee' gehalte. De neiging om te willen slopen is zeer begrijpelijk. Maar er zijn gelukkig ook kundige architecten die met duurzaamheid in het achterhoofd juist aan de slag gaan met de beperkt aanwezige kwaliteiten. In dit deel vier verschillende voormalige rijksgebouwen die op verschillende manieren nieuwe en originele invullingen hebben gekregen.

In 1930s Chicago it was decided, for tax and insurance purposes, to set the lifespan of a building at thirty years.* A comparable notion of the temporary nature of architecture caught on all over the world. Combined with a huge demand for new workplaces, houses, hospitals and shopping centres it meant that those involved didn't need to worry too much about the overall quality of a building. In no time at all, it would be replaced by something else, so the thinking went.

That was certainly the prevailing view in the Netherlands of the 1970s and '80s when cost-cutting and a lack of highly educated professionals led to an increasing emphasis on austerity and lower construction budgets, the biggest loser being the aesthetic quality of the architecture. It also resulted in an architecture that is difficult to adapt to current work practices. Niches, corners and labyrinthine structures no longer mix with flexible work and team meetings. The State was often involved as client or owner and still owns a good many buildings from this period. Fifty years on, this category has a high 'what to do with it' rating. While the inclination to demolish is perfectly understandable, there are fortunately skilled architects who, mindful of sustainability, are actually keen to get to grips with the limited inherent qualities. In this section four different former state-owned buildings that have been given new and original makeovers.

*
Zie Daniel Abramson, *Obsolence. An architectural history* (Chicago: University of Chicago Press, 2016) en het artikel van Stephan Petermann 'Depreciating Depreciation: why buildings and interiors have a due date', in *VOLUME 63: The Not-so-easy-guide to Circular Interior Design* (voorjaar 2023)

*
See Daniel Abramson, *Obsolence. An architectural history* (Chicago: University of Chicago Press, 2016) and the article 'Depreciating Depreciation: why buildings and interiors have a due date' by Stephan Petermann, in *VOLUME 63: The Not-so-easy-guide to Circular Interior Design* (spring 2023)

De Zwarte Hond

Foto's/Photos: **Eva Bloem**

Schema's/Schemes
1 middenhuis eruit gehaald/ middle house removed
2 bestaand dak eraf/ existing roof removed
3 nieuw dak/new roof
4 atrium overdekt/covered atrium

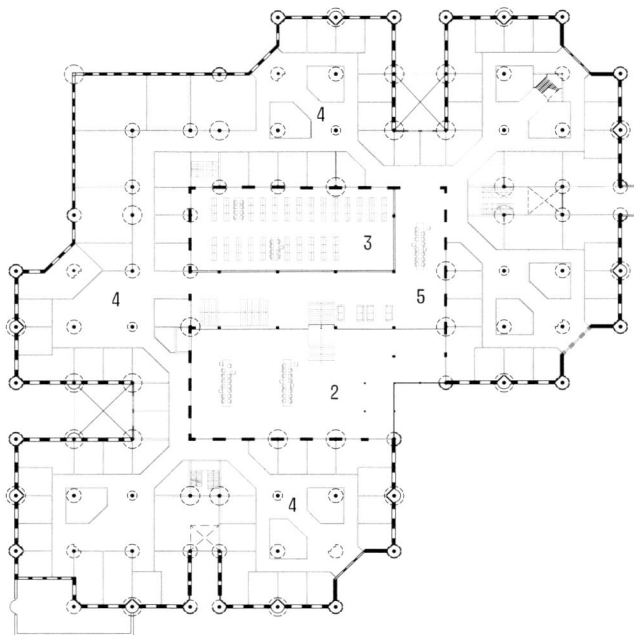

Eerste verdieping, begane grond/ First, ground floor
1 hoofdentree/main entrance
2 atrium
3 bibliotheek/library
4 onderwijsruimten/educational spaces
5 studie - en verblijfsruimte/study and accommodation area
6 parkeren/parking

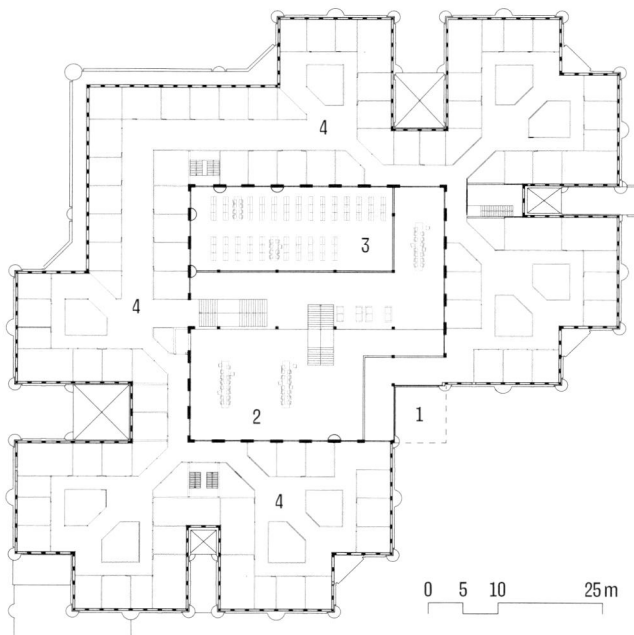

Doorsnede/Section

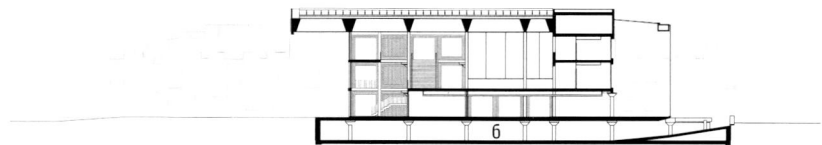

Situatie/Site plan
A Maliebaan
B Witte Singel
C Universiteitsbibliotheek/ University Library

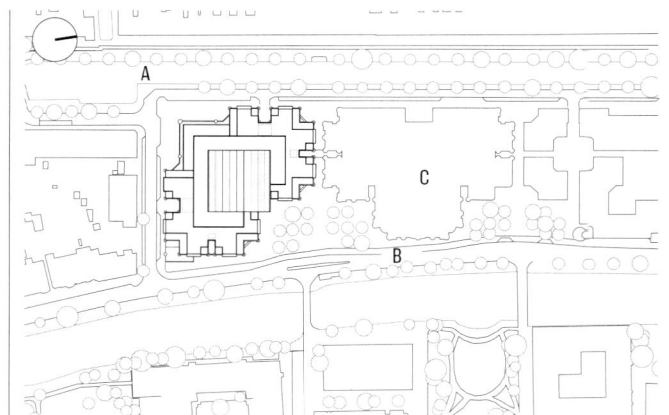

0 5 10   25 m

Herta Mohrgebouw
Leiden

Eind jaren zeventig ontwierp structuralistisch architect Joop van Stigt nieuwe onderkomens voor de Leidse faculteit Geesteswetenschappen. Hij wilde de zeven bestaande afzonderlijke oude kleinschalige stadspanden in de stad, waar de faculteit op dat moment in werkte, op een nieuwe wijze invullen met zeven geclusterde huizen binnen een groter en verbonden complex. Die huizen werden verbonden door publieke ruimte, met de hoop dat het niet een te groot anoniem geheel zou worden en er meer samenwerking zou ontstaan tussen de medewerkers. Dat kwam niet geheel uit de verf en de universiteit zat al jaren met het complex in haar maag. Medewerkers vonden het te donker en unheimisch. Het feit dat rolstoeltoegankelijkheid geen prioriteit had gekregen en bij elke ingang onpasseerbare kolommen staan maakte het niet veel beter. Structuralistisch erfgoed heeft het moeilijk in Nederland. Meerdere gebouwen van Herman Hertzberger en consorten zijn al tegen de vlakte gegaan of worden sterk bedreigd. Maar na een reeks tegenslagen is het hier gelukkig wel gelukt om een nieuw leven te geven aan een sterk staaltje structuralisme.

De identiteit van de zeven huizen is losgelaten, maar daarvoor is een levendig gebouw teruggekomen. Het centrale huis is verwijderd, waardoor een groter atrium gerealiseerd is in combinatie met een nieuwe, messingkleurige, geborsteld stalen dakverdieping. Die sluit aan bij het oorspronkelijke ontwerp en geeft toch een eigentijdse draai aan het geheel, naast het niet al te bijzondere schoongemaakte metselwerk en het straffe betonnen kolommen grid. De donkere houten schrootjes plafonds zijn eigentijds circulair hergebruikt in de afwerking van de binnenwanden. De oude ruwe publieke ruimte is uiteindelijk wel privaat geworden met een voorspelbare overkapping als 'common room' met koffie en comfort food voor studenten en medewerkers, maar dat lijkt de gelukkigogende gebruikers niet echt te deren. De algemene delen zijn met meer zorg afgewerkt dan de interieurs van de nieuw ingerichte huizen. 'The proof is in the pudding' zegt Herman Hertzberger graag over de toekomst van structuralistische bouwwerken en het is goed dat hier de pudding eigentijds uit de vorm is gekomen en met smaak verorberd kan worden door een nieuwe generatie.

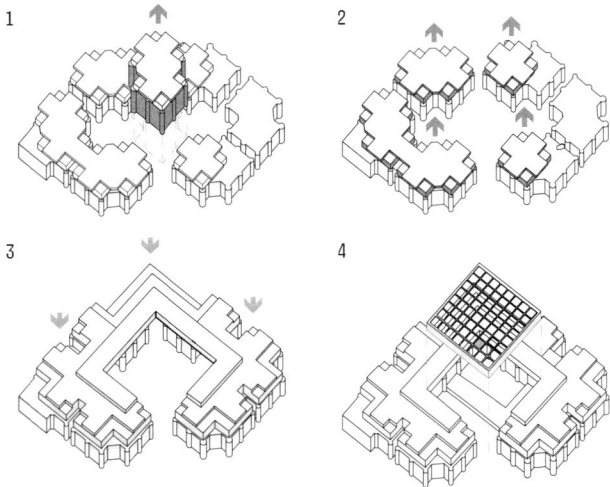

Foto/Photo: **De Zwarte Hond**

Foto/Photo: **Stijn Poelstra**

Herta Mohr building
Leiden

At the end of the 1970s, structuralist architect Joop van Stigt designed new premises for the humanities faculty at Leiden University. His aim was to replace the faculty's seven existing, separate, old and small-scale townhouses with seven clustered houses within a larger and interconnected complex. The houses were to be connected by public space, in the hope that it would not become one large and anonymous whole and would encourage more collaboration among the users. That never quite worked out and for years the university was saddled with an unsatisfactory complex. Users found it dark and spooky. The fact that wheelchair access hadn't been a priority in the design, resulting in unpassable columns at every entry point, did not improve matters. Structuralist heritage has a hard time of it in the Netherlands. Several buildings by Herman Hertzberger and Co have already been knocked down or are under serious threat. But after several setbacks it has finally proved possible to give this great example of structuralism a second life. The identity of the seven houses was abandoned, but in return the university has gained a lively building. The central house was removed, freeing up space for a larger atrium combined with a new, brass-coloured brushed metal roof extension. The latter is in keeping with the original design, yet adds a contemporary twist to the whole, along with the unexceptional cleaned brickwork and the severe concrete column grid. With a nod to contemporary circularity, the dark timber lath ceilings have been reused in the finishing of the internal walls. The old, spartan public space did end up being privatized and predictably roofed over to create a 'common room' with coffee and comfort food for students and staff, but that doesn't seem to bother the happy-looking users. The common areas are more carefully finished than the interiors of the newly fitted out houses. 'The proof,' as Herman Hertzberger is fond of saying about the future of structuralist buildings 'is in the pudding'. Fortunately, this pudding has emerged in contemporary form and can be eaten with relish by a new generation.

Popma ter Steege Architecten

Foto's/Photos: **Stijn Poelstra**

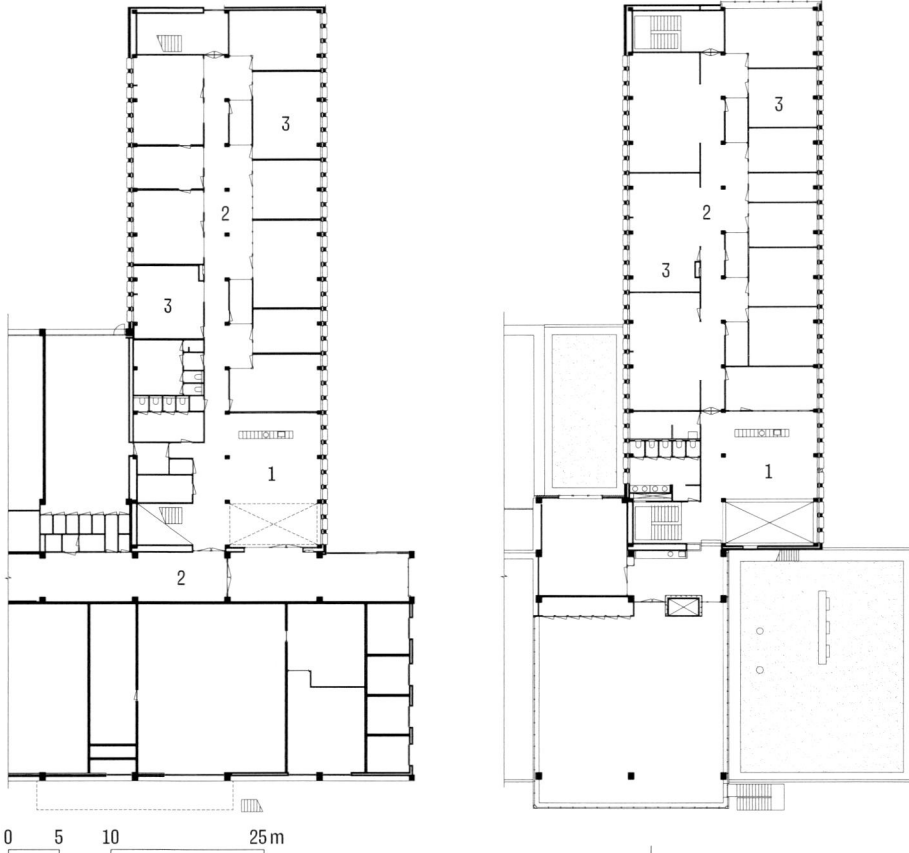

```
0    5    10              25 m
```

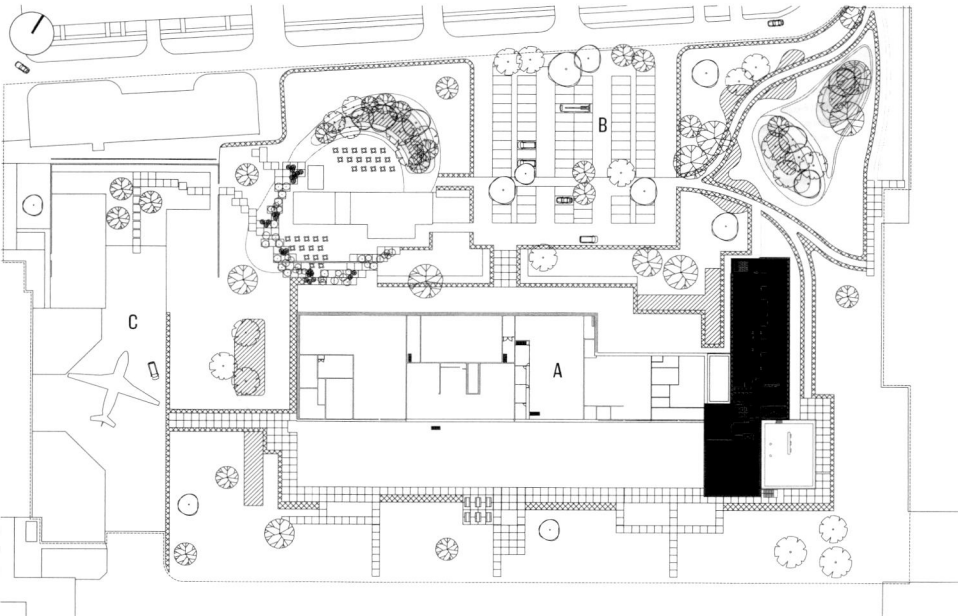

[*Afgeschreven Nederland*]

Kantoor vol Afval
Katwijk

Op de late voormiddag waarin bevestigd wordt dat Donald Trump weer president van de Verenigde Staten zal worden en hoogstwaarschijnlijk afgerekend zal worden met mondiale duurzaamheidsidealen, rijden we langs de musical Soldaat van Oranje naar een op het eerste oog niet bepaald florissant gebouwtje op de voormalige vliegbasis Valkenburg bij Den Haag. Kantoor vol Afval is een pilot vanuit het Rijksvastgoedbedrijf (RVB) 'om collega's van de noodzaak en mogelijkheden van hergebruik te doordringen'. Aangezien het RVB tot de grootste eigenaren van kantoren in Nederland behoort, is dat niet zonder betekenis. Het voormalig kantoorgebouw van de vliegbasis, beter bekend als Gebouw 356, met veel standaard kantoorcellen is gebouwd met een kenmerkende nietszeggendheid van de jaren tachtig. Door Popma en Ter Steege is het succesvol onder handen genomen om met 'afval' nieuwe, meer open werkplekken te maken. Circulair bouwen is het leggen van een enorme puzzel op basis van veel samenwerking. Dat betekent dat er gewerkt is met donorgebouwen en dat veel 'afval' uit het verbouwingsproces een nieuwe rol gekregen heeft. Onderdelen die niet behouden bleven, zijn gedemonteerd, bewerkt en zo veel mogelijk hergebruikt als houten plafonds, muren van gezaagd metselwerk en betonnen lichthappers. Het hergebruik van kantoor-interieurdelen van het voormalige ABN AMRO hoofdkantoor geven het een karaktervol nuller-jarengevoel. Met Studio Simone Post is er een prachtige nieuwe vloerbedekking gelegd, gebaseerd op afgekeurde tapijttegels die kleine productiefouten bevatten. Popma spreekt zelf van collage architectuur en dat is het ook. Het geheel is verrassend fris en inspirerend. Aangezien Nederland nog grossiert in aftandse jaren-tachtigbouw, hopen we dat deze proef net als Soldaat van Oranje wegens succes verlengd wordt, al zal het misschien tegen de klippen op zijn.

Detail doorsnede/Section

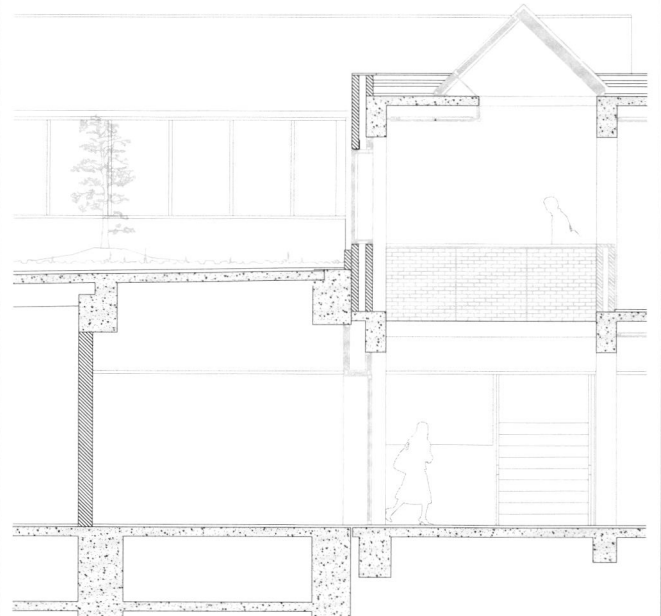

Office Full of Waste

Katwijk

On the late morning when confirmation came through that Donald Trump would become president of the United States for the second time and very likely trash sustainability ideals, we were driving past the *Soldier of Orange* musical en route to look at a less than promising little building on the former Valkenburg air base near The Hague. The Office Full of Waste is a pilot scheme dreamt up by the Central Government Real Estate Agency (RVB for short in Dutch) 'to convince colleagues of the need and possibilities of reuse'. Since the RVB is one of the largest office space owners in the Netherlands, that is not without significance. The former air base office building, better known as Building 356, has a lot of standard cellular offices and reflects the typically nondescript office architecture of the 1980s. Popma and Ter Steege have successfully taken it in hand, using 'waste' to create new, more open workspaces. Circular construction is a giant jigsaw puzzle that requires a lot of collaboration. Here it meant working with 'donor' buildings and ensuring that much of the 'waste' produced by the rebuilding process was reused on site. Elements that were not retained in situ were dismantled, reworked and where possible repurposed as timber ceilings, walls of sawn masonry and concrete light catchers. The reuse of office interior components from the former ABN AMRO head office lends it a distinctive noughties air. Studio Simone Post collaborated on a wonderful new floor covering made out of rejected carpet tiles with tiny production flaws. Popma himself talks of collage architecture and that is exactly what it is. The whole is amazingly fresh and inspiring. Since the Netherlands has dozens of past-their-prime 1980s buildings, we hope that this trial, like Soldier of Orange, will be extended by popular demand, although that might be against the odds.

Civic Architects

Foto's/Photos: **Stijn Bollaert**

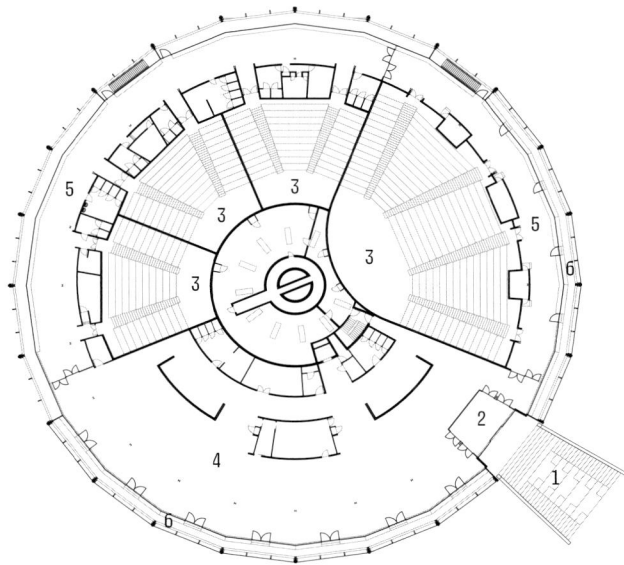

Eerste verdieping/First floor
1 entreetrap/entrance stairs
2 hoofdentree/main entrance
3 collegezalen/lecture theatres
4 restaurant
5 gangzone/corridor zone
6 nieuwe verblijfsplek/new social place

Doorsnede/Section

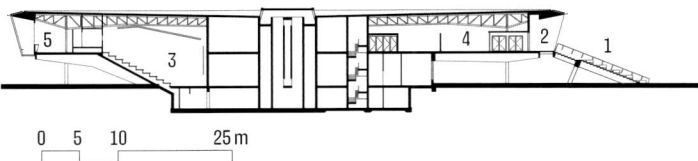

0 5 10   25 m

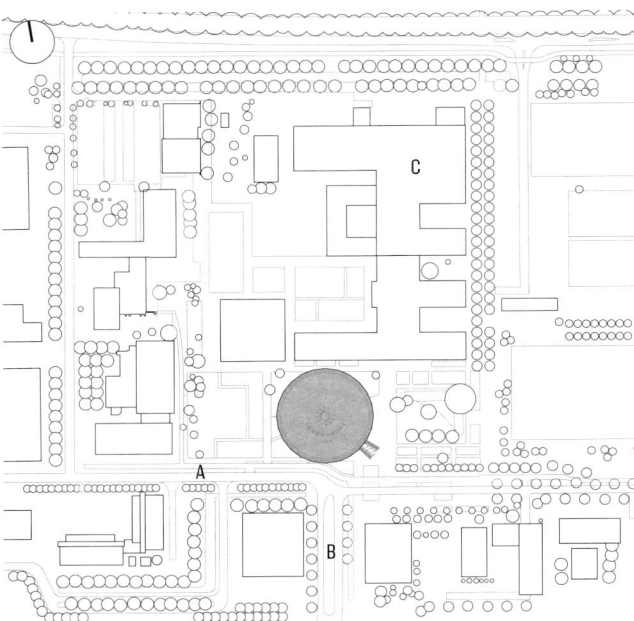

Situatie/Site plan
A Einsteinweg
B Ehrenfestweg
C Leiden Bio Science Park

Gorlaeus Collegezalengebouw
Leiden

Halverwege de twintigste eeuw werden op afstand van het historische stadscentrum van Leiden de laboratoria van Gorlaeus gebouwd. Op dit universiteitsterrein eiste 'de Schotel' (1961-1971), een excentriek gebouw voor de wis- en natuurkunde faculteit naar ontwerp van Drexhage, Sterkenburg, Bodon & Venstra, de aandacht op. Door gewijzigde smaakopvattingen over wat een moderne campus zou moeten zijn stond het gebouw lange tijd op de slooplijst maar functioneert het vandaag de dag juist als *centerpiece* van het Leiden Bio Science Park. De Schotel is het laatste gebouw dat nog uit die periode resteert. De buitenaardse associatie die de verschijningsvorm oproept, wordt daarmee nog manifester.
Civic won de architectenselectie die was uitgeschreven voor de verduurzaming en modernisering van het verouderde gebouw. Op het eerste gezicht lijkt de renovatie weinig om handen te hebben gehad. Het zwaartepunt van de ingrepen ligt op het dak, de huid en entree van het gebouw. Netjes uit het zicht legde Civic het dak helemaal vol met zonnepanelen en voegde vervolgens een tweede gevel van glas aan het gebouw toe waarmee tussen de twee gevels een nieuwe, serre-achtige ruimte ontstond. Door de plaatsing van banken functioneert deze tussenruimte nu als verblijfsplek. Door de glasvlakken naar beneden te richten ontstaat er een verbinding met het leven op het plein in plaats van het oorspronkelijke zicht op de hemel. Ook werd de oriëntatie gewijzigd met een nieuwe, genereuze entreetrap, bedoeld voor doorgang en samenkomst van het publiek – een motief dat we kennen van andere publieke gebouwen van Civic. Doordat het budget opging aan de huid en entree is het interieur, met uitzondering van het restaurant, onaangetast gebleven en heeft men in de uitvoering en detaillering flink moeten besparen. Belangrijker echter is dat de vliegende schotel bewaard is gebleven als karakteristiek centraal collegezalencomplex voor de knapste koppen van Leiden.

Gorlaeus Lecture Hall
Leiden

Midway through the twentieth century, some distance from Leiden's historical city centre, the Gorlaeus laboratories were built. Nicknamed the Schotel (Dish), this eccentric science faculty building (1961-1971) designed by Drexhage, Sterkenburg, Bodon & Venstra, certainly attracted attention on the university campus. But owing to changing views about what constitutes a modern campus, the building was for many years listed for demolition, yet today it is the centrepiece of Leiden Bio Science Park. The Schotel is the last remaining building from that mid-century period, making the extraterrestrial association evoked by its appearance even more evident.
CIVIC won the architect selection to upgrade and modernize the obsolete building. At first sight the renovation doesn't seem to have amounted to much. The focus of the modifications is on the roof, the skin and the entrance to the building. Neatly out of sight, CIVIC covered the roof with solar panels and then surrounded the building with a second glazed facade, generating a conservatory-like space between the two facades. The addition of benches turns it into a social space. By angling the panels of glazing downwards the architects connected the building with life on the square below instead of the original view of the sky. The orientation was altered too, with a new generous entrance stair intended for both circulating and congregating, a motif we are familiar with from other public buildings by CIVIC. Because most of the budget went into the skin and entrance, the interior, with the exception of the restaurant, remained virtually untouched and execution and detailing were subject to stringent cost-cutting. More importantly though, the flying saucer has been preserved as a distinctive main lecture hall complex for Leiden's brightest brains.

Sander van Schaik
i.s.m. Robert-Jan de Kort
Verblijf onder de Radar / Residence under the Radar

KRAFT architecten
Kleine Kapel / Small Chapel

i29 Architects &
NAMO Architecture
Buitenverblijf Nest / Holiday Nest

Korteknie Stuhlmacher
architecten
de Spothut / The Birdwatcher

Space Encounters
Dolmen

JCRARCHITECTEN
Kazemat Koningsweg / Bunker Koningsweg

opZoom architecten bv
Folly de Ooggetuige / Eyewitness Folly

KRAFT architecten
Hooimijt / Haystack

Studio Architectuur MAKEN
Folly BAT

Buitenplaats Koningsweg (9 projecten)
Arnhem

Een voormalig kazerneterrein op de Veluwe is getransformeerd tot Buitenplaats Koningsweg, een sympathiek buurtje waarin gewoond, gewerkt en sinds kort vakantie gevierd kan worden. Het militaire terrein maakte tijdens de Tweede Wereldoorlog deel uit van Fliegerhorst Deelen, een van de belangrijkste luchtverdedigingscentra van de Luftwaffe waar vanuit vijandelijke bommenwerpers van de geallieerden voortijdig uit de lucht werden gehaald. Pakweg 3.000 Duitse militairen waren er in die periode gestationeerd in de bossen. Om vanuit de lucht onherkenbaar te blijven werden de gebouwen ingepakt als boerderijen, ommetseld met bakstenen en de nepramen voorzien van geschilderde gordijnen. Na de bezetting kwam het terrein in handen van Defensie en in 2005 werd het afgestoten als onderdeel van een grotere landelijke operatie waarbij overtollige militaire terreinen en complexen werden leeggemaakt en verkocht.

Binnen deze context ontwierp Buro Harro (samen met ontdekkingsreiziger Hans Jungerius initiatiefnemer van de Buitenplaats) het masterplan, zijn de monumentale gebouwen gerestaureerd en ingericht tot bedrijfsruimte en voegde MVRDV een drietal woongebouwen toe. Sluitstuk van het project is de recente oplevering van elf piepkleine vakantiehuisjes, die voor zover de geluidscontouren toelieten losjes verspreid zijn over het bosrijke terrein. Particuliere opdrachtgevers en ontwerpers werden via een ontwerpwedstrijd gevraagd om, binnen het thema camouflage, een plan te bedenken voor een huisje dat als het ware weg zou vallen in het landschap. Dit alles leverde een aantal snoepige en volstrekt unieke vakantieverblijven op. Het particuliere eigendom van de woningen draagt bij aan de overtuigingskracht en charme. Er is gelukkig geen beursgenoteerde vakantiehuisjesketen die de huisjes van binnen heeft geüniformeerd met hufterproof ameublement en linnengoed. Sterker nog, een aantal van de betrokken architecten besloot de kans de grijpen om het huisje geheel voor eigen gebruik te ontwerpen. En die persoonlijke betrokkenheid zie je eraan af, het zijn stuk voor stuk architectonische parels, geheel op persoonlijke maat gesneden. Zo zijn de huisjes diep verzonken in de grond en overgroeid door landschap of juist verscholen in de kruin van de bomen, alleen toegankelijk via steile smalle wenteltrapjes. Er zijn sculpturen van hout op pootjes, een hooiberg en een vogelhuis, alle met compacte inrichting en spectaculaire uitzichten en ingebouwde ruimte voor insecten, vleermuizen en vogels. Het goede nieuws is dat de huisjes niet alleen voor eigen gebruik zijn, maar ook voor andere natuur- en architectuurliefhebbers te huur.

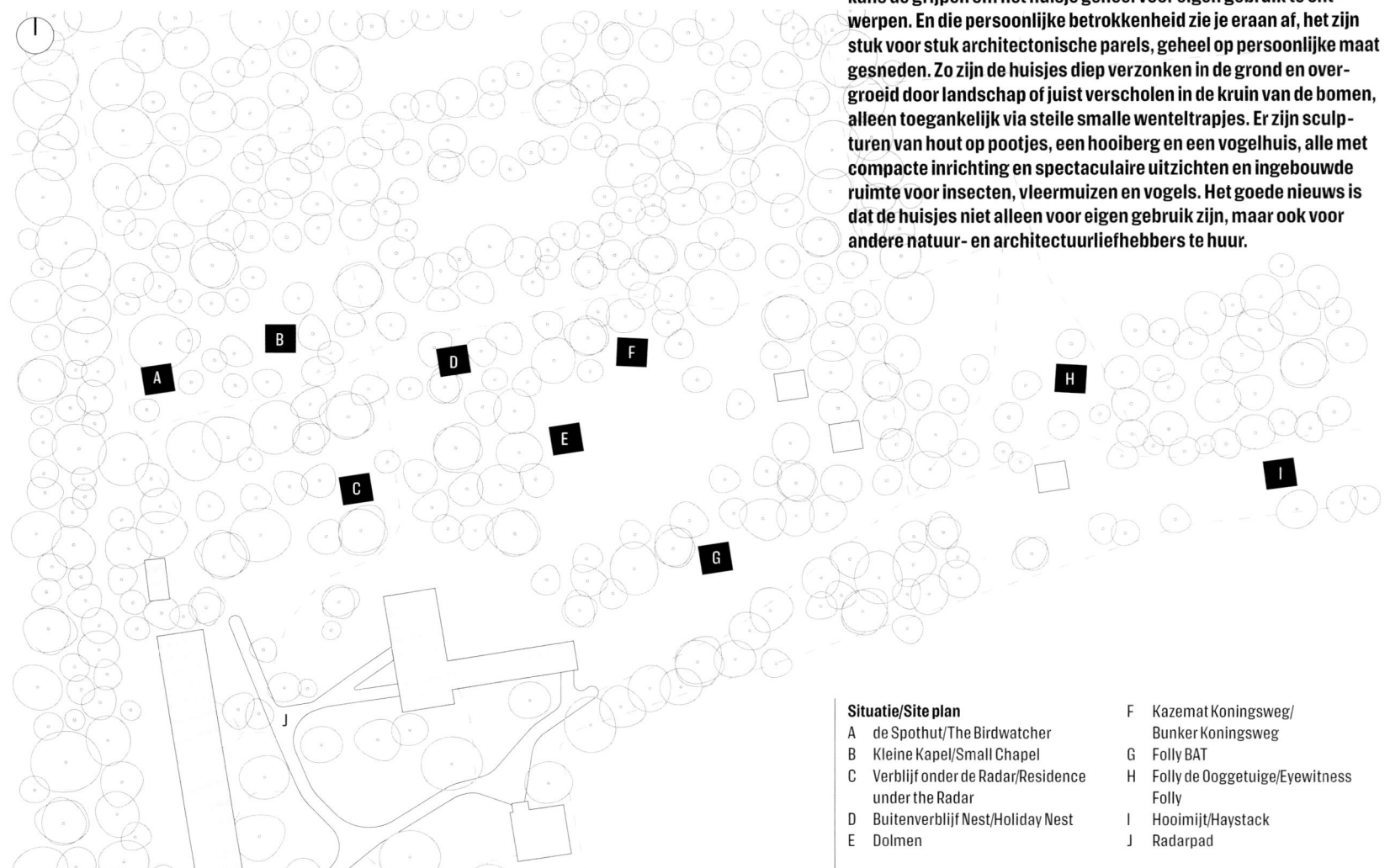

Situatie/Site plan

A	de Spothut/The Birdwatcher	F	Kazemat Koningsweg/ Bunker Koningsweg
B	Kleine Kapel/Small Chapel	G	Folly BAT
C	Verblijf onder de Radar/Residence under the Radar	H	Folly de Ooggetuige/Eyewitness Folly
D	Buitenverblijf Nest/Holiday Nest	I	Hooimijt/Haystack
E	Dolmen	J	Radarpad

Verblijf onder de Radar/
Residence under the Radar
Foto/Photo: **Jeroen Musch**

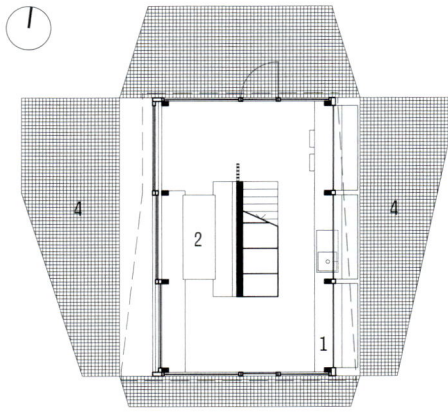

Begane grond, doorsnede/
Ground floor, section

1   keuken/kitchen
2   eet- en woonkamer/dining and
    living room
3   slaapkamer/bedroom
4   terras/terrace

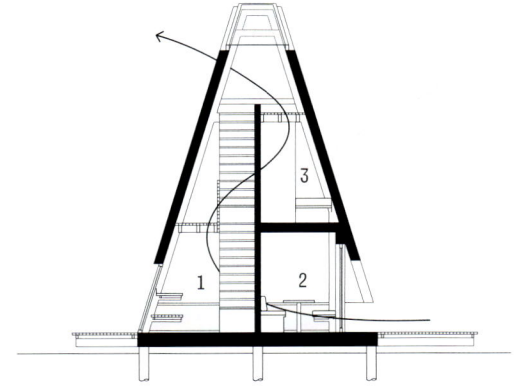

0   1   2   5m

Kleine Kapel/Small Chapel
Foto/Photo: **Jeroen Musch**

Doorsnede, begane grond/
Section, ground floor

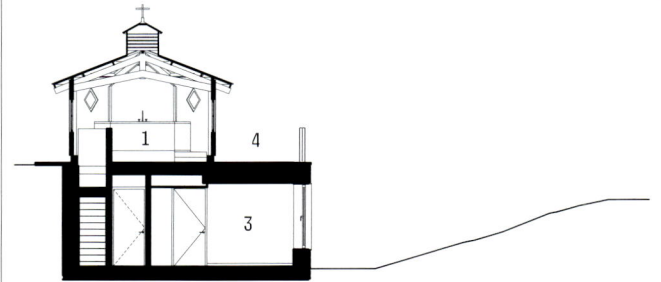

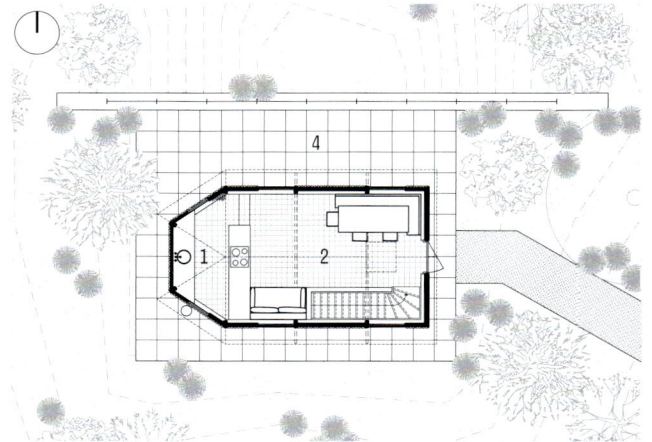

0   1   2   5m

Buitenverblijf Nest/Holiday Nest
Foto/Photo: **i29 Architects &
NAMO Architecture**

**Eerste verdieping, doorsnede/
First floor, section**

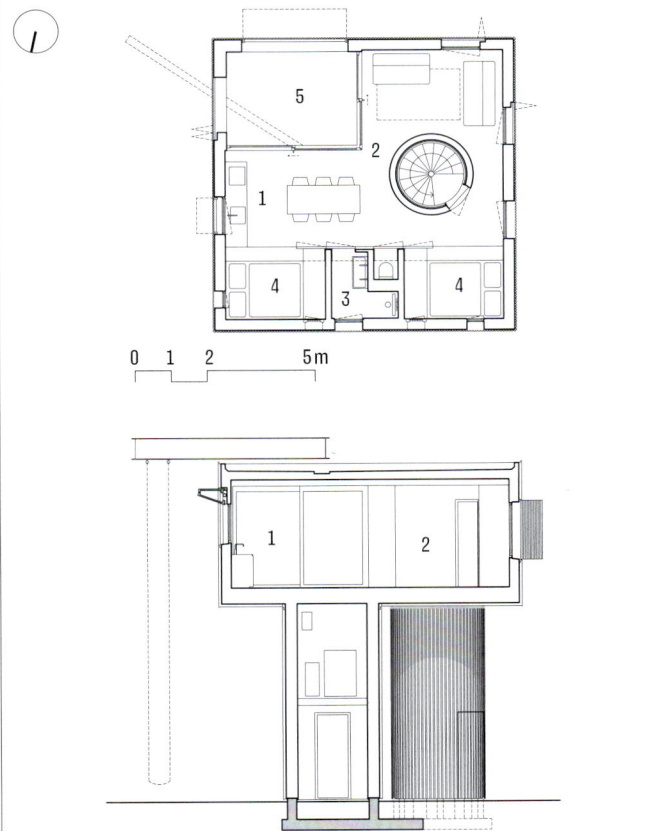

1 keuken/kitchen
2 eet- en woonkamer/dining and
   living room
3 badkamer/bathroom
4 slaapkamer/bedroom
5 terras/terrace

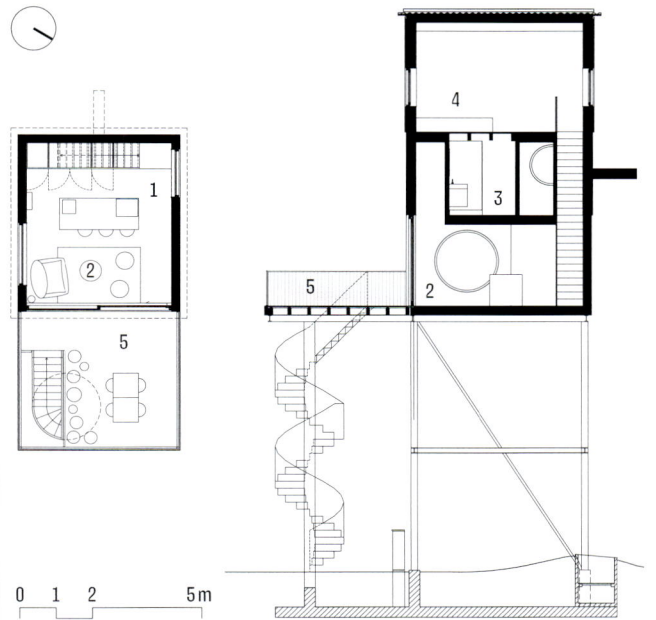

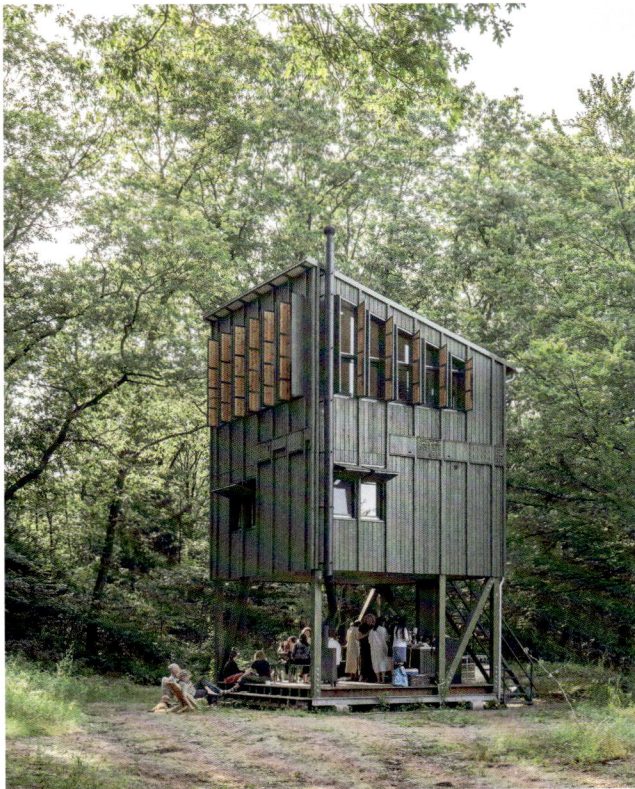

de Spothut/The Birdwatcher
Foto/Photo: **Maurice Tjon a Tham**

**Eerste verdieping, doorsneden/
First floor, sections**

Dolmen
Foto/Photo: **Marcel van der Burg**

**Eerste verdieping, doorsnede/
First floor, section**

Kazemat Koningsweg/
Bunker Koningsweg
Foto/Photo: **Sebastian van Damme**

1 keuken/kitchen
2 eet- en woonkamer/dining and living room
3 badkamer/bathroom
4 slaapkamer/bedroom
5 terras/terrace

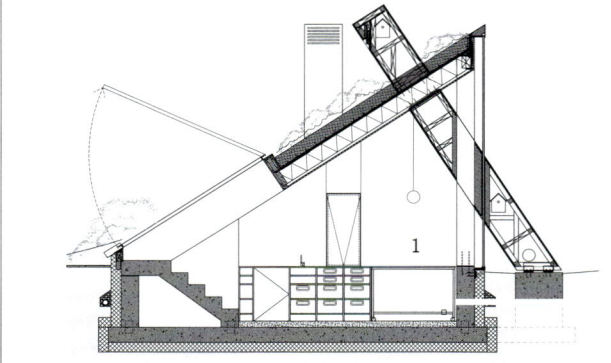

Doorsnede, begane grond/
Section, ground floor

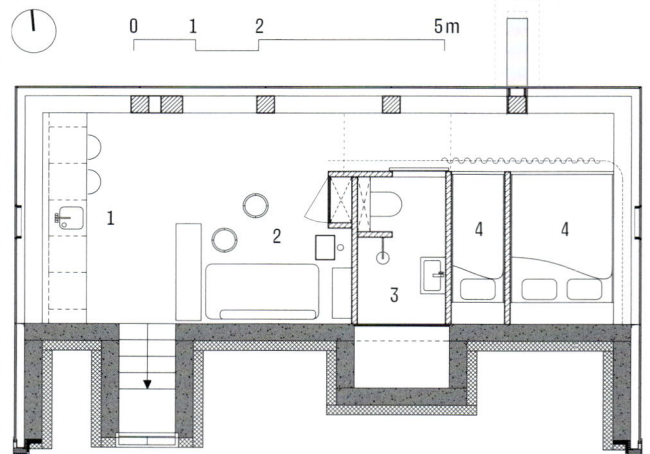

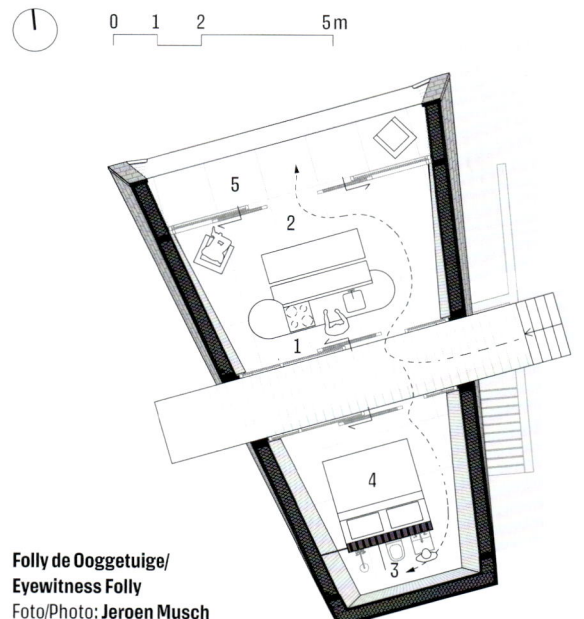

0 1 2   5 m

Doorsnede, begane grond/
Section, ground floor

0 1 2   5 m

Folly de Ooggetuige/
Eyewitness Folly
Foto/Photo: **Jeroen Musch**

Buitenplaats Koningsweg (9 projects)
Arnhem

A former military barracks in the Veluwe has been transformed into Buitenplaats Koningsweg, a sympathetic rural enclave for living, working and now for mini breaks as well. During the Second World War the military site was part of Fliegerhorst Deelen, one of the Luftwaffe's most important air defence centres from where Allied bombers were pre-emptively shot down. Some 3,000 German servicemen were stationed in the surrounding woods. To conceal their presence from the air the buildings were disguised as farmhouses, encased in brick and given fake windows with painted-on curtains. Post-occupation the site was taken over by the Ministry of Defence and in 2005 disposed of as part of a larger nation-wide operation which saw surplus military sites and complexes vacated and sold. It was in this context that Buro Harro designed the master plan to redevelop the site, together with Buitenplaats's initiator, the explorer Hans Jungerius. The heritage buildings were restored and fitted out as business premises and MVRDV added three apartment buildings. The final piece of the project is the recent completion of 11 tiny holiday homes scattered across the heavily wooded site in conformity with noise contours. Private clients and designers participated in a camouflage-themed competition to design a tiny house that would 'merge' with the landscape. The end result was a number of beguiling and wholly unique holiday cabins. The private ownership of the huts adds to their eloquence and charm. Fortunately there is no stock exchange-listed tiny holiday home chain to impose uniformity with vandal-proof furnishings and linen. Even better, some of the architects involved decided to seize the opportunity to design a house for their own use. And that personal involvement is obvious; each one is a made-to-measure architectural pearl. The houses are either deeply embedded in the ground and submerged in the landscape, or hidden in the crowns of the trees and only accessible via steep, narrow spiral staircases. There are wooden sculptures on stilts, a haystack and an aviary, all with compact interiors and spectacular views, as well as inbuilt nests for insects, bats and birds. The good news is that the houses are not just for private use but can be rented by other nature and architecture lovers.

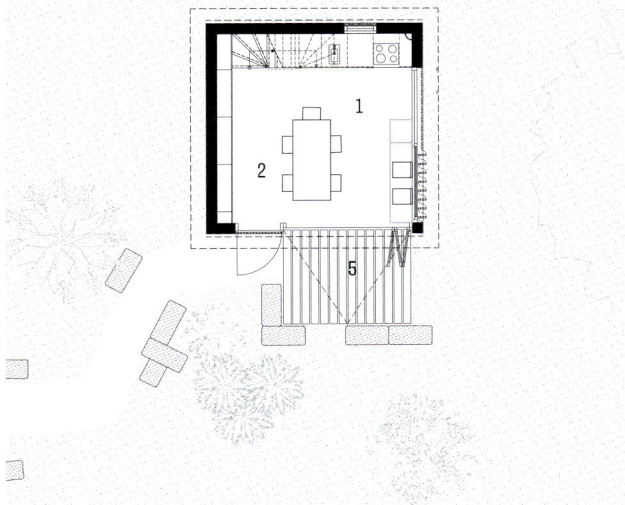

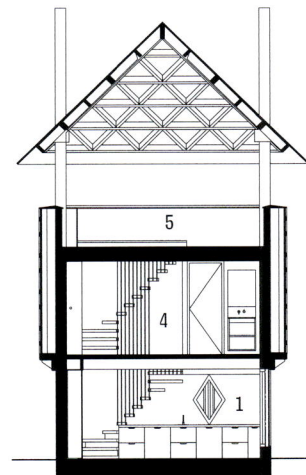

Hooimijt/Haystack
Foto/Photo: **Jeroen Musch**

Begane grond, doorsnede/
Ground floor, section

0   1   2   5 m

Folly BAT
Foto/Photo: **Loes van Duijvendijk**

1   keuken/kitchen
2   eet- en woonkamer/dining and living room
3   badkamer/bathroom
4   slaapkamer/bedroom
5   terras/terrace

Eerste verdieping, doorsnede/
First floor, section

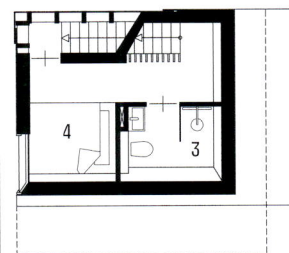

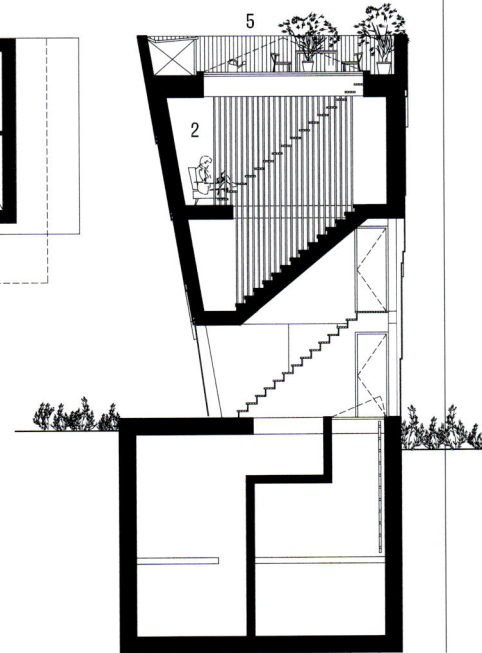

0   1   2   5 m

Zijn we al duurzaam?

En wat zien we daarvan in het Jaarboek 2024-2025?

Are we sustainable yet?

And how is that reflected in the 2024-2025 Yearbook?

Vertical, Sloterdijk kavel N1 + N3, Amsterdam. Ontwerp woongebouwen: NL architects, Studio Donna van Milligen Bielke, Space Encounters en Chris Collaris; ontwerp buitenruimten en beplanting strategie: DS landschapsarchitecten en Dakdokters

Vertical, Sloterdijk plot N1 + N3, Amsterdam. Apartment block design: NL architects, Studio Donna van Milligen Bielke, Space Encounters and Chris Collaris; outdoor spaces and planting design: DS landschapsarchitecten and Dakdokters
Foto/Photo: Marcel van der Burg

De tweejaarlijkse Bouwbeurs in de Utrechtse Jaarbeurshallen bood dit jaar een vijfdaagse optimale bouwervaring met 'de beste bouwdienstverleners, de mooiste innovaties en de nieuwste ontwikkelingen die deze sector zo aantrekkelijk maken'.[1] Gedurende die dagen kon de bouwende gemeenschap zich te goed doen aan de laatste ontwikkelingen in de sector, waar ook duurzaamheid nadrukkelijk zijn plek opeiste. Verschillende paviljoens en stands waren gericht op natuurinclusief en biobased bouwen; er was een hout paviljoen en een paviljoen voor toekomstbestendige bouw, er werd een Sustainability Pledge ondertekend en er werd een prijs voor milieu-impact uitgereikt.

De groeiende hoeveelheid aandacht die sinds een jaar of vijf of zes wordt besteed aan de transitie van traditioneel naar duurzaam bouwen wordt geïllustreerd door de grote hoeveelheid symposia, kennislabs, en beurzen die wordt georganiseerd, artikelen die in vaktijdschriften en landelijke dagbladen verschijnen en podcasts, tv- en radio-uitzendingen die de houtbouwrevolutie adresseren. Duurzame koplopers worden beloond met awards of eervolle posities in de top 50 lijstjes. Architectenbureaus en ontwikkelaars doorstaan ingewikkelde assessments en bemachtigen de felbegeerde status van B-corp, een internationaal keurmerk voor goed ecologisch en sociaal duurzaam gedrag. Vervolgens feliciteert men zichzelf uitgebreid op Linkedin met het behaalde diploma. Een handvol ontwerpbureaus als LEVS, Orga Architecten en VenhoevenCS, legt zich vanuit maatschappelijke plicht toe op het ontwikkelen van rekentools om de CO_2-uitstoot van het eigen werk te berekenen en gaat in publicaties en tentoonstellingen met de billen bloot. Recentelijk opende MVRDV in München de tentoonstelling 'Carbon Confessions' waarin het zijn eigen werk door de lens van milieu-impact bekijkt en zichzelf daarbij niet spaart. Sommigen gaan verder; vaak nemen kleine bureaus in commercieel opzicht risicovolle beslissingen om nog uitsluitend biobased te bouwen, niet langer meer te nieuwbouwen of een eigen ontwikkeltak op te richten om in ruil voor een substantieel lagere winstmarge de duurzame agenda ter hand te kunnen nemen. Nice

Developers, voortkomend uit Mei architecten, ontwikkelt, uit onvrede met de lage duurzaamheidsambities binnen de reguliere ontwikkelpraktijk, met vallen en opstaan uitsluitend groen. Het is een significante vooruitgang en deze pionierende systeem-brekers verdienen alle lof. Ook de laatste zes IABR's stellen, ver vooruitlopend op de grote massa en zeer consequent, de noodzaak tot verduurzaming van onze gebouwde omgeving centraal met thema's als 'Urban by Nature', 'Down to Earth' en 'It's About Time'. De elfde editie 'Nature of Hope', die in 2024 te zien was in de grote zaal van het Nieuwe Instituut, was na sombere jaren heerlijk positief geluimd. De grote zaal toonde een negentigtal projecten waarin architectuur en ontwerp wordt ingezet om het ecologische evenwicht op onze planeet te herstellen. Projecten varieerden van toepassingen met windgedroogde aardestenen tot prikkelende statements als het invoeren van een landelijke ecosysteem-dienstplicht. Het woord 'hoop' moet ook nadrukkelijk geïnterpreteerd worden als werkwoord in reactie op de ecologische crisis, vertelt IABR-directeur Saskia van Stein ons.

Ondanks de tegenkracht die we ervaren in het huidige politieke tijdsgewricht, is de urgentie in de sector voelbaar, ook al heeft de kersverse president van de Verenigde Staten, Donald Trump, zichzelf per direct bij het Parijs-akkoord uitgecheckt en probeert onze eigen regering onder leiding van populisten van de PVV en BBB krampachtig natuurbeschermingsregels te omzeilen.

De oogst van 2024 en een klein beetje 2025

De gebouwen die in het jaar 2024 uit de steigers kwamen of in gebruik werden genomen vertegenwoordigen de gebouwde realiteit en de stolling van de ideeën en technieken die grofweg vijf jaar geleden courant waren. De toch wel positieve ontwikkelingen op het vlak van duurzaamheid roepen de vraag op in hoeverre de ambities ten aanzien van de energietransitie al een plek opeisen in de inzendingen voor de editie 2024-2025. Kunnen we een tussentijdse balans opmaken? De poging om meer infor-

---

This year's outing of the biennial Construction Fair in Utrecht's Jaarbeurs offered a sterling five-day construction experience with 'the best service providers in construction, the finest innovations and the latest developments that make this sector so beautiful'.[1] During those five days the construction community was able to get its fill of the latest developments in the sector, including sustainability, which emphatically made its presence felt. Several pavilions and stands were devoted to nature-inclusive and bio-based construction, there was a timber construction pavilion and another for future-proof construction, a Sustainability Pledge was signed, and an environmental impact prize was awarded.

The growing interest shown in the transition from traditional to sustainable construction in the past five to six years is illustrated by the huge number of symposia, knowledge labs and trade fairs, articles in trade journals and national broadsheets, podcasts, TV and radio programmes, all addressing the timber construction revolution. Sustainable leading lights are fêted with awards or honourable rankings in the top 50 lists. Architectural practices and developers undergo complex assessments to secure the fiercely coveted B corp status, an international seal of approval for outstanding social and environmental performance. They then indulge in fulsome self-congratulation on LinkedIn. A handful of design practices such as LEVS, Orga Architecten and VenhoevenCS, inspired by a sense of civic duty, apply themselves to developing calculation tools to measure the CO_2 emissions of their own work and subsequently reveal all in publications and exhibitions. MVRDV recently held an exhibition in Munich entitled 'Carbon Confessions' in which it viewed its own work through the environmental impact lens and did not spare themselves. Some go even further. Small practices often take commercially risky decisions to restrict themselves to bio-based construction, to renounce new-build or to establish their own development division in order to be able to tackle the sustainable agenda in return for a substantially lower profit margin. Nice Developers, an offshoot of Mei architects, frustrated by the low sustainability ambitions in mainstream development practice,

focuses solely on green development in a process of trial and error. This is a significant step forward and these pioneering system-disruptors deserve full marks for effort. The last six IABRs (International Architecture Biennale Rotterdam) have also argued, well in advance of the multitudes and very consistently, the urgent need to make our built environment radically more sustainable with themed exhibitions like 'Urban by Nature', 'Down to Earth' and 'It's About Time'. After several gloomy years, the eleventh edition, 'Nature of Hope', on show in 2024 in the large gallery of Nieuwe Instituut, was hearteningly positive. On display were some ninety projects in which architecture and design were geared to restoring the ecological balance on planet Earth. Projects ranged from examples of the use of wind-dried compressed earth blocks to provocative proposals such as the introduction of national ecosystem conscription. IABR director Saskia van Stein emphasized that the word 'hope' should be regarded as a verb in relation to the ecologtal crisis.

Despite the pushback we are experiencing in the current geopolitical climate, there is a palpable sense of urgency in the sector, even though one of the first acts of the brand-new president of the United States, Donald J. Trump, was to check out of the Paris Climate Accords and here at home the Dutch government under the leadership of the populist PVV and BBB parties is desperately trying to circumvent nature conservation regulations.

The 2024 crop and a few from 2025

The buildings that emerged from behind the scaffolding or were occupied in 2024 represent the built reality and the solidification of the ideas and technologies that were prevalent roughly five years ago. The positive developments in the field of sustainability raise the question of the extent to which ambitions with respect to the energy transition are reflected in submissions for the 2024-2025 edition. Is it possible to draw up an interim balance? In the previous edition of this Yearbook, the attempt to gather more information on sustainability upgrades failed.[2] Very little general data on sustainable

matie rondom de verduurzaming in kaart te brengen in de vorige editie van het Jaarboek mislukte.[2] Algemene data rondom verduurzaming van onze bouw is via het Centraal Bureau voor de Statistiek nauwelijks voorhanden. Een afgewogen beeld of er al serieuze stappen werden gemaakt, valt nauwelijks te schetsen. De concrete impact van duurzame bouw blijft moeilijk te kwantificeren; er worden verschillende tools en methodes gebruikt met steeds andere indicatoren. Ook de poging om bij de bureaus concrete data te verkrijgen met betrekking tot duurzaamheid en deze te verwerken in een heldere infographic leverde in de vorige editie nog veel lege plekken en vraagtekens op. Daarbij speelt ook de kwestie wat nu eigenlijk duurzaam bouwen is, want wat meet je en hoe lever je vervolgens informatie aan? Kijken we dan naar ontwerpproces, constructie, bouwplaatsinrichting, of de toegepaste materialen circulair en biobased zijn, wat de energieprestatie is, of meten we de uitstoot van gebruikte materialen, hoe flexibel of demontabel een gebouw is, natuurinclusief, klimaatadaptief, enzovoorts. Moest er een gebouw voor gesloopt worden of ondergrondse infrastructuur verplaatst worden? En als er dan significante duurzame keuzes zijn gemaakt, welk label of certificaat wordt er dan toegewezen en door wie? Hoe verhouden de vereiste MPG, EPC, BENG, GPR- en BCI-scores en energielabels A+++ tot G zich tot elkaar en hoe zijn deze gerelateerd aan internationale certificering als WELL, LEED, BREEAM, HQE, DGNB en Parisproof, met verdere onderverdeling in Acceptable, Pass, Good, Very Good, Certified, Bronze, Silver, Gold, Platinum, Excellent, Outstanding? Er is weinig chocola van te maken. Het duurzaam bouwen woordenboek dat door de Dutch Green Building Council[3] beschikbaar wordt gesteld biedt helaas weinig soelaas, maar leidt eerder tot nog veel meer vertwijfeling. De duizelingwekkende hoeveelheid meetmethodes en berekeningen en het gebrek aan centrale leiding belemmert ons om in het Jaarboek op eenvoudige wijze inzichtelijk te maken in hoeverre de transitie in de bouw zich ook aftekent in de projecten die worden geselecteerd. In het gebruikelijke katern met technische gegevens aan het eind van het Jaarboek hebben we geprobeerd de bureaus uit te dagen om de mate van duurzaamheid op te tekenen. Soms lukt dat, vaker niet. We moeten het vaak doen met de woorden en plaatjes uit de inzendingsdocumenten.

Dit jaar lijkt de aandacht voor duurzaamheid manifester ten opzichte van eerdere edities, wanneer we het totaal van ruim 150 inzendingen op hun duurzaamheidsaspecten bestuderen.

Nieuw leven in Schuttersbosch, Eindhoven. Ontwerp: M3H Architecten & Bureau Jochem Heijmans

New life in Schuttersbosch, Eindhoven. Design: M3H Architecten & Bureau Jochem Heijmans Foto/Photo: Marc Reniers

retrofitting of our built fabric is available via Statistics Netherlands making it difficult to sketch an informed picture or to determine whether serious steps have already been taken. The concrete impact of sustainable construction is still proving hard to quantify given that different tools and methods are used, each with different indicators. Attempts to obtain concrete sustainability data from the practices featured in the last edition and to present it in a lucid infographic still yielded a lot of gaps and question marks. And that's quite apart from the question of exactly what sustainable construction is. In other words what are you measuring and how do you then present that information? What should we be looking at: the design process, the construction, the building site, whether the materials used are circular and bio-based, the energy performance? Or should we measure the CO_2 emissions of the materials, how flexible or demountable the building is, nature inclusivity, climate adaptivity and so on and so forth. Did it entail demolishing an existing building or relocating underground infrastructure? And if significant sustainable choices were indeed made, which labels or certificates did it earn and from whom? How do the requisite Dutch MPG, EPC, BENG, GPR and BCI scores and A+++ to G energy labels relate to one another and to international certifications like WELL, LEED, BREEAM, HQE, DGNB and Paris Proof, further broken down into Acceptable, Pass, Good, Very Good, Certified, Bronze, Silver, Gold, Platinum, Excellent, Outstanding? It's all a bit of a dog's dinner. Not only does the sustainable construction lexicon provided by the Dutch Green Building Council[3] offer little solace, it actually leads to still greater despair. The staggering number of measurement methods and calculations and the lack of any central leadership prevents us from providing a straightforward account of the extent to which the transition in the construction sector is also apparent in the projects featured in this Yearbook. For the customary technical details section at the end of the Yearbook we tried to challenge the practices to record the degree of sustainability. Sometimes with success, more often not. We often had to make do with the words and pictures in the submission documents.

If we look at this year's over 150 submissions in terms of their sustainability, it does seem that concern for sustainability is more conspicuous than in previous editions. More than half the submitted projects are traditional new-builds, plus a number of shameless instances of greenwashing where a traditional steel and concrete frame construction is finished with a wafer-thin veneer of wood, fired or (help!) mineral brick slip and token borders of compensatory

Bijna de helft van het aantal ingezonden projecten betreft traditionele nieuwbouwprojecten en een aantal vrij schaamteloze gevallen van greenwashing, waarbij traditionele staal- en betonbouw is afgewerkt met een flinterdunne afwerklaag in hout, gebakken en (help!) minerale steenstrips en plichtmatige randjes compensatiegroen. Ook zien we dat nog (te) vaak bestaande bebouwing wordt afgebroken en vervangen door nieuwe gebouwen – soms traditioneel, soms met ronkende groene certificaten. Net als in vorige edities betreft ruim een kwart van het totaal renovaties van bestaande bebouwing; opnieuw niet alleen de monumenten, maar zeker ook de alledaagse voorraad. Maar het aantal gebouwen met houtbouwconstructies en circulaire en biobased gevelafwerking (20 procent van het totaal) groeit in omvang ten opzichte van de vorige edities. Duidelijk is ook de aandacht voor natuurinclusiviteit en biodiversiteit gezien het aantal nestvoorzieningen dat van het beeld spat, alsook weelderige klimaatadaptieve tuinen die zich rondom, aan en op de gebouwen uitstrekken. Ook zagen we enkele woontorens met rondom groene gevels. Bijvoorbeeld bij Vertical (NL Architects met DS Landschapsarchitecten) in het stadsdeel Sloterdijk, waarbij de Bretten, als onderdeel van de Amsterdamse hoofdgroenstructuur, als een verticaal groen kleed over de gevel doorloopt en de planten aan de gevel met behulp van slimme sensoren worden bewaterd. Een en ander levert een spectaculair beeld op vanuit de woning. De groene gevel communiceert de duurzame ambities over biodiversiteit van ver, maar het bewijs of al die zwaluwen zich ook daadwerkelijk nestelen in die gevels, of het groen het houdt over de tijd hebben we voorlopig nog niet. Desondanks is het een interessante, opgaande trend waar we graag meer van leren. Vergelijkbare projecten zoals het veelbesproken Wonderwoods in Utrecht (nog niet geselecteerd)[4] waarbij de groene gevel het *unique selling point* vormt, laten we daarom nog een jaar doorwortelen om wat verder in de tijd te kunnen bestuderen.

Maar als we eerlijk zijn lijkt het allemaal toch ook wel klein bier. Want hoe positief ook, de houtconstructies die we zagen betreffen over het algemeen hele kleine projecten van particulieren die zich de villa in houtbouw in een bosrijke omgeving kunnen permitteren. We troffen zelden klappers op grote schaal. Mediavaert (Team V, p. 92) en Marga Klompé (Powerhouse Company, p. 148) zijn interessante en belangrijke voorbeelden die het podium verdienen. De houten CPO-woningen van M3H in Schuttersbos Eindhoven en het stadhuis van Renswoude van ZECC zijn bescheiden maar noemenswaardige uitschieters. Maar over het algemeen lijkt de vangst ondanks de goede bedoelingen voorlopig nog marginaal en gefragmenteerd. Het komt overeen met het gevoel dat ons bekroop bij het bezoek aan 'Nature of Hope'. Zo ontzettend feelgood, maar grotendeels ook vooral nog in de start-upfase. Gaan we hier de wereld mee redden? Gaan we niet veel te langzaam?

Levensduur

Duurzaamheid in de hedendaagse architectuur lijkt zich vooralsnog grotendeels te manifesteren in een opeenstapeling van technische oplossingen. Voor de opportunisten binnen de discipline is duurzaamheid vaak een instrument om een vergunning te krijgen, een tender te winnen of financiering zeker te stellen. Met het label op het gebouw en een positief ESG-rapport[5] onder de arm is de bank tevreden, trekt zij onder gunstige voorwaarden de portemonnee en kan men de (inter)nationale vastgoedmarkt op. Nog wat extra PV-panelen en goedmaakgroen op het noorden en de score stijgt van gold naar platinum of van A naar A+++. Hoppa. Ook bij de gemeentelijke tenders en aanbestedingen is het punten schrapen waar het maar kan. Nog een plukje groen hier, nog wat pv en circulair daar en er kan weer afgevinkt worden en zijn de punten binnen. Echt intrinsieke motivatie is, uitzonderingen daar gelaten, als puntje bij paaltje komt, uiteindelijk nog best ver te zoeken. Met de concentratie op het ijverig afvinken van de duurzaamheidsboxjes dreigt iets veel wezenlijkers verder naar de achtergrond te geraken, namelijk het belang van de lange levensduur of bestendigheid van een bouwwerk. Terwijl een lange houd-

greenery. And all too often we still see existing buildings being demolished and replaced by new buildings, sometimes traditional, sometimes flaunting overblown green certificates. As in previous editions, over a quarter of the projects are renovations of existing buildings and again, not just heritage structures, but everyday housing stock as well. But the proportion of timber construction buildings with circular and bio-based facade finishes (20 per cent of the total) has increased compared with previous editions. And it would be hard to miss the interest in nature-inclusivity and biodiversity given the number of nesting boxes, as well as the lush climate-adaptive gardens around, against and on top of buildings. We also saw a few apartment towers with green facades on all sides, such as Vertical (NL Architects with DS Landschapsarchitecten) in the Sloterdijk district, where it seems almost as though nearby De Bretten, part of Amsterdam's main green structure, has swept over the facade like a vertical green carpet, and where the facade plants are watered with the aid of smart sensors. All in all, it makes for a spectacular view from the apartments. The green facade conveys the building's biodiversity credentials for all to see, but whether Amsterdam's swallows will nest in those facades, and whether the greenery will persist over time is yet to be seen. Nevertheless, it's an interesting and growing trend that we are keen to keep tabs on. Which is why we decided to allow several comparable projects, like the much-discussed Wonderwoods in Utrecht (not yet selected)[4] where the green facade is the USP, to mature a bit more and to return to them at a later date.

But if we're perfectly honest, it's all rather small beer. For however positive it may be, the timber constructions we saw were generally small projects for private clients who can afford a timber-built villa in wooded surroundings. Large-scale tours de force were few and far between. Mediavaert (Team V, p. 148) and Marga Klompé (Powerhouse Company, p. 92) are interesting and important examples that deserve a mention. The collectively developed timber dwellings by M3H in Schuttersbos in Eindhoven and the Renswoude town hall by Zecc are modest but noteworthy highlights. But generally speaking, and notwithstanding the good intentions, for the moment the haul seems rather marginal and fragmented. It chimes with the feeling that crept over us when visiting 'Nature of Hope'. So tremendously feel-good, but also largely in the start-up phase. Are we really going to save the world with this? Aren't we moving far too slowly?

Lifespan

To date, sustainability in contemporary architecture seems to have mainly manifested itself in a plethora of technical solutions. For the opportunists in the discipline, sustainability is often a means to obtaining a permit, winning a tender, or securing financing. With a sustainability label on the building and a positive Environmental, Social & Governance (ESG) report[5] in the hand, the bank is satisfied and ready to lend money on favourable conditions, opening the way to the national or international property market. A few extra PV panels and compensatory greenery on the north side and the rating jumps from gold to platinum or from A to A+++. Bingo! Even government tenders involve a lot of feverish scrabbling for points. Another bit of green here, check, a few more solar panels, check, and a bit more circularity, check, and you've reached the magic target. When all's said and done, and apart from a few notable exceptions, genuine intrinsic motivation is sorely lacking. The laser-like focus on diligent sustainability box-ticking threatens to push something much more essential further into the background, namely the importance of the longevity or resilience of a building. Whereas the durability of buildings in terms of structural robustness and cultural significance is every bit as important when it comes to sustainability. 'It's a balancing act,' according to TeamV's Do Janne Vermeulen. 'Mediavaert is a hybrid timber construction, but the elevation is finished with, albeit demountable, ceramic panels, because they will age beautifully over time. This is a different type of sustainability that is more difficult to express in figures. The urge to quantify is strong in the construction sector.'

If the lifespan of a building or a material were also to be taken

Atelier PRO & Vakwerk Architecten, Universitair Centrum Psychiatrie/University Psychiatric Centre UMCG, Groningen. Foto/Photo: Eva Bloem

BDG Architecten, Esdal College, Borger. Foto/Photo: Walter Frisart FOTOwerk

Buro NØRD Architectuur, In den Argus, Santpoort Noord. Foto/Photo: David de Jong

DAT architecten, Staring College, Borculo. Foto/Photo: Ronald Auée

DAAD Architecten BV, Biobased woning/dwelling, Aalden. Foto/Photo: Henk Koster

EVA architecten, Omega, Hendrik-Ido-Ambacht. Foto/Photo: Sebastian van Damme

architecten|en|en, Buitenstebinnen, Breugel. Foto/Photo: BASE Photography

Denkkamer architectuur, Bosvilla Vliegberg, Boekel. Foto/Photo: Stijn Poelstra

Paul Hoppe Architect, Hatch Tech HQ, De Klomp. Foto/Photo: Philip Driessen

i29 Architects, Câpsula Soft Lodge, Diepenheim. Foto/Photo: Ewout Huibers

M3H Architecten & Bureau Jochem Heijmans, Nieuw leven/New life in Schuttersbosch, Eindhoven. Foto/Photo: Jeroen Musch

Architecten aan de Maas, Kindcentrum/Elementary school Voordeldonk, Asten. Foto/Photo: Laurent Stevens Photograhpy

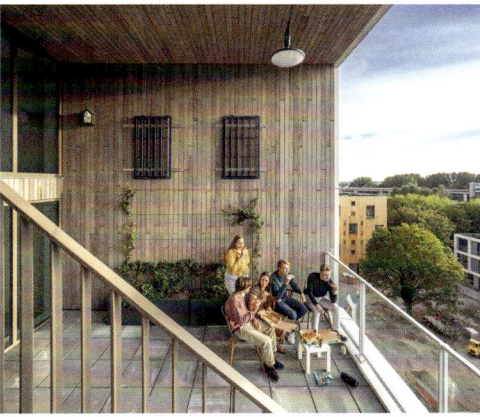

Moke Architecten Ludo Grooteman, Bajeskwartier kavel/plot A, Amsterdam. Foto/Photo: Thijs Wolzak

Moke Architecten Gianni Cito i.s.m/with La4sale, Woonhuis/House, Muiden. Foto/Photo: Thijs Wolzak

Earthbound & Namelok, Boomgaardhuis/Orchard House , Heemstede. Foto/Photo: MWA Hart Nibbrig

NEXT architects, Uitkijktoren/Viewing tower Einderheide, Riethoven. Foto/Photo: Karl Banski

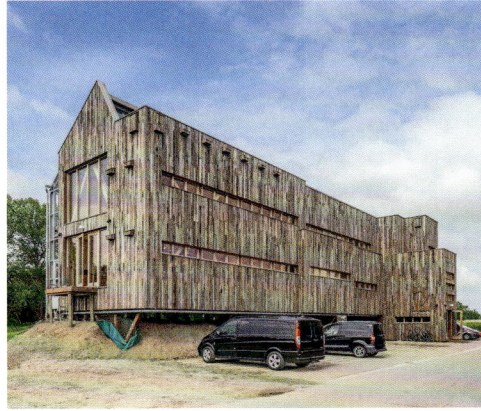

RO&AD Architecten, Energiehuis/Energy house Deltawind, Oude Tonge. Foto/Photo: John Lewis Marshall

Marlies Rohmer Architecture & Urbanism, Maggie's Center, Groningen. Foto/Photo: Ronald Zijlstra

Bureau Rowin Petersma, Verbouwing Basisschool De Horizon locatie Brenner/Elementary school renovation, Amsterdam. Foto/Photo: Kees Hummel

De Unie Architecten, EnergieHub050, Groningen. Foto/Photo: Egbert de Boer

Unknown Architects, Villa Voorwerf, Zunderdorp. Foto/Photo: MWA Hart Nibbrig

VLOT architecten, Tijdelijke huisvesting & circulaire huiskamer/Temporary housing & circular living room, Haarlem. Foto/Photo: Anna Odulinska

Architectenbureau Gijs de Waal, Kastan, Hoofddorp. Foto/Photo: Kees van der Veer

Ziegler Branderhorst, Entreepaviljoen/Entrance pavilion Waterloopbos, Marknesse. Foto/Photo: René de Wit

baarheid van gebouwen, qua robuustheid en culturele betekenis, minstens zo belangrijk is als het aankomt op duurzaamheid. 'Het is een balanceeract', stelt Do Janne Vermeulen van Team V. 'Mediavaert is uitgevoerd in hybride houtbouw, maar de gevel is afgewerkt met, weliswaar demontabele, keramische platen omdat deze over de tijd heel mooi verouderen. Dit is een andere vorm van duurzaamheid die lastiger in getal te vatten is. De wil om te kwantificeren is groot in de bouwsector.'

Wanneer levensduur van een gebouw of een materiaal eveneens wordt afgewogen in de verduurzamingsopgave gaan argumenten die nu minder aan bod komen een veel belangrijkere rol spelen. Argumenten waar regelgeving en de 'businesscase' weinig tot geen ruimte aan biedt. De meest duurzame keuze die men kan maken, het kan niet vaak genoeg herhaald worden, is natuurlijk om niet af te breken wat er al staat. Gewoon. Niet. Doen. Een en ander wordt nog eens haarfijn uitgelegd door Mevrouw Meijer, langdurig pleitbezorger van behoud en renovatie van schoolgebouwen. In haar in maart 2025 gepubliceerde essay 'Beter dan sloop' wordt aan de hand van een doorrekening (rekenmethode EcoQuaestor) van achttien nationale en internationale casussen eens en voor altijd afgerekend met de argumenten dat nieuwbouw, ook niet als die van hout is, duurzamer is dan renovatie, en wordt bovendien aangetoond dat renovatie financieel gunstiger is: 'De uitslag: de CO_2-uitstoot is bij renovatie 20% tot 50% lager dan bij nieuwbouw en de bouwkosten zijn 10% tot 30% lager. Het duel heeft een afgetekende winnaar: renovatie is significant gunstiger dan gelijkwaardige nieuwbouw.'[6] Voor wie nog niet overtuigd is: ook een toonaangevende, vroege Amerikaanse studie van de Preservation Green Lab, waarin de Life Cycle Analysis (LCA) methodologie wordt ingezet om de milieu-impact van hergebruik en renovatie ten opzichte van nieuwbouw te vergelijken over een termijn van 75 jaar, toonde eveneens aan dat hergebruik van gebouwen bijna altijd minder milieu-impact heeft dan nieuwbouw, hoe duurzaam dit nieuwe gebouw ook is. '...even if it is assumed that a new building will operate at 30-percent greater efficiency than an existing building, it can take between 10 and 80 years for a new, energy efficient building to overcome the climate change impacts that were created during construction.'[7]

Als men vervolgens dan toch kiest voor nieuwbouw zal dat wat ervoor terug gebouwd wordt op zijn minst 200 jaar mee moeten kunnen gaan in plaats van de magere 30 tot 50 jaar die doorgaans, ingegeven door fiscale afschrijving van producten en gebouwen, als termijn wordt gehanteerd. We weten dat het kan; uit een wat ouder onderzoek van TU Delft/OTB blijkt dat de gemiddelde 'overlevingskans' van woningen minimaal 75 jaar is en deze onder de juiste condities (bouwtechnische kwaliteit, identiteit en grootte) een levensduur van ruim 200 jaar kunnen halen.[8] Oud-TU Delft-hoogleraar Woningverbetering en Woningbeheer André Thomsen gaat verder en stelt dat een woning maar liefst 400 jaar mee zal moeten kunnen.[9] De vraag is of de nieuwe hernieuwbare, vaak lichte bouwmaterialen hier voldoende in kunnen voorzien. Zijn die robuust en bestendig genoeg om de tand des tijds te doorstaan? Steeds vaker zien we de toepassing van de minerale steenstrip als gevelbekleding opduiken bij duurzame nieuwbouw en renovatie. Gevels worden voorzien van dit 4 mm dunne behang met baksteenprint, doorgaans bij elkaar gehouden door kunstharshoudende bindmiddelen als epoxy en polyurethaan. De minerale strip vraagt weliswaar minder energie in productie en transport en is lekker dun, licht, wendbaar en fijn te prefabben maar daar tegenover staat een droevige, door de fabrikant gegarandeerde houdbaarheidstermijn van 10 jaar. Woningcorporaties en particuliere VvE's zijn druk doende om de karakteristieke portiekflats van onze wederopbouwwijken met dit goedkope, toxische materiaal in te pakken. Met de Zeer Energiezuinig (ZEP-subsidieregeling) biedt de overheid de mogelijkheid de hele bestaande thermische schil van een gebouw in een keer aan te pakken, inclusief vloeren, dak, kozijnen, glas en deuren.[10] Verouderde houten en stalen kozijnen worden even makkelijk vervangen door onderhoudsarme kunststof exemplaren. In de zin van levensduur spreken we dan echter over een houdbaarheidstermijn van 30 jaar tegenover een

into account in the sustainability stakes, arguments that scarcely get a look-in now would weigh more heavily. Arguments for which there is little scope in regulations and the 'business case'. Obviously, the most sustainable decision one can make – and it cannot be repeated too often – is not to demolish what is already there. Just. Don't. Do. It. All of which has been explained in great detail by the Mevrouw Meijer foundation, longtime advocate of the preservation and renovation of school buildings. In their March 2025 essay 'Better than Demolition', based on a recalculation (EcoQuaestor method) of eighteen national and international cases, they not only finally put paid to the argument that new-build, even when in wood, is more sustainable than renovation, but also demonstrate that renovation is more financially advantageous: 'The verdict: the CO_2 emissions from renovation are 20% to 50% lower than from new-build, and construction costs are 10% to 30% lower. The duel has a clear winner: renovation is significantly more advantageous than equivalent new-build.'[6] For anyone who still needs convincing: an authoritative, early American study by the Preservation Green Lab, which used the Life Cycle Analysis (LCA) methodology to compare the environmental impact of reuse and renovation with that of new-build over a 75-year period, also demonstrated that reuse of buildings nearly always has a lower environmental impact than new-build, however sustainable that new building may be: 'Significantly, even if it is assumed that a new building will operate at 30-percent greater efficiency than an existing building, it can take between 10 and 80 years for a new, energy efficient building to overcome the climate change impacts that were created during construction.'[7]

If the choice nevertheless falls on new-build, that new building will need to be able to survive for at least 200 years rather than the measly 30 to 50 year period, based on tax write-offs for products and buildings, that is normally applied. We know it's possible. A somewhat older study by TU Delft/OTB revealed that dwellings have an average 'life expectancy' of at least 75 years and under the right conditions (structural soundness, character and size) can easily achieve a lifespan of 200 years.[8] Former TU Delft Professor of Housing Improvement and Housing Management, André Thomsen, goes even further, proposing that dwellings will in future need to last at least 400 years.[9] The question is whether the latest renewable, often lightweight, building materials are up to this challenge. Are they sufficiently robust and resilient to withstand the ravages of a very long time? We are currently seeing an increasing use of mineral brick slips as facade cladding in sustainable new-build and renovation. Elevations are covered with this 4 mm-thin wallpaper with a brick print, usually held together by synthetic resin binders like epoxy and polyurethane. While mineral slips use less energy in production and transport and are conveniently thin, light, flexible and easy to prefabricate, this is outweighed by a deplorable 10-year lifetime guarantee from the manufacturer. Housing associations and private Owners Corporations are even now busy covering the distinctive walk-up flats of the post-war reconstruction period with this cheap, toxic material. The government's ZEP (highly energy-efficient) subsidies enable them to tackle the entire existing thermal shell of a building in one go, including floors, roof, frames, glazing and doors.[10] Outdated wooden and steel frames are equally easily replaced by low-maintenance plastic ones. In terms of lifespan we're talking here of 30 years compared with 100 years for steel or wood. On top of which, these materials, unlike plastic, can be repaired. The wholesale insulation package does deliver substantially higher EPC ratings and that is gratifyingly reflected (for as long as the materials last) in the monthly energy bill. And yet it rankles.

However you spin it, from the perspective of long-term sustainability wrapping an entire building complex in a short-lived plastic jacket is highly questionable. Logic is once again sadly lacking, for surely it is much better for a building's energy performance if you only insulate where necessary and leave the rest alone? A living room requires a different level of comfort and naturally uses more energy than a utility room or storage space. This approach may not deliver a 100 per cent sustainability rating, but a targeted intervention using less material can certainly score a more than adequate 80 per cent. In the case of renovation in particular, the building

termijn van 100 jaar in geval van staal of hout. Bovendien laten deze materialen in tegenstelling tot kunststoffen exemplaren latere reparaties toe. Met de totale isolatie verbetert de EPC wel substantieel en dat tekent zich (voor zo lang als de materialen het houden) prettig af op de maandelijkse energienota. Toch knaagt het.

Vanuit de optiek van langdurige duurzaamheid kun je uberhaupt vraagtekens zetten bij het inpakken van complete gebouwcomplexen met een plastic jas met beperkte houdbaarheid. Ook hier lijkt de logica ver weg want is het voor de energieprestatie niet veel efficiënter als je alleen isoleert wat nodig is en met rust laat wat niet? Een woonkamer vraagt om een ander soort comfort en verbruikt vanzelfsprekend meer energie dan de bijkeuken of bergruimte. Dit uitgangspunt levert wellicht geen 100 procent duurzaamheidsscore op de teller op, maar met een gerichte ingreep en minder materiaal kan er wel een score van een serieuze 80 procent gehaald worden. Zeker als het gaat om renovatie blijft het gebouw met zijn oorspronkelijke gevel er ook nog eens authen-

Gemeentehuis, Renswoude
Ontwerp: Zecc Architecten

Town hall, Renswoude
Design: Zecc Architecten
Foto/Photo: Stijn Poelstra

tiek uitzien. In dit Jaarboek selecteerden we een aantal sprekende projecten waarbij gekozen is voor een vergelijkbare selectieve, maar doeltreffende vorm van verduurzaming. De gerenoveerde basisschool van Studio Nauta in Dordrecht (p. 80) is heel gericht geïsoleerd, hoofdzakelijk ter plekke van de klaslokalen waar de kinderen onderwijs krijgen en dus lange tijd verblijven. De stalen kozijnen zijn bovendien gehandhaafd en de robuuste wederopbouw uitstraling is daarmee bewaard gebleven. In ruil daarvoor accepteert men de mogelijke condensvorming die je op vochtige dagen aan de ramen ziet. 'Doekje er over heen en het is weg' aldus Jan Nauta. Voor het negentiende-eeuwse Pakhuis Santos (WDJ Architecten, p. 50) in Rotterdam geldt hetzelfde. Ook daar is uitsluitend geïsoleerd waar nodig met behoud van oorspronkelijke lookand-feel. Bij Republica (MKA, p. 156) in Amsterdam-Noord is het trappenhuis, omwille van financiële redenen, buiten het woongebouw geplaatst. Daardoor functioneert deze als buitenruimte en is niet verwarmd. Daar zit wat in, want wie doet er nu echt al zijn jas uit bij het betreden van het gebouw? De renovatie-ingreep bij de Leidse Schotel van CIVIC (p. 120) is even probaat; met het toevoegen van een tweede gevel ontstaat er een energiebuffer en een nieuwe gebruiksruimte.

Ook zien we in de projecten, zeker als we architecten tijdens het bezoek bevragen over duurzaamheid, een sterke afhankelijkheid van installaties. De peperdure installaties bepalen doorgaans de duurzaamheid van een gebouw. Het stabiele comfort van het binnenklimaat staat voorop. Ramen van bezochte kantoorgebouwen zoals Booking.com (UN Studio, p. 152), Philips Headquarters (V8 Architects, p. 96) en het nieuwe kantoor voor de rijksdienst RIVM (Van Wageningen Architecten, p. 144) mogen daarom beslist niet open. Het eerder genoemde Vertical wordt weliswaar bekroond met een ontsierend PowerNEST ('de zonneen windenergie-opwekkende kroon op uw gebouw'), maar daar kunnen de ramen gelukkig wel open en mogen de bewoners de wisselingen van de seizoenen nog echt ervaren.

Over het algemeen geldt dat de installaties driedubbel worden

retains its original facade and with that its authenticity. For this yearbook we selected a number of striking projects involving a similar selective, effective form of sustainable retrofitting. The Dordrecht primary school renovated by Studio Nauta (p. 80) was very specifically insulated, mainly in the classrooms where children are taught and hence spend a lot of time. Moreover, the steel window frames were retained, thereby preserving the distinctive, robust post-war reconstruction appearance. In exchange, the users accepted condensation on the windows in damp weather. 'A quick wipe and it's gone,' says Jan Nauta. Another case in point is the nineteenth-century Pakhuis Santos (WDJ Architecten, p. 50) in Rotterdam. There, too, the architects only insulated the building where necessary, thereby retaining the original look and feel. In Republica (MKA, p. 156) in Amsterdam-Noord, financial considerations led to the staircase being placed on the outside of the apart-

ment building where it now functions as outdoor space and is consequently not heated. There's something to that, for who takes their coat off immediately upon entering a building? The renovation intervention in CIVIC's Dish in Leiden (p. 120) is equally effective; here the addition of a second facade generated an energy buffer and a new usable space.

What we also noticed in the projects was a strong reliance on building services, and this was certainly apparent when we quizzed architects about sustainability during our visit. Enormously expensive building services generally determine a building's sustainability, with a constant level of indoor climate comfort a top priority. For that reason, the windows of three of the buildings we visited, Booking.com (UN Studio, p. 152), Philips Headquarters (V8 Architects, p. 96) and the new RIVM government agency building (Van Wageningen Architecten, p. 144) must on no account be opened. The previously mentioned Vertical may be topped by an unsightly PowerNEST ('the solar and wind energy generating crown on your building'), but at least its windows can be opened and residents can still truly experience the changing seasons.

As a general rule building services are triple checked and certified by an army of consultants who play an increasingly dominant role in the design process and are deeply entrenched in the construction industry lobby. The building regulations decree that no permit may be issued in the absence of building services. Passive and low-tech construction do not conform to the BENG regulations, which require the use of heat pumps and ventilation systems.[11] Because of this legally imposed dependence, building services use up a substantial portion of the building budget and designers' commonsense is effectively stifled. And twenty years down the track that building service technology will be outdated or someone will pull the whole lot out and replace it because it's easier and pays better or because a broken component is no longer being made.

During our visits to the buildings there was seldom any talk of the future value of the structure and consequently of a building's floor plans, even though flexibility is one of the simplest means of

doorgerekend en gegarandeerd door een leger adviseurs dat een steeds dominantere rol opeist in het ontwerpproces en zich diep heeft genesteld in de bouwlobby. Het bouwbesluit schrijft voor dat er zonder installaties geen vergunning afgegeven kan worden. Passief en low-tech bouwen voldoet niet aan de voorschriften van BENG die het gebruik van warmtepompen en ventilatiesystemen vereist.[11] Deze door de wet voorgeschreven afhankelijkheid maakt dat installaties een substantieel deel van het bouwbudget op-souperen en het boerenverstand van ontwerpers effectief wordt uitgeschakeld. En over twintig jaar is de installatietechniek weer verouderd of is er iemand die de hele boel eruit trekt, omdat het makkelijker is, beter verdient of een kapot onderdeeltje niet meer gemaakt wordt.

Ook wordt er tijdens diezelfde redactiebezoeken aan de gebouwen maar zelden gesproken over de toekomstwaarde van de constructie en daarmee de plattegronden van het gebouw, terwijl flexibiliteit een van de meest eenvoudige instrumenten is om een lange levensduur en daarmee duurzaamheid van een bouwwerk te garanderen. Mee-ontworpen flexibiliteit en herbruikbaarheid van een gebouw en materialen wordt gezien als dure investering die, zeker op de korte termijn, niet terug te verdienen valt. De echte verdienste, en daarmee de overlevingskracht van een bouw-werk, toont zich pas op de lange termijn als de samenleving een ander gebruik wenst. Men werpt zich vooralsnog niet op om de hoge rekening voor de lange termijn en dus voorbij de eigen boek-houding op zich te nemen. Een flexibele plattegrond vergt immers een zwaardere, dus duurdere, constructie om een toekomstig maar nog onbepaald gebruik toe te kunnen staan. De kleine woningen van Volante (Monadnock, p. 100), hoe oogstrelend ook, hebben in dat opzicht beperkte toekomstwaarde want zijn alleen maar geschikt voor alleenstaanden of stelletjes. Andere manieren van wonen laat de zo efficiënt mogelijk uitgevoerde constructie niet toe. De opdrachtgever zag er, net zoals vele andere, de noodzaak niet van in. Ook Booking.com met het BREEAM-NL Excellent predicaat heeft in gebruiksopzicht een bescheiden waarde. De

open, flexibele werkomgeving met talloze knusse hoekjes voor koffie en andere vormen van ontmoeting rondom het majestueuze, maar qua bruikbare vierkante meters inefficiënte, atrium komt voort uit een hedendaags kantoorconcept dat over een jaar of twintig mogelijk weer voorbij de houdbaarheidsdatum is.

Tot slot

Het is boeiend wat de editie 2024-2025 latere generaties ontwerpers en onderzoekers zal leren wanneer deze het Jaarboek over pakweg zestig jaar doorbladeren. Zal men grinniken over de kinderlijke naïviteit waarmee we destijds dachten de wereld te redden, of is de stemming grimmiger, schudt men diep teleurgesteld het hoofd over de ongekende ecocide die willens en wetens werd gepleegd? Zal de bouw tot in zijn diepste kern zijn veranderd; is de beton- en baksteenindustrie tot stilstand gekomen en hout, bamboe, hennep en stro het devies? Zijn de boerenakkers met massavee-teelt en monocultuurgewassen veranderd in uitgestrekte land-schappen met productiebossen en wuivende hennep?

Het is in elk geval kraakhelder dat we vandaag de dag te maken hebben met een alarmerend groot en centraal probleem waar niemand heel specifiek over gaat, op stuurt of organiseert, waar-door we met zijn allen in een zompig moeras blijven steken. Het is ook duidelijk dat we op het moment van schrijven op dit vlak niet veel van het Rijk hoeven te verwachten. De noodzaak en morele plicht ligt des te meer bij de 'sector' om deze koe bij de horens te vatten. De bevraging van de geleverde duurzaamheidsinspanningen in de projecten die we bestudeerden en in de praktijk voorbij zien komen moet beslist niet begrepen worden als een cynisch plei-dooi vanaf de zijlijn tegen technologische innovatie, duurzaam-heidsregels, subsidies en certificering. Het instrument van wetten, regels en labels kan met de ecologische crisis niet hard genoeg ingezet worden, en het moeras waar we in wegzakken mag ook geen enkel argument vormen om dan maar af te zien van duurzame ingrepen. Ook het haast maken met het op grote schaal toepassen

guaranteeing the long lifespan and hence sustainability of a structure. Designed flexibility and recyclability of a building and materials is regarded as an expensive investment that is impossible to recoup, certainly not in the short term. The true merit, and thus the staying power of a building only reveals itself in the long term when society wants to change its use. For the moment no one is offering to pick up the hefty tab for a period that extends way beyond the span of their own bookkeeping. A flexible floor plan requires a heavier, thus more expensive, construction capable of supporting a future, as yet undetermined, use. In that respect, the small Volante dwellings (Monadnock, p. 100), however pleasing to the eye, have a limited future value because they are only suitable for singles and couples. The super-efficient construction allows for no other living arrangements. The client, like many others, didn't see the need for that. Even Booking.com, with its BREEAM-NL Excellent designation has a modest value in terms of future use. The open, flexible work environment, with numerous cosy corners for coffee and other forms of socializing around the majestic, but in terms of usable square metres inefficient, atrium is the product of a present-day office concept that twenty or so years from now may be past its use-by date.

In conclusion

It is fascinating to speculate what future generations of designers and researchers will learn from leafing through this 2024-2025 edition of the Yearbook some sixty years from now. Will they laugh at our childish naivety in thinking we could save the world, or will the mood be grimmer, will they shake their heads in profound disappointment at the unprecedented, wilful ecocide? Will construction have changed fundamentally? Will the concrete and brick industry have ground to a halt leaving timber, bamboo, hemp and straw in the ascendant? Will the hectares devoted to factory farming and mono-culture crops have been replaced by rolling landscapes of production forests and swaying hemp?

One thing is crystal clear: we are currently dealing with an alarmingly large and key issue that is not being specifically addressed, managed or organized by any one body, leaving us all mired in uncertainty. It is equally clear that at the time of writing we should not expect much action from the State on this issue. The necessity and moral obligation to seize this bull by the horns consequently rests all the more with the 'sector'. Our questioning of the sustain-ability feats in the projects we have studied for the Yearbook and encounter in daily practice must in no way be seen as a peevish sidelines rejection of technological innovation, sustainability regulations, subsidies and certification. Given the ecological crisis, the instruments of laws, regulations and labels must be strenuously brought to bear, and the morass in which we all find ourselves must not be used as an argument for abandoning sustainable inter-ventions. The widespread application of renewable materials is another absolute must and the aforementioned system-disrupting pioneers, who intrepidly stick their head above the parapet, deserve wholehearted encouragement. This essay should first and foremost be seen as a call to not take leave of our common sense in the pursuit of sustainability. A sustainability free of competitive chest thumping and involving honest conversations about revenue models for the entire construction industry. The symbiotic relationship between design, the long term and technology that existed in the past is being driven apart and consigned to the background. There also needs to be greater recognition of the futility of the time-consuming, sometimes frankly hilarious, but also deeply depressing, tender-winning box-ticking sustainability that was also evident in the projects we studied and visited. Nowhere is it wholly convincing and we must do better, bigger and more in the near future.

Until that time, by way of encouragement, an aide-memoire in the lead-up to the next design or next development: keep it simple and invest in time. That is to say: don't demolish, renovate. Make buildings for 'forever' and as flexible as possible for diverse uses. Don't be dependent on technology and building services, heat and insulate only where necessary. Let a tree grow in the open ground

van hernieuwbare materialen is een absolute must en de eerdergenoemde systeemdoorbrekende pioniers, die moedig hun nek uitsteken, verdienen uitbundige aanmoediging. Dit artikel moet eerder gezien worden als een oproep om waar mogelijk het gezonde verstand niet te verliezen in het streven naar duurzaamheid. Een duurzaamheid zonder borstklopperij, met eerlijke gesprekken over verdienmodellen van de gehele bouwkolom. De symbiotische relatie tussen ontwerp, lange termijn en techniek, die we kennen uit het verleden, wordt uit elkaar gespeeld en naar de achtergrond gedreven. Het vraagt ook om bewustwording van de tijdrovende en soms ronduit hilarische, maar tegelijkertijd oh zo droevige afvinkduurzaamheid die de sector bezighoudt op weg naar de tenderwinst en die we ook terugzien in de projecten die we bestudeerden en bezochten. Nergens overtuigt het echt volledig en een en ander moet in de nabije toekomst echt beter, groter, meer.

Tot die tijd ter aanmoediging een geheugensteuntje in de aanloop naar het volgende ontwerp of de volgende ontwikkeling: houd het eenvoudig en investeer in de tijd. Dit betekent: niet slopen maar renoveren. Maak gebouwen 'voor altijd' en zo flexibel mogelijk voor uiteenlopend gebruik. Wees niet afhankelijk van techniek en installaties, verwarm en isoleer waar nodig. Laat een boom groeien in de volle grond in plaats van op hoogte aan een gevel. Met andere woorden, gebruik je gezonde verstand en dwing dit luidkeels af als een opdrachtgever of wie dan ook dit dreigt te verliezen. Wanneer we deze ontwerp- en ontwikkelbasics weten te verenigen met de toepassing van spannende, nieuwe en hernieuwbare bouwmaterialen moet het toch te doen zijn om een serieuze vuist te maken. Zie dit in de aanloop op voorbereidingen van de editie 2025-2026 als een dringende oproep aan de architectuur- en onderzoeksdiscipline. We rekenen op jullie!

Noten

1 https://www.bouwbeurs.nl/bezoeken/activiteiten, geraadpleegd op 10 februari 2025.
2 Zie het essay 'De 99,85%' in de vorige editie van *Architectuur in Nederland*.
3 De Dutch Green Building Council is de landelijke maatschappelijke organisatie die zich inzet om de gebouwde omgeving toekomstbestendig te maken. Het biedt onder meer rekentools en publicaties die de bouwende sector ondersteunt in de duurzame agenda, waaronder het duurzaam bouwen woordenboek: https://www.dgbc.nl/wat-is.
4 Met de projectselectie voor het Jaarboek hanteert de redactie aanvullend aan het oplevermoment van een gebouw ook het moment van ingebruikname.
5 ESG staat voor Environmental, Social & Governance. Deze rapportage biedt inzicht in de inspanningen die een bedrijf levert op het vlak van milieu, maatschappij en governance. Het vormt een verplicht onderdeel om financiering bij banken en beleggers aan te trekken.
6 Fred Feddes, *Een duurzame toekomst met blijvende bebouwing*, Trancity Valiz i.s.m. Stichting Mevrouw Meijer, 2025, p. 122.
7 Preservation Green Lab/National Trust for Historic Preservation, *The Greenest building: Quantifying the Environmental Value of Building Reuse*, 2012, p. 25-38 en p. 84. via: https://living-future.org/wp-content/uploads/2022/05/The_Greenest_Building.pdf
8 Jeanne Hoogers (red.), *Bouwen met tijd. Een praktische verkenning naar de samenhang tussen levensduur, kenmerken en milieubelasting van woningen*, SEV in opdracht van het ministerie van VROM, Rotterdam september 2004, p. 18-19.
9 'Levensloop - van woningen'. Rede uitgesproken door prof. ing. André Thomsen bij het afscheid van zijn leerstoel aan de faculteit Bouwkunde van de TU Delft, 10 november 2006.
10 https://www.rvo.nl/subsidies-financiering/svve/verduurzamingsmaatregelen/voorwaarden-zep.
11 Onafhankelijk en open source kennisinstituut Kern fileert de incompabiliteit tussen regels en wetgeving en duurzame bouwpraktijk op een kraakheldere manier: https://kennisinstituutkern.nl/.

rather than metres above it on a facade. In other words, use your common sense and defend it vigorously whenever a client or anyone else is in danger of losing theirs. If we succeed in combining these design and development basics with the application of exciting, new and renewable building materials it must be possible to make a really good fist of this. In the run-up to preparations for the 2025-2026 edition of the yearbook, see this as an urgent appeal to the architecture and the research disciplines. We are counting on you!

Notes

1 https://www.bouwbeurs.nl/bezoeken activiteiten, accessed on 10 February 2025.
2 See the essay 'The 99,85%' in the previous edition of *Architecture in the Netherlands*.
3 The Dutch Green Building Council is a national social organization dedicated to future-proofing the built environment. It provides calculating tools and publications designed to help the construction sector in its sustainability endeavours, as well as a sustainable building lexicon: https://www.dgbc.nl/wat-is.
4 In selecting projects for the Yearbook, the editors consider both the moment of completion and the moment of occupation of a building.
5 An ESG report assesses a company's efforts with respect to the environment, society and governance. It is essential to procuring financing from banks and investors.
6 Fred Feddes, *Een duurzame toekomst met blijvende bebouwing*, Trancity Valiz with Stichting Mevrouw Meijer, 2025, p. 122.
7 Preservation Green Lab/National Trust for Historic Preservation, *The Greenest building: Quantifying the Environmental Value of Building Reuse*, 2012, planning process. pp. 25-38 and p. 84. via: https://living-future.org/wp-content/uploads/2022/05/The_Greenest_Building.pdf
8 Jeanne Hoogers (ed.), *Bouwen met tijd. Een praktische verkenning naar de samenhang tussen levensduur, kenmerken en milieubelasting van woningen*, SEV for the Ministry of VROM, Rotterdam, September 2004, pp. 18-19.
9 'Levensloop - van woningen'. Valedictory lecture by Professor André Thomsen upon his retirement from the Faculty of Architecture at TU Delft, 10 November 2006.
10 https://www.rvo.nl/subsidies-financiering/svve/verduurzamingsmaatregelen/voorwaarden-zep.
11 Kern, an independent and open-source knowledge institute, provides a clear and incisive critique of the incompatibility between regulations and legislation on the one hand and sustainable building practice on the other: https://kennisinstituutkern.nl/.

Nieuw Nederland

New Netherlands

Er zijn ook nog altijd gebouwen die zich tot op zekere hoogte onttrekken aan het bestaande en een idee van een toekomst verbeelden, of op z'n minst een nieuw hoofdstuk in de tijd. Het levert momenten waarbij de maatschappij zonder ruggespraak met de geschiedenis naar nieuwe architectonische vormen zoekt om onze samenleving in te gieten. Denk aan de werkplek van de toekomst binnen de grote multinationale bedrijven die van vandaag op morgen kunnen verhuizen naar een andere populaire *hub* of gunstig belastingparadijs, de ongelijke huizenmarkt met high-end espresso afhankelijken, en ergens gelukkig ook nog een overheid die probeert de boel bij elkaar te houden binnen het mogelijke.

Het is het Nieuwe Nederland dat een weg zoekt in de geglobaliseerde wereld, met grootschalige corporate enterprises als Booking.com en DPG in Amsterdam, een overheid die onze gezondheid onder de hoogste veiligheidseisen beschermt in het nieuwe rijkskantoor van het RIVM op de Utrechtse Uithof, een investering met aandacht voor gezondheid en samenleven in multicultureel Rotterdam in Huis op Zuid en ten slotte Lloyd Yard en Republica met fijn leven voor de happiest few in Rotterdam en Amsterdam.

There are always a few buildings that to some extent eschew the existing, preferring to represent a vision of an unknown future, or at the very least a new chapter in time. On such occasions architects ignore the past and search instead for new architectural forms to suit a changing society. Think for instance of the workplace of the future in large multinational corporations that are liable to up sticks overnight and relocate to some other popular hub or favourable tax haven, the unequal housing market that pits high-end espresso dependants against cash-strapped families and, fortunately somewhere in the mix, a government trying to hold it all together within the bounds of the possible.

This is the New Netherlands, seeking to plot a way through a globalized world that includes mammoth corporate enterprises like Booking.com and DPG Media in Amsterdam, a government protecting our health with stringent safety standards in the new National Institute of Public Health and the Environment (RIVM) on Utrecht's Uithof campus, an investment in well-being and coexistence in multicultural Rotterdam in Huis op Zuid, and finally Lloyd Yard and Republica offering fine living for the happiest few in Rotterdam and Amsterdam respectively.

Koen van Velsen architecten

Foto's/Photos: **Sebastian van Damme**

```
0   5   10      25 m
```

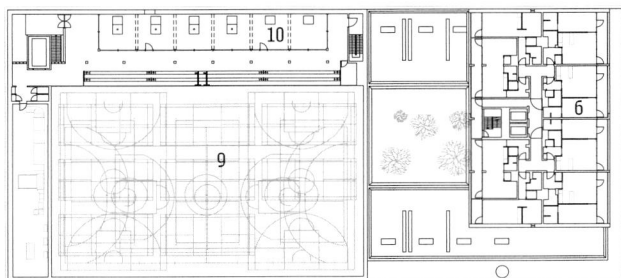

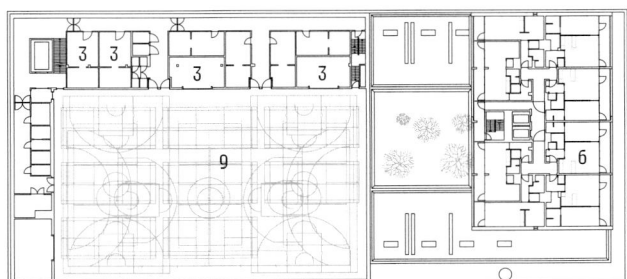

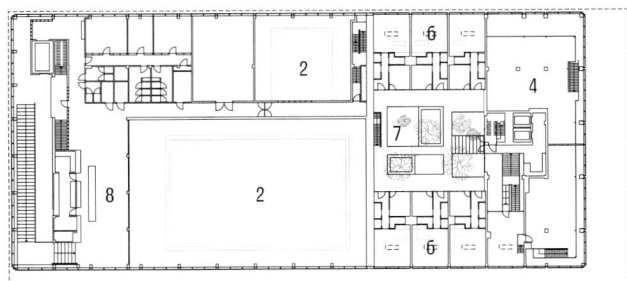

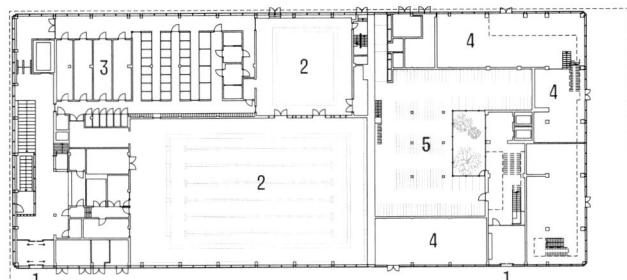

Doorsnede/Section

Derde, tweede, eerste verdieping, begane grond/Third, second, first, ground floor

1 hoofdentree/main entrance
2 zwembad/swimming pool
3 kleedkamers/cloakrooms
4 commerciële ruimten/commercial spaces
5 inpandige fietsenstalling/internal bicycle storage
6 appartementen/apartments
7 dakterras/roof terrace
8 horeca/catering
9 sporthal/sports hall
10 patio
11 tribune/seating

Situatie/Site plan
A Laan op Zuid
B Paul Krugerstraat

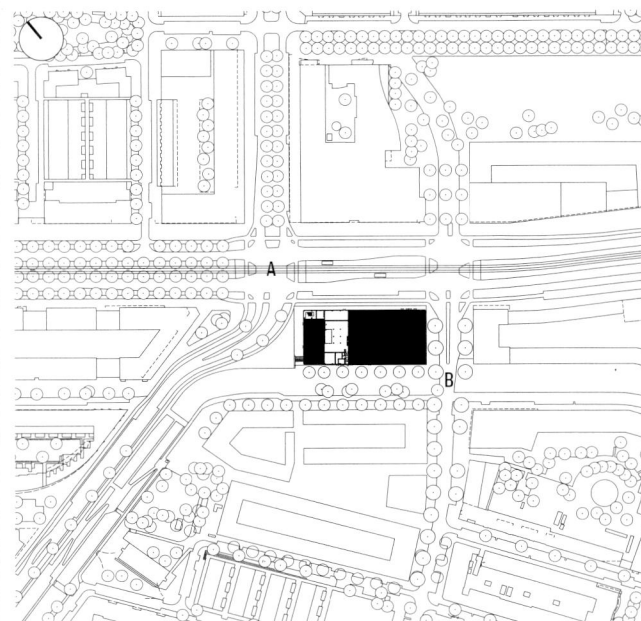

[*Nieuw Nederland*]

Huis op Zuid
Rotterdam

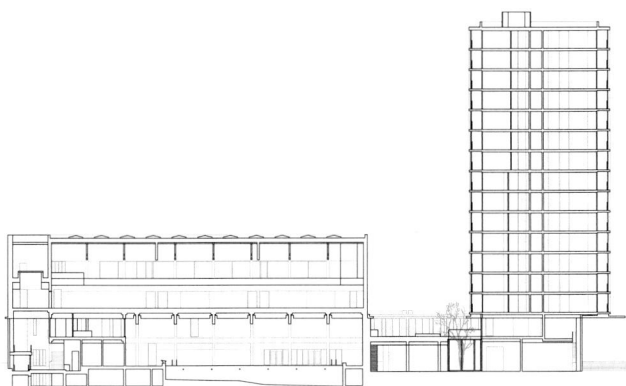

In het hart van Parkstad treft men op een voormalig rangeerterrein het Huis op Zuid aan, een voor Rotterdam Zuid zeer broodnodig multifunctioneel sportcentrum dat, in opdracht van de stad, werd gerealiseerd door Koen van Velsen architecten. In eerste instantie maakten naast het sportcentrum ook een school en enkele woningen deel uit van de opgave. Gaandeweg werd de school als programma-onderdeel vervangen door woningen die door Synchroon ter ontwikkeling werden overgenomen. In de praktijk heeft deze wending in het ontwikkelproces geen enkel effect gehad op de samenhang van het ensemble als geheel. Het gebouw is gezien de beperkte ruimte doeltreffend opgezet als een 'tafel' met entree, zwembaden en commerciële voorzieningen aan de straat. Op de tafel staan twee volumes: aan de ene kant een gesloten doos met daarin de sporthal en aan de andere kant een hoogbouwvolume waarin de woningen zijn ondergebracht. Aan de gevel biedt een lange bank plek aan de busladingen schoolkinderen die worden opgehaald van hun zwemles. Het ontwerp van het gebouwensemble heeft de sublieme en fijnzinnige ontwerpkwaliteit die we van Koen van Velsen kennen, die overigens op de foto's niet geheel tot zijn recht komt. Tot op de laatste naad en voeg is er doorontworpen en gestuurd op precieze uitvoering. Zelfs de wc's en kleedkamers van het sportcentrum kunnen zich meten met de representatieve ruimtes.
De woningen in de strakke, maar elegante schijfvormige toren bestaan uit een combinatie van studio's en twee- en driekamer-appartementen. Ook in het woongebouw hebben de entrees, trappenhuizen en gangen een vergelijkbare zorgzame uitvoering gekregen. Zelfs de inpandige fietsenstalling is met zicht op een beplante patio een volwaardige en zelfs sfeervol aangeklede ruimte geworden. Een mooi gegeven is dat een deel van deze fijne woningen als pilot met voorrang zijn toegewezen aan de geweldige leer-krachten, zorgverleners en politieagenten die de stad Rotterdam draaiende houden. Dat de woningen direct als warme broodjes over de toonbank gingen is geen verrassing en toont de noodzaak van fijne woningen in deze prijscategorie.

Huis op Zuid
Rotterdam

142

Huis op Zuid
Rotterdam

Located on a former railway yard in the heart of Parkstad, Huis op Zuid, commissioned by the city council and designed by Koen van Velsen architecten, provides Rotterdam Zuid with a much-needed multi-functional sports centre. The brief initially included a school and a few dwellings, but the school was eventually replaced by dwellings whose development was assumed by Synchroon. In practice this rejigged development process had no effect whatsoever on the coherence of the ensemble. To make the most of the limited space, the building was conceived as a 'table' containing entrance, swimming pools and commercial spaces at street level. On top of the table are two volumes: on one side an imperforate box containing the sports hall, and on the other side a high-rise residential tower. Behind the glazed facade a long bench provides somewhere for the busloads of schoolchildren to wait to be collected after their swimming lesson. The ensemble of buildings exhibits the sublime and discerning design quality we have come to expect from Koen van Velsen, although it is not entirely captured by the photographs. Every last seam and joint was designed to the nth degree in a feat of precision workmanship. Even the sports centre toilets and cloakrooms are of the same high standard as the public spaces.

The dwellings in the taut but elegant disc-shaped tower are a mix of studios and two- and three-room apartments. The entrances, staircases and corridors have received a similar meticulous treatment. Even the internal bicycle storage area, which overlooks a planted patio, is a bona fide and even attractively fitted out space. It is gratifying to know that as part of a municipal pilot scheme, 52 of these fine dwellings were set aside for the wonderful teachers, caregivers and police officers who keep the city of Rotterdam functioning. It is no surprise that the dwellings were snapped up as soon as they became available, reflecting the urgent need for good quality dwellings in this price category.

Van Wageningen Architecten

Foto's/Photos: **Corné Bastiaanse**

Nieuwe huisvesting VWS / Rijksinstituut voor Volksgezondheid en Milieu (RIVM)
Utrecht

Op de kruising van de A27 en de doorgaande weg naar de Utrechtse Uithof stond het kubusvormige Wendtgebouw. Ontworpen door Teun Koolhaas en Gijs Joost van der Grinten, en ook wel bekend als de Ponskaart, deed het dienst als tandheelkundefaculteit van de Universiteit Utrecht. In 2015 werd het gebouw gesloopt. Drie jaar eerder begon de Design Build Operate Maintain (DBOM) tender voor het ontwerpen van een nieuw onderkomen voor het RIVM op die plek. Het resultaat is weer een kubusgebouw, maar wel een grotere. Helaas werd niets van het oude gebouw hergebruikt. Bij aankomst blijkt het nieuwe RIVM een stevige, ogenschijnlijk onneembare vesting. Hoge veiligheidseisen met betrekking tot onderzoek naar mogelijk gevaarlijke besmettelijke ziekten vragen om een zes meter hoge muur die het nieuwe laboratorium afschermt van de buitenwereld en mogelijke bestormingen door complotdenkers. Een dubbele gevel maakt dat de wereld nog verder op afstand blijft. De driehoekige plint van de nieuwbouw, die als een passtuk de overgang tussen het rechthoekige complex en de straat overbrugt, is indrukwekkend door de grote houten leggerstructuur in het plafond. In de plint bevinden zich de sociale en publieksgerichte functies van het gebouw. Een aantal laboratoria is daar in het zicht gehouden om de verbinding met de werkplekken te onderstrepen. Het centrale atrium en verschillende atria op verschillende niveaus in de kubus zijn eveneens adembenemend door de hoogte. Warm is het centrale deel van het gebouw niet echt te noemen. Door een super strakke, witte, grijze en glazen afwerking van de laboratoria heerst er een tandartssfeer. Gezien de werkzaamheden in het gebouw ook toepasselijk, maar in de bredere context van de andere bezochte gebouwen waarin beige en pastel overheersen, wel een lichte shock voor de redactie. In de atria zijn een aantal ruime binnentuinen die op het moment van bezichtiging aangelegd werden, en die waarschijnlijk iets van de harde steriele uitstraling op momenten zullen weten te verzachten.

0 10 20 50 m

Doorsnede/Section

Negende, zevende verdieping, begane grond/Ninth, seventh, ground floor
1 entreezone/entrance area
2 entreehal/entrance hall
3 grand café
4 auditorium
5 patio
6 restaurant
7 fitness
8 atrium
9 magazijn/storeroom
10 expeditie hof/delivery courtyard
11 inpandige fietsenstalling/internal bicycle storage
12 kantoren/offices
13 laboratoriums/laboratories

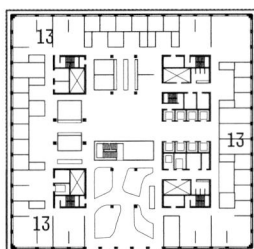

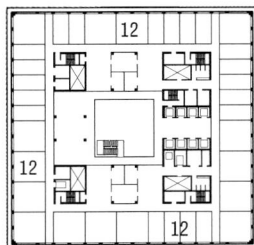

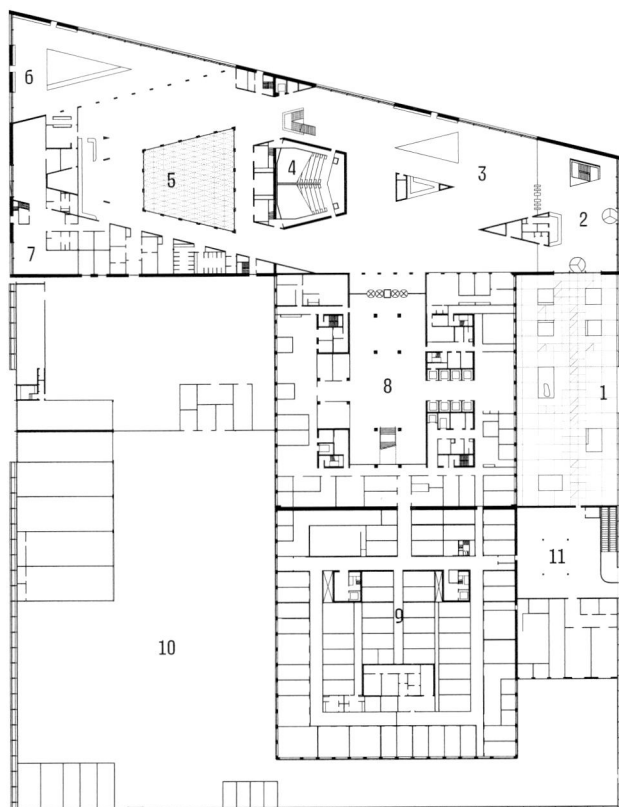

Situatie/Site plan
A Sorbonnelaan
B A27
C Leuvenlaan

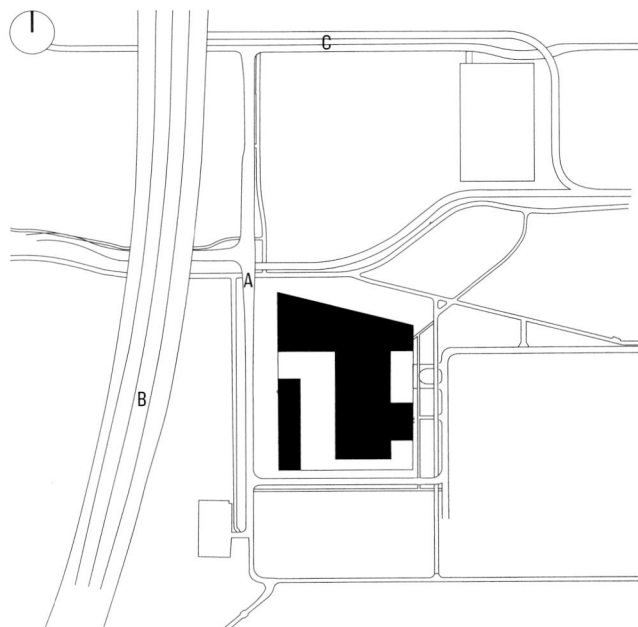

New premises for VWS / Ministry department for Health and Environment (RIVM)
Utrecht

The intersection of the A27 and the road to Utrecht's Uithof campus was once landmarked by the cuboid Wendt building. Designed in 1972 by Teun Koolhaas and Gijs Joost van der Grinten, and also known as the Punch Card, it housed Utrecht University's dentistry faculty. The building was demolished in 2015, but planning for its replacement had begun three years earlier with a Design Build Operate Maintain (DBOM) tender for the design of new premises for the RIVM. The result is another cube, but a bigger one. Regrettably, nothing of the old building was reused. On approach the new RIVM presents as a robust, seemingly impregnable fortress. Strict safety requirements relating to research into potentially dangerous infectious diseases demanded a six-metre-high wall that fences the new laboratory off from the outside world and from possible attacks by conspiracy theorists. A double facade around the main cube-shaped volume keeps the world at even more of a distance.

The new building's triangular podium, which bridges the transition between the rectangular complex and the street like a fitting piece, impresses with its ceiling, a massive timber joist structure. The podium contains the complex's social and public-facing functions. Some laboratories located here are exposed to public view in order to emphasize the workspace connection. Inside of the cube, the central atrium and various atria on different levels of the building are breathtakingly high. The central part of the building is not exactly 'warm'. The super taut, white, grey and glazed finish of the laboratories evokes associations with the dentist. Quite appropriate given the building's former and present function, but compared with the other buildings visited, where beige and pastel tints predominated, it was something of a shock for the editors. The generous indoor gardens in the atria that were in the process of being laid out on the day we visited may well do something to soften the hard, sterile ambience.

Team V Architectuur

Foto's/Photos: **Ossip van Duivenbode**

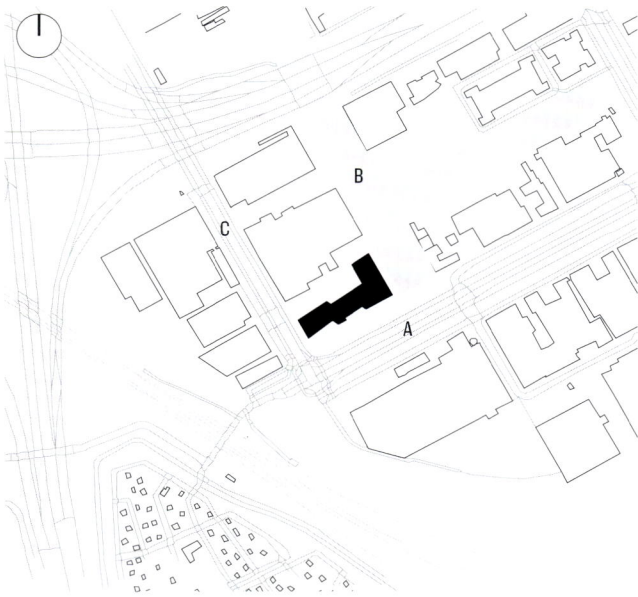

Situatie/Site plan
A   Van der Madeweg
B   Duivendrechtsevaart
C   Joan Muyskenweg

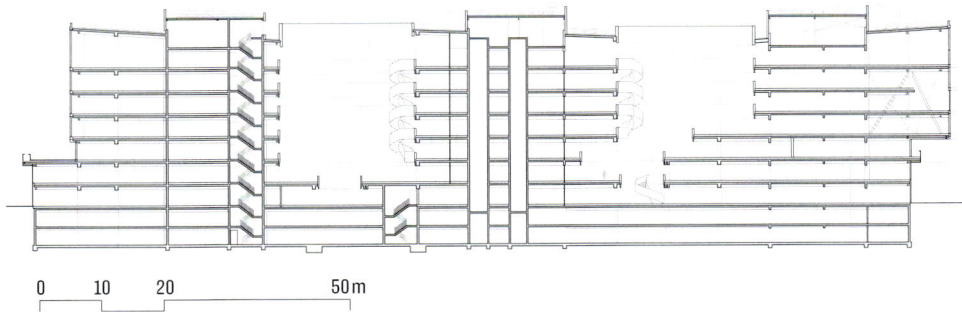

0   10   20   50 m

Doorsnede/Section

Axometrie/Axonometric projection

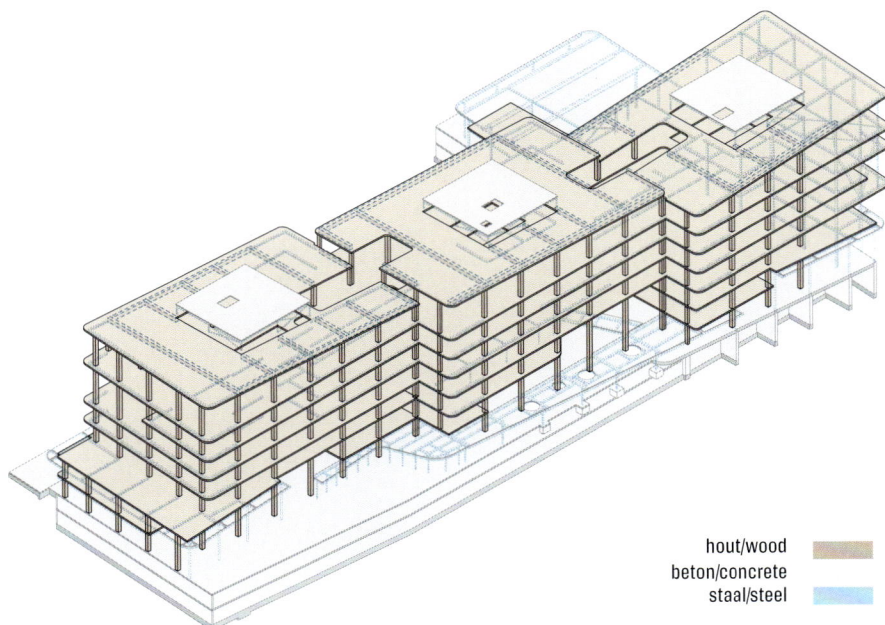

hout/wood
beton/concrete
staal/steel

[*Nieuw Nederland*]

Mediavaert DPG Media
Amsterdam

In de oksel van knooppunt Amstel ontwierp Team V het Nederlandse hoofdkantoor voor mediagigant DPG Media. Drie gestaffelde bouwvolumes met afgeronde hoeken zijn bekleed met 'zachte' keramische tegels en omgeven door tuinen – de kantoorkolos teruggebracht tot menselijke proporties. Vooralsnog is het een vreemde eend in de grijze omgeving. In dit kantoor vindt men de allerhoogste concentratie aan redacties van vrijwel alle tijdschriften, landelijke dagbladen, online nieuwsdiensten en radiostations die Nederland rijk is. Het complex biedt pakweg 1.600 flexwerkplekken samen met bedrijfsrestaurants, podcastruimtes, sportvoorzieningen en een evenementen/congresruimte. Ondanks de enorme afmeting ervaar je het gebouw op de werkvloeren beslist niet als zodanig. De open plattegronden rondom twee flinke atria, de warme kleuren van het interieur en beplanting binnen en buiten, gecombineerd met de rommeligheid van redactiewerkplekken doen prettig aan, en ontberen gelukkig het karakterloze kantoor designameublement dat men van andere grote kantoorcomplexen kent. De open plattegronden zonder scheiding op de werkvloeren waren in eerste instantie nog even wennen voor de concurrerende redacties van *de Volkskrant*, *Het Parool*, *Trouw* en het *AD* maar hebben voor zover bekend nog niet tot grote journalistieke ongelukken geleid.

Belangrijkste wapenfeit van Mediavaert is de uitvoering van de enorme constructie in hout-hybride bouw, een kunst waarmee Team V ruimschoots ervaring opdeed met houthoogbouw Haut. De constructie van het 46.000 m² oppervlak tellende kantoor is daar waar mogelijk volledig in hout uitgevoerd (7.000 m³), met houten balken, liggers en een hybride vloer. De parkeergarage, begane grond en kernen zijn van beton. Met Mediavaert worden op het vlak van duurzaamheid substantiële stappen genomen, die zich niet beperken tot de gevel of het circulaire interieur. Het is vanwege de omvang voorbeeldstellend voor de toekomstige kantorenmarkt.

**Doorsnede gevel bij entreehal/
Section elevation at entrance hall**

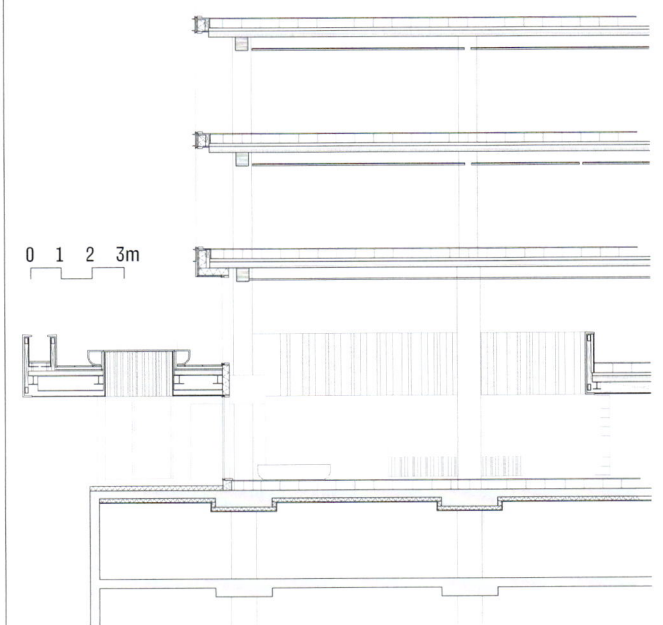

0   1   2   3m

V

Mediavaert DPG Media
Amsterdam

In a bend of the Amstel interchange, Team V has designed the Dutch headquarters of media giant DPG Media. Three offset volumes with rounded corners are clad with 'soft' ceramic tiles and surrounded by gardens – the office behemoth reduced to human proportions. For the time being it is the odd man out in the grey surroundings. This office houses the highest concentration of editorial offices representing nearly all the magazines, national dailies, online news services and radio stations in the Netherlands. The complex has some 1,600 flexiwork spaces along with company restaurants, podcast recording studios, sporting facilities and an event-cum-conference space. Its vast dimensions are not experienced as such on the work floors. The open-plan offices around two large atria, the warm colours of the interior and the plants inside and out, in combination with the casual messiness of the editorial workspaces create a pleasant impression, and there is a notable absence of the bland office design furnishings so familiar from other office big complexes. The open, partition-free floor plans initially took some getting used to for the rival editorial teams of de Volkskrant, Het Parool, Trouw and the AD, but as far as is known have not led to any major journalistic disasters.
Mediavaert's main achievement lies in the realization of a huge wood-hybrid structure that has profited from the wealth of experience that Team V gained with its timber high-rise Haut. Wherever possible, the 46,000 m² office was constructed entirely of wood (7,000m^3) with timber beams, joists and a hybrid floor. The car park, ground floor and cores are in concrete. Mediavaert represents substantial progress in terms of sustainability, which are not confined to the facade or the circular interior. Owing to its huge size it is a trendsetter for the future office market.

UNStudio

Foto's/Photos: **Hufton + Crow**

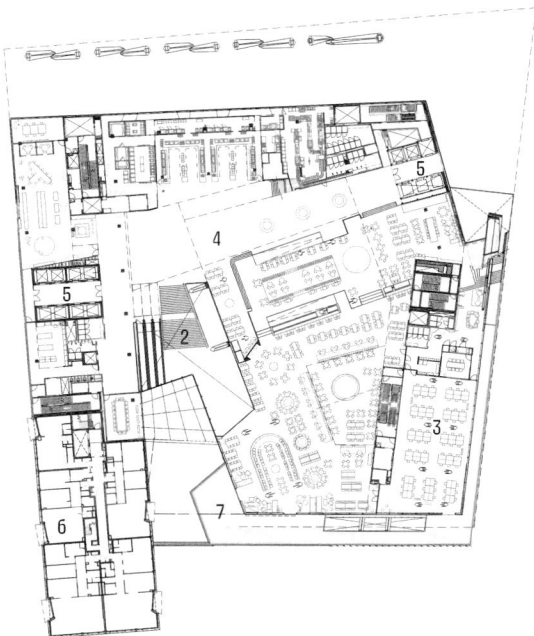

Zesde, tweede verdieping, begane grond/Sixth, second, ground floor
1 hoofdentree/main entrance
2 roltrappen en trap/escalators and stairs
3 kantoortuin/open-plan office
4 atrium
5 lift
6 appartementen/apartments
7 terras/terrace
8 loopbrug/footbridge

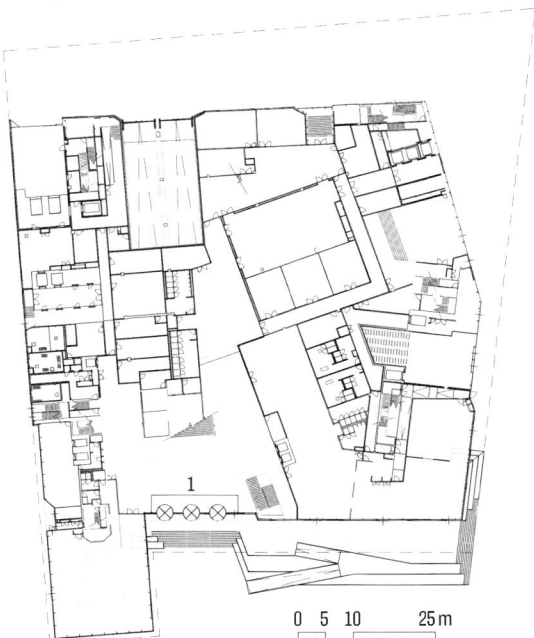

Situatie/Site plan
A Oosterdokskade
B spoorlijn/railroad
C De Ruijterkade

0 5 10   25 m

[*Nieuw Nederland*]

Booking.com City Campus
Amsterdam

Sluitstuk op het door Design Erick van Egeraat geplande Oosterdoks-eiland in Amsterdam is de Booking.com campus ontworpen door UNStudio. Het grote hoofdkantoor van de grootste werkgever van Amsterdam, na de gemeente zelf, zal niemand ontgaan zijn. Op het krappe plot waar de fijne creatieve broedplaats van Post CS ooit stond, is een gigantisch programma van 72,500 m² gerealiseerd waarvan 65,000 m² kantoor is en 7,500 m² woningen. De zwarte en glazen schil van het nieuwe Booking.com kantoor draagt de bekende futurisme signatuur van UNStudio, die je desondanks eerder verwacht op de Zuidas. Onder druk van het moordende programma heeft aansluiting op de context geen prioriteit gekregen. We worden door een enthousiaste en uitermate *lean* en *agil* community manager van Booking.com ontvangen. Na de ingang gaan we met de roltrap naar het hart van het gebouw waar, naast verschillende restaurants, het grote houten/groene atrium ontworpen door HofmanDujardin met ruim 11.000 planten alle aandacht trekt.

De inrichting is meer volwassen dan in de meest speelse tijd van game rooms en glijbanen uit Silicon Valley, maar nog altijd staat het welzijn gecombineerd met de productiviteit van medewerkers voorop. Er zijn met zorg ingerichte kolfruimtes, meditatie- en prikkelarme plekken. Er zijn break-out zones geïnspireerd op Booking.com's meest exotische bestemmingen met gratis bananen, fijne lattes, hippe softdrinks en ander gezonde snacks. Het kantoormeubilair is grotendeels hergebruikt uit de eerdere kantoorlocaties van Booking.com. Ondanks de bereikbare locatie, een prachtig uitzicht en ruim culinair aanbod, is het op deze dinsdagochtend echter niet echt druk. De manager geeft toe dat het lastig blijft om mensen naar kantoor te krijgen. Veel van hun coders werken toch liever vanuit huis. Voor de nog niet ingevulde vloeren wordt daarom nog meer ingezet op het faciliteren van events en bezoekers voor het pand van Booking.com. Met veel furore en moed investeerde Booking.com in een nieuw luxueus onderkomen, en toch lijkt de investering zich vooralsnog niet helemaal uit te betalen.

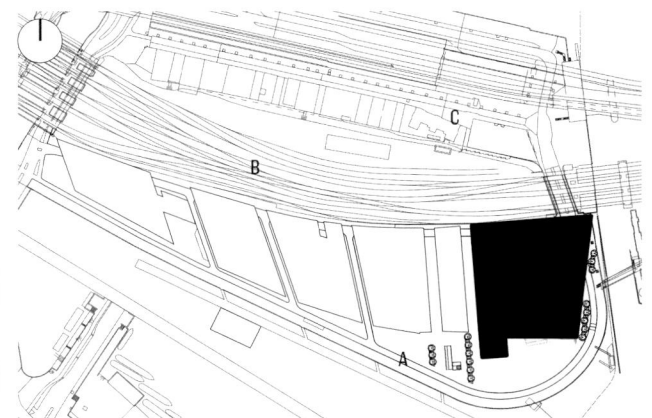

Foto/Photo: **Matthijs van Roon**

Booking.com City Campus
Amsterdam

The final piece of Design Erick van Egeraat's Oosterdokseiland master plan is the Booking.com campus designed by UNStudio. The huge headquarters of Amsterdam's biggest employer, after the city council itself, will have escaped no one. On the cramped site once occupied by the fine creative hotbed of Post CS, a gigantic 72,500 m² programme (65,000 m² office space, 7,500 m² housing) has been realized. The black and glass skin of the new Booking.com office bears the familiar futurist signature of UNStudio that one would normally expect to see on the Zuidas. The pressure of the exhausting programme was so great that contextualization was a low priority. We were received by an enthusiastic and extremely 'lean' and 'agile' Booking.com community manager. After passing through the entrance we took the escalator to the heart of the building where, apart from various restaurants, the focus of attention is the large, 11,000 plant strong wood/green atrium designed by HofmanDujardin.

The furnishings are more mature than the ultra-playful game rooms and slides of Silicon Valley, but well-being in combination with staff productivity is still paramount. There are meticulously fitted out lactation rooms, meditation spaces and low-stimulus areas. There are break-out zones inspired by Booking.com's most exotic destinations with free bananas, fancy lattes, trendy non-alcoholic drinks and other healthy snacks. The office furniture is largely recycled from previous Booking.com offices. Despite the highly accessible location, a superb view and plentiful culinary offerings, it was not especially busy on the late Tuesday morning we were there. The manager concedes that it is still difficult to get people to come into the office. Many of their coders prefer to work from home. For the still unoccupied floors they will therefore be focusing their efforts even more on facilitating events and attracting visitors to the Booking.com premises. With much fanfare and spirit the company invested in a new, luxurious home, but the investment doesn't seem to be paying off quite yet.

Marc Koehler
Associates

Foto's/Photos: **Sebastian van Damme**

Republica
Amsterdam

Het voormalige haven- en industriegebied Buiksloterham ondergaat een rappe transformatie tot stadswijk, waarmee de grenzen van het Amsterdamse centrum in noordelijke richting worden opgerekt. De aanwezigheid van gladde torens met kunstige barista koffie en natuurwijnetablissementen in de plinten verraden een nieuwe bevolkingssamenstelling. Republica sluit naadloos aan op deze stedelijke sfeer, waarin jonge professionals met flinke loonstroken prettig gedijen. MKA ontwierp een smaakvol klein, maar uiterst efficiënt stadsblok bestaande uit zes bouwblokken met ieder een eigen programma, losjes geordend rond een publiek plein. De gebouwen omvatten koop- en huurwoningen, een shortstay-hotel, café-restaurant, bedrijfsruimtes en werkplekken en kregen namen mee als Fat Lady, Skinny Lad, Small Girl, The Joker en Short Guy (ontwerp Loer Architecten).

De in hoogte variërende bouwvolumes in combinatie met uiteenlopende materialen, kleuren, texturen en patronen leveren een fris en eigentijds stadsbeeld op. De redactie bezocht Republica al voor de voorgaande editie van het *Jaarboek*, maar zag het project in gebruik liever nog even wat rijpen. In 2024 werden de laatste puntjes op de i gezet. Alle gebouwen zijn af, het *rooftop*zwembad wordt bezwommen door hotelgasten en bewoners en ook in de plinten aan het plein is het dagelijks leven inmiddels ingetrokken. Bijzonder is dat de private grond rondom de blokken is ingezet als publieke ruimte. Republica is gevrijwaard van hekken of andere ergerlijke vormen van uitsluiting, is daarmee doorwaadbaar en in principe voor iedereen toegankelijk als ware het een echte stad. Naast de toepassing van hout en gerecyclede materialen zijn er in Republica ook veel gedeelde energie-opwek- en gebruiksvoorzieningen die ervoor zorgen dat men er aan de Papaverweg op alle vlakken warmpjes bij zit.

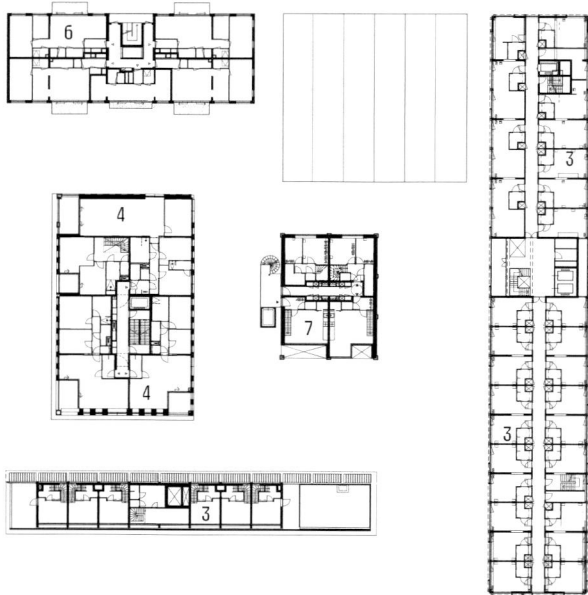

Doorsnede/Section

Tweede verdieping, begane grond/Second, ground floor
1   terras/terrace
2   café-restaurant
3   hotel
4   koopwoningen/owner-occupied dwellings
5   kantoor/office Short Guy (Loer Architecten)
6   middelhuur/mid-priced rental
7   publiek plein/public square
8   lofts

```
0   5   10        25 m
```

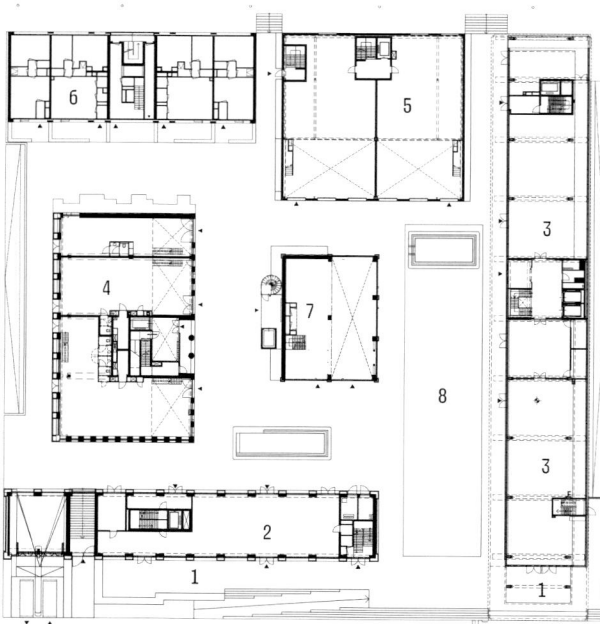

Situatie/Site plan
A   Papaverweg
B   Bosrankstraat

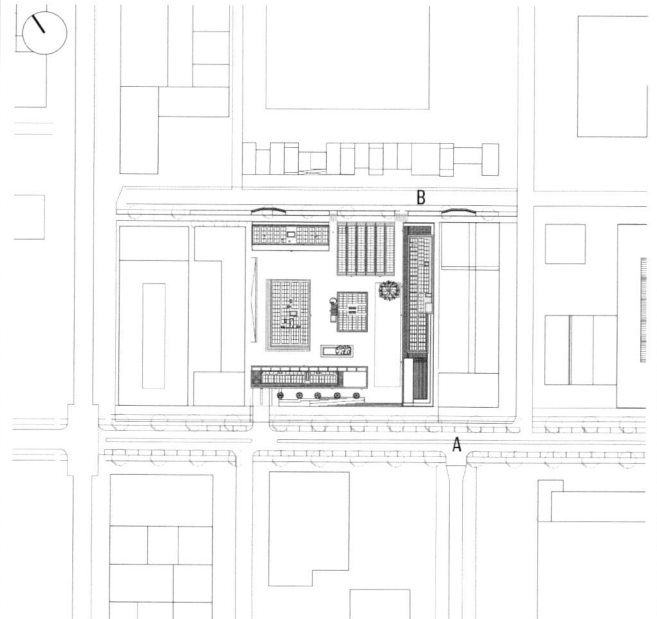

Republica
Amsterdam

The rapid transformation of the Buiksloterham port and industrial area is extending the northern boundaries of Amsterdam's city centre. The presence of shiny towers with arty barista coffee and biodynamic wine bars at street level reflect a new demographic. Republica is perfectly in sync with this urbane ambience in which highly remunerated young professionals thrive. MKA designed a small, but tasteful and very efficient, urban block made up of six volumes, each with its own programme and look, loosely grouped around a public square. The buildings, which contain owner-occupied and rental dwellings, a short-stay hotel, café-restaurant, commercial spaces and workplaces, were given names like Fat Lady, Skinny Lad, Small Girl, The Joker and Short Guy (design Loer Architecten).
The building volumes, which vary in height, materials, colours, textures and patterns deliver a fresh and contemporary cityscape. The editors visited Republica for the previous edition of the *Yearbook*, but decided to let the project mature for a while longer. On our return visit in 2024 all the i's had been dotted and the t's crossed. All the buildings were finished, the rooftop swimming pool was being used by hotel guests and residents, and the ground-level units around the square are fully occupied. Unusually, private land around the blocks is being used as public space. Republica is free of fences or any other type of hindrance and is consequently permeable and in principle accessible to all, as in a real city. In addition to the use of wood and recycled materials, Republica has many shared energy generation and consumption mechanisms that ensure the all-round comfort of Papaverweg residents.

WE architecten, Paul de Ruiter Architects

Foto's/Photos: **Aiste Rakauskaite**

```
0  5  10      25 m
```

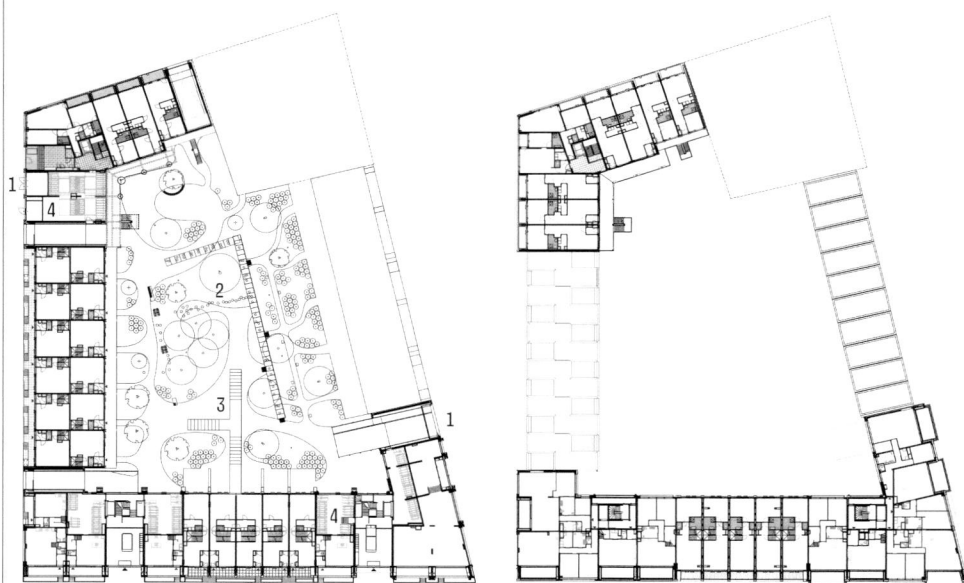

Derde verdieping, begane grond, negende, vijfde verdieping/ Third, ground, ninth, fifth floor

1 entree binnenhof/courtyard entrance
2 binnenhof/courtyard
3 loopbrug/pedestrian bridge
4 inpandige fietsenstalling/internal bicycle storage
5 gemeenschappelijke buitenruimte/ shared outdoor space

Situatie/Site plan
A Nieuwe Maas
B Schiehaven
C Lloydkade

Lloyd Yard
Rotterdam

In dit voormalige havengebied meerden eens grote zeeschepen aan en werden gedurende de zeventiende tot aan de negentiende eeuw wapens, aardewerk en andere goederen opgeslagen en verhandeld. Ook vertrokken er passagiersschepen richting voormalig Nederlands-Indië. Bijna vijfentwintig jaar geleden werd al een start gemaakt met de herontwikkeling van de leegstaande scheepswerven en pakhuizen tot woon-werkgebied. Het Jobsveem, de Schiecentrale en het Scheepvaart en Transport College vormen een beeldbepalend resultaat van deze inspanning. De ontwikkeling tot volwaardige stadswijk kende sindsdien vele haperingen, maar sinds kort is er eindelijk weer sprake van bouwdynamiek in het gebied.
Een van deze nieuwe ontwikkelingen is Lloyd Yard, een appartementencomplex met 136 appartementen verdeeld over vijf geschakelde blokken. Elk blok heeft steeds een eigen architectuur gekregen. De woningen in het koop-, middeldure huur en zelfbouwsegment variëren van herenhuizen en appartementen tot maisonnettes. In maat, schaal en materialisering herinneren de blokken aan het oorspronkelijke kadebeeld met de pakhuizen en veemgebouwen en voelen door de geparcelleerde opzet en bijbehorende architectuur aan als een luchtigere en XL-versie van het Amsterdamse Oostenburgeiland. Paul de Ruiter en WE tekenden hier samen aan alle blokken in plaats van deze onderling te verdelen. In de afgesloten binnenhof is een forse cortenstalen loopbrug (ontwerp ZUS) geplaatst, die toegang biedt tot een gemeenschappelijke buitenruimte op de derde verdieping. Deze wordt aan de gevel gemarkeerd met een reusachtige uitsparing die niet alleen uitzicht biedt op het spektakel op de Nieuwe Maas, maar ook zonlicht diep de hof binnenlaat. Door deze genereuze voorziening is het uitzicht voor alle bewoners van het blok beschikbaar en niet louter en alleen voorbehouden aan de gefortuneerde geluksvogels die een woning wisten te bemachtigen aan de kadezijde.

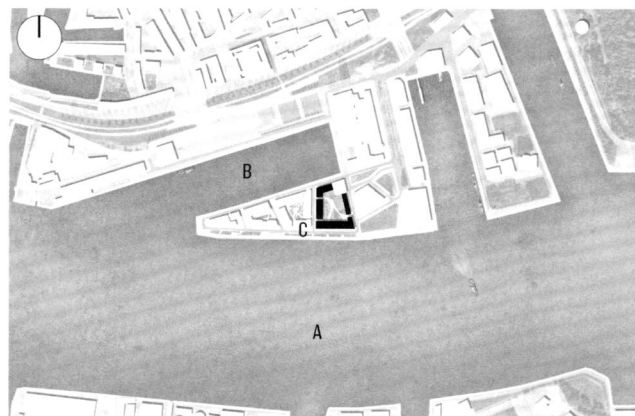

160

Lloyd Yard
Rotterdam

Large seagoing vessels once docked in this former harbour area and from the seventeenth to the nineteenth century, weapons, earthenware and other goods were stored and traded here. It was also the embarkation point for passenger ships bound for the Dutch East Indies. The redevelopment of the vacant shipyards and warehouses into a residential and business district began almost 25 years ago. Jobsveem, Schiecentrale and the Shipping and Transport College are the visually defining result of that endeavour. The development of a genuine urban district has suffered many hitches along the way, but just recently there has been a flurry of new construction in the area. One of these new developments is Lloyd Yard, an apartment complex of 136 apartments distributed across five interlinked blocks. Each block is distinguished by its own architecture. The dwellings in the owner-occupied, mid-priced rental and self-build segments vary from town houses and apartments to maisonettes. In size, scale and materialization the blocks call to mind the original quayscape of warehouses and forwarding storehouses and because of the parcelled layout and associated architecture it all feels like an airier, XL version of Amsterdam's Oostenburg island. Paul de Ruiter and WE collaborated on the design of all the blocks instead of dividing them between the two practices. In the enclosed courtyard sits a huge Cor-Ten steel pedestrian bridge (design: ZUS) that leads to a shared outdoor space on the third floor. This is signalled in the facade by a gigantic opening that not only offers views of the drama of the Nieuwe Maas waterway but also allows sunlight to penetrate deep into the courtyard. Thanks to this generous feature the view is available to all the block's residents instead of being reserved for those lucky enough to procure a quayside apartment.

Technische gegevens
Technical information

SO Schetsontwerp/Sketch design
VO Voorlopig Ontwerp/ Provisional design
DO Definitief Ontwerp/Final design
TO Technisch ontwerp/Technical design
UO Uitvoeringsontwerp/Detailed design
U Uitvoering/Implementation

p. 20
Groothuijse de Boer architecten
Twee woongebouwen in Hattem
3ᵉ Walsteeg 2-16
Hattem

Architect:
Groothuijse de Boer architecten, Amsterdam
Betrokkenheid bij ontwerpfases/
Involvement in design phases:
SO-DO: ontwerp en tekenwerk/design and drawings
TO-UO: tekenwerk en detaillering/drawings and details
U: controle en esthetische begeleiding/ supervision and aesthetic control
Projectarchitect/Project architect:
Tjerk de Boer
Medewerkers/Contributors:
Benjamin Groothuijse, Arnoud Seegers
Verantwoordelijke stedenbouwer/Urban planner:
Groothuijse de Boer architecten, Amsterdam
Ontwerp – Aanvang bouw – Oplevering/
Design – Construction start – Completion:
2020 – 2022 – 2024
Opdrachtgever/Client:
Ontwikkelingsmaatschappij Hattem B.V.
Aannemer/Contractor:
Van de Kolk, Garderen
Constructeur/Structural engineer:
Pieters Bouwtechniek, Zwolle
Bouwfysica/Building physics:
Van Esveld Bouwkundig Advies, Nijkerk
Kale bouwsom/Net building costs:
€ 1.520.000
Bouwkosten per m²/Net building costs per m²:
€ 2.475
Bruto vloeroppervlak/Gross floor area:
614 m²
Verhuurbaar vloeroppervlak/Lettable floor area:
408 m²
MilieuPrestatie Gebouwen (MPG)/Environmental Building Performance (EPB):
0,918 €/m² BVO per jaar/GFA per year
Energieprestatiecoëfficiënt (EPC)/
Energy Performance Coefficient:
0,40

p. 30
HILBERINKBOSCH architecten en/and Bedaux de Brouwer Architecten
Amadeiro Noordblok & Zuidblok
Prins Bernhardstraat – Oude Hulst – De Mortel
's-Hertogenbosch

Amadeiro Noordblok
Architect:
HILBERINKBOSCH architecten, Berlicum
Projectarchitect/Project architect:
Geert Bosch, Jaap Janssen, Frenske Wijnen
Medewerkers/Contributors:
Annemariken Hilberink, Ulaş Temel, Chris Burghouts, Jurre Mattheeuwse, Nijs de Vries

Amadeiro Zuidblok
Architect:
Bedaux de Brouwer Architecten, Tilburg
Projectarchitect/Project architect:
Pieter Bedaux, Jacq. de Brouwer, Sjim van Beijsterveldt, Peter Keijsers
Medewerkers/Contributors:
Dennis Schuurkes, Nick van Esch, Daan Donkers,

Martijn Rasenberg, Koen de Witte-Van Rijswijk, Lizzy van Zon
Betrokkenheid bij ontwerpfases (Noordblok & Zuidblok): Involvement in design phases (North and South Blocks)
SO-DO: ontwerp en tekenwerk/design and drawings
TO-UO: tekenwerk en detaillering/drawings and details
U: controle en esthetische begeleiding/ supervision and aesthetic control
Verantwoordelijke stedenbouw/Urban planner:
Masterplan/Master plan: De Twee Snoeken, 's-Hertogenbosch en/and HILBERINKBOSCH architecten, Berlicum
Stedenbouwkundig plan/Urban plan: Bedaux de Brouwer, Tilburg en/and HILBERINKBOSCH architecten, Berlicum (i.s.m./with Hubert-Jan Henket, supervisor)
Ontwerp – Aanvang bouw – Oplevering/
Design – Construction start – Completion:
2018 – 2020 – 2024
Opdrachtgever/Client:
Boelens de Gruyter b.v.
Aannemer/Contractor:
Janssen de Jong Bouw Zuid B.V., Son en Breugel
Constructeur/Structural engineer:
Raadgevend Ingenieursburo Van Nunen b.v., Rosmalen
Installatieadviseur/Building services consultant:
Aveco de Bondt, Holten
Bouwfysica/Building physics:
Acht Advies, Heerlen en/and W/E Adviseurs, Eindhoven
Bouwdirectie/Construction management:
Boelens de Gruyter b.v.
Landschapsarchitect/Landscape architect:
HOUTMAN+SANDER landschapsarchitectuur, Den Dungen
Kunstenaars/Artists:
Mariabeeld van Bisdom 's-Hertogenbosch (via gemeente 's-Hertogenbosch/Archeological artefacts provided by municipality of 's-Hertogen-bosch)
Archeologische vondsten beschikbaar gesteld door gemeente 's-Hertogenbosch/Archeological artefacts provided by municipality of 's-Hertogen-bosch
Kale bouwsom/Net building costs:
€ 30.150.000,00 (Noord- en Zuidblok)
Bouwkosten per m²/Net building costs per m²:
Noordblok: € 1.500 per m²
Zuidblok: € 1.680 per m²
Bruto vloeroppervlak/Gross floor area:
Noordblok: 4.200 m²
Zuidblok: 15.500 m²
Verhuurbaar vloeroppervlak/Lettable floor area:
Noordblok: 3.100 m²
Zuidblok: 13.400 m²
MilieuPrestatie Gebouwen (MPG)/Environmental Building Performance (EPB):
Noordblok: 0,60 €/m² BVO per jaar/GFA per year
Zuidblok: 0,58 €/m² BVO per jaar/GFA per year
Energieprestatiecoëfficiënt (EPC)/
Energy Performance Coefficient:
Noordblok: 0,28
Zuidblok: 0,31

p. 34
Ibelings van Tilburg architecten
Renovatie Gentiaanbuurt Amsterdam
Duizendschoonstraat 1-29, Gentiaanplein 2-16, Hagedoornweg 6-32, Malvastraat 17-37, Mosveld 1-27, Resedastraat 1-44, Wingerdweg 1-49, Zilverschoonstraat 1-30
Amsterdam

Architect:
Ibelings van Tilburg architecten, Den Haag
Mede-architect Blok 5/Co-architect Block 5:
Hooyschuur architecten, Wormerveer
Betrokkenheid bij ontwerpfases/Involvement in design phases:

VO-DO: ontwerp en tekenwerk/design and drawings
UO: Tekenwerk en detaillering/drawings and details
U: Controle en esthetische begeleiding/ supervision and aesthetic control
Projectarchitect/Project architect:
Marc Ibelings, Tim Schuijt
Medewerkers/Contributors:
Marcel Vermeer, Mart Gout, Edwin van den Driesschen
Ontwerp – Aanvang bouw – Oplevering/
Design – Construction start – Completion:
2017-2021 – 2018 – 2024
Opdrachtgever/Client:
Woningcorporatie Ymere, Amsterdam
Aannemer/Contractor:
Blok 5: Dura Vermeer, Utrecht
Blok 6, 7, 8, 9 & 10: Van Braam-Minnesma, Wormerveer
Constructeur/Structural engineer:
Blok 5: Pieters Bouwtecnhniek, Delft
Blok 6, 7, 8, 9 & 10: Berkhout Tros, Alkmaar
Installatieadviseur/Building services consultant:
Nieman, Utrecht
Bouwfysica/Building physics:
Nieman, Utrecht
Bouwdirectie/Construction management:
Woningcorporatie Ymere, Amsterdam
Bouwkundig tekenwerk/Technical drawings:
LMV bouw+kundig adviesbureau, Schiedam
Kleuronderzoek/Colour research:
Bureau BBA, Utrecht
Kale bouwsom/Net building costs:
€ 33.000.000
Bouwkosten per m²/Net building costs per m²:
€ 1.363
Bruto vloeroppervlak/Gross floor area:
24.210 m²
Verhuurbaar vloeroppervlak/Lettable floor area:
19.350 m²
Paris Proof en/and CO_2:
Van Label E naar A (energie index gemiddeld 0,9)/ From Label E to A (average energy index 0.9)
Biobased en circulaire aspecten/Bio-based and circular aspects:
Accoyahouten kozijnen met FSC-keurmerk; aansluiting op het Stadswarmtenet/Accoya wood frames with FSC label; connected to district heating system

p. 38
Dok architecten
De Dame
P.C. Hooftstraat 123
Amsterdam

Architect:
Dok architecten, Amsterdam
Betrokkenheid bij ontwerpfases/Involvement in design phases:
SO-DO: ontwerp en tekenwerk/design and drawings
TO-UO: tekenwerk en detaillering/drawings and details
U: controle en esthetische begeleiding/ supervision and aesthetic control
Projectarchitect/Project architect:
Liesbeth van der Pol, Kim Wandel
Medewerkers/Contributors:
Patrick Cannon, Niek Slijkerman
Ontwerp – Aanvang bouw – Oplevering/
Design – Construction start – Completion:
2020 – 2023 – 2024
Opdrachtgever/Client:
Granida B.V.
Aannemer/Contractor:
Wessels Zeist B.V., Zeist
Constructeur/Structural engineer:
Constructiebureau De Prouw B.V., Zeist en/and Brouwer & Kok Constructeurs, Badhoevedorp
Aannemer metselwerk gevel/Contractor facade brickwork:

MEESTERS-IN, Tienhoven aan de Lek
Aannemer staal en glasgevel/Contractor steel and glass facade:
M.C. Kersten B.V., Amsterdam
Samenwerkende architect/collaborating architect:
Gietermans & Van Dijk architecten, Amsterdam
Adviseur metselwerk/Masonry consultant:
Adviesbureau Vekemans, Tilburg

p. 42
Zecc Architecten
De Vasim
Winselingseweg 41-129, De Kolk 1-18
Nijmegen

Architect:
Zecc Architecten, Utrecht
Betrokkenheid bij ontwerpfases/Involvement in design phases:
SO-DO: ontwerp en tekenwerk/design and drawings
TO: tekenwerk en detaillering/drawings and details
U: controle en esthetische begeleiding/ supervision and aesthetic control
Projectarchitect/Project architect:
Roy van Maarseveen, Bart Kellerhuis
Medewerkers/Contributors:
Roy van Maarseveen, Bart Kellerhuis, René de Korte, Niels Hartsuiker, Gianni Nieland, Gemma Galeno, Bart Jonkers, Mees Dijkman
Verantwoordelijke stedenbouwer/Urban planner:
ZUS (Zones Urbaines Sensibles), Rotterdam
Ontwerp – Aanvang bouw – Oplevering/
Design – Construction start – Completion:
2019 – 2021 – 2023
Opdrachtgever/Client:
Lingotto
Aannemer/Contractor:
KlokGroep, Nijmegen
Constructeur/Structural engineer:
Croes, Nijmegen
Installatieadviseur/Building services consultant:
Huygen Installatie Adviseurs, Utrecht
Bouwfysica/Building physics:
Cauberg Huygen, Nijmegen/Amsterdam
Bouwdirectie/Construction management:
Croes, Nijmegen
Landschapsarchitect/Landscape architect:
ZUS (Zones Urbaines Sensibles), Rotterdam
Interieurarchitect/Interior designer:
Zecc Architecten, Vasim gebruikers
Kale bouwsom/Net building costs:
€ 10.000.000
Bouwkosten per m²/Net building costs per m²:
€ 900
Bruto vloeroppervlak/Gross floor area:
12.500 m²
Verhuurbaar vloeroppervlak/Lettable floor area:
9.500 m²

p. 46
Studio Akkerhuis
Meelpakhuis
Meelfabriekplein 5
Leiden

Architect:
Studio Akkerhuis, Parijs
Betrokkenheid bij ontwerpfases/Involvement in design phases:
SO-DO: ontwerp en tekenwerk/design and drawings
TO-UO: tekenwerk en detaillering/drawings and details
U: controle en esthetische begeleiding/ supervision and aesthetic control
Projectarchitect/Project architect:
Bart Akkerhuis (principal), Amata Boucsein (project architect), Nicola Masotti (project architect)
Medewerkers/Contributors:
Marzio Di Pace, Patricia Salvadores, Caren Sfeir, Federico Musso

Verantwoordelijke stedenbouwer/Urban planner:
Studio Akkerhuis, Parijs
Ontwerp – Aanvang bouw – Oplevering/
Design – Construction start – Completion:
2015–2021- 2024
Opdrachtgever/Client:
Ab van der Wiel en/and Meelhattan BV, Noordwijk
Aannemer/Contractor:
Van der Wiel Bouw, Noordwijk
Constructeur/Structural engineer:
Pieter bouwtechniek, Delft
Installatieadviseur/Building services consultant:
Burg Installatietechniek, Lisse
Bouwfysica/Building physics:
LBP Sight, Nieuwegein
Bouwdirectie/Construction management:
Van der Wiel Bouw, Noordwijk
Landschapsarchitect/Landscape architect:
LOLA Landscape Architects, Rotterdam
Interieurarchitect/Interior designer:
Studio Akkerhuis, Parijs en/and Noort Interieur, Noordwijk
Kale bouwsom/Net building costs:
circa € 16.500.000
Bouwkosten per m²/Net building costs per m²:
circa € 2.250 per m²
Bruto vloeroppervlak/Gross floor area:
7.300 m²
Verhuurbaar vloeroppervlak/Lettable floor area:
5.884 m²
Energieprestatiecoëfficiënt (EPC)/
Energy Performance Coefficient:
0,40; Energielabel/Energy label A+++

p. 50
WDJARCHITECTEN en/and
Renner Hainke Wirth Zirn Architekten
Pakhuis Santos, Rotterdam
Brede Hilledijk 95
Rotterdam

Architect:
WDJARCHITECTEN, Rotterdam en/and
Renner Hainke Wirth Zirn Architekten, Hamburg
Betrokkenheid bij ontwerpfases/Involvement in
design phases:
SO-DO: ontwerp en tekenwerk/design and drawings
Projectarchitect/Project architect:
Karin Wolf (WDJARCHITECTEN), Karin Renner
(Renner Hainke Wirth Zirn Architekten)
Medewerkers/Contributors:
Team WDJA: Karin Wolf, Sander Nelissen, Ralph
Knufing, Linde Petit dit de la Roche, Mario Lingga
Wisnugraha, Boris van Hattum, Heleen Pijman-
Rutten, Paula Ebert, Wessel de Jonge
Team RHWZ: Karin Renner, Melanie Zirn, Stefan
Wirth, Fabian Schebesta, Sung-Mun An, Naomi
Kadish, Anne Arnbjerg-Pedersen, Lukas Hähnel
Ontwerp – Aanvang bouw – Oplevering/
Design – Construction start – Completion:
2016 – 2021 – 2024
Opdrachtgever/Client:
Nederlands Fotomuseum
Aannemer/Contractor:
Burgy bouwbedrijf, Leiden
Constructeur/Structural engineer:
Pieters Bouwtechniek, Delft
Installatieadviseur/Building services consultant:
Techniplan, Rotterdam
Bouwfysica/Building physics:
Peutz, Mook
Bouwdirectie/Construction management:
beauraing, Rotterdam
Bruto vloeroppervlak/Gross floor area:
9.800 m²
Verhuurbaar vloeroppervlak/Lettable floor area:
6.930 m²
Biobased en circulaire aspecten/Bio-based and
circular aspects:
Uitkomende materialen zijn in het gebouw
hergebruikt/Reuse of salvaged materials

p. 56
Buro NØRD Architectuur
Penitentiaire winkel PI Vught
Lunettenlaan 510
Vught
Architect:
Buro NØRD Architectuur, Amsterdam
Betrokkenheid bij ontwerpfases/Involvement in
design phases:
SO-DO: ontwerp en tekenwerk/design and drawings
TO-U: controle en esthetische begeleiding/
supervision and aesthetic control
Projectarchitect/Project architect:
Maarten Meester
Medewerkers/Contributors:
Jurgen Vesters
Ontwerp – Aanvang bouw – Oplevering/
Design – Construction start – Completion:
2021 – 2023 – 2024
Opdrachtgever/Client:
Rijksvastgoedbedrijf/Dienst Justitiële
Inrichtingen
Aannemer/Contractor:
Van der Weegen Bouw BV, Tilburg
Constructeur/Structural engineer:
Sweco Nederland
Installatieadviseur/Building services consultant:
Sweco Nederland en/and Van Hoften
Installatietechniek, Hardinxveld-Giessendam en/
and Jacobs Elektrotechniek, Breda
Bouwfysica/Building physics:
Sweco Nederland
Bouwdirectie/Construction management:
Bouwheeren bv, Boxtel
Landschapsarchitect/Landscape architect:
Buro NØRD Architectuur, Amsterdam i.s.m./with
Annick Wolf
Interieurarchitect/Interior designer:
Buro NØRD Architectuur, Amsterdam
Kale bouwsom/Net building costs:
€ 3.493.580
Bouwkosten per m²/Net building costs per m²:
€ 2.911
Bruto vloeroppervlak/Gross floor area:
1.200 m²
Verhuurbaar vloeroppervlak/Lettable floor area:
1.200 m²
Paris Proof & CO₂:
Energielabel/Energy label A++++
Biobased en circulaire as pecten/Bio-based and
circular aspects:
Houtconstructie en demontabel/Timber
structure and demountable

p. 58
Atelier Tomas Dirrix
Trappenhuis/Staircase
Stampioenstraat 39
Rotterdam

Architect:
Atelier Tomas Dirrix, Rotterdam
Betrokkenheid bij ontwerpfases/Involvement in
design phases:
SO-DO: ontwerp en tekenwerk/design and drawings
TO-U: controle en esthetische begeleiding/
supervision and aesthetic control
Projectarchitect/Project architect:
Tomas Dirrix
Medewerkers/Contributors:
Julia, Strömland, Stefan Hutterer
Ontwerp – Aanvang bouw – Oplevering/
Design – Construction start – Completion:
2020 – 2023 - 2024
Opdrachtgever/Client:
Simone Trum, Koen Taselaar
Aannemer/Contractor:
Onno Donker, Rotterdam
Constructeur/Structural engineer:
ir. E.H. Geldof RC
Kunstenaars/Artists:
Phil Procter, Merijn Haenen

Bruto vloeroppervlak/Gross floor area:
225 m²
Verhuurbaar vloeroppervlak/Lettable floor area:
220 m²
Biobased en circulaire aspecten/Bio-based and
circular aspects:
Volledig houten inbouw constructie/All-wood
built-in structure

p. 60
NEXT Architects
Servicestation Verzetslaan
Verzetslaan 2A
Purmerend

Architect:
NEXT architects, Amsterdam
Betrokkenheid bij ontwerpfases/Involvement in
design phases:
SO-DO: ontwerp en tekenwerk/design and drawings
TO: tekenwerk en detaillering/drawings and
details
UO-U: controle en esthetische begeleiding/
supervision and aesthetic control
Projectarchitect/Project architect:
Joost Lemmens
Medewerkers/Contributors:
Bart Reuser, Marijn Schenk, Michel
Schreinemachers, Nick Vullings, Jate Bleeker,
Marcel Geerdink
Verantwoordelijke stedenbouwer/Urban planner:
Jan Beentjes, Purmerend
Ontwerp – Aanvang bouw – Oplevering/
Design – Construction start – Completion:
2021 – 2023 – 2024
Opdrachtgever/Client:
Beheermaatschappij Joh. de Vries B.V.,
Purmerend
Aannemer/Contractor:
Bouwbedrijf Gebr. Winkelaar, Purmerend
Installatieadviseur/Building services consultant:
KNOOK, Purmerend
Constructeur/structural engineer:
WSP, Arnhem
Bouwfysica/Building physics:
S&W consultancy, Vlissingen
Bouwdirectie/Construction management:
Beheermaatschappij Joh. de Vries B.V.,
Purmerend
Interieurarchitect/Interior designer:
NEXT architects, Amsterdam
Bruto vloeroppervlak/Gross floor area:
546 m²
Verhuurbaar vloeroppervlak/Lettable floor area:
497 m²
Biobased en circulaire aspecten/Bio-based and
circular aspects:
Gehele opbouw (draagstructuur en
binnenwanden) in hout/All-wood construction
and interior walls

p. 76
Geurst & Schulze architecten
Jacob Geelbuurt
Jacoba Mosselhof 1-33, Jacob Geelstraat 17-109,
Maria Beshof 2-56, Hemsterhuisstraat 1-23
Amsterdam

Architect:
Geurst & Schulze architecten, Den Haag
Betrokkenheid bij ontwerpfases/Involvement in
design phases:
SO-DO: ontwerp en tekenwerk/design and drawings
TO-U: controle en esthetische begeleiding/
supervision and aesthetic control
Projectarchitect/Project architect:
Jeroen Geurst, Rens Schulze
Medewerkers/Contributors:
Martina van Ess, Christiane Wirth, Wendy Kroon,
Andreas Buijs, Hsuanya Kao, Haneen Al Hafadhi
Verantwoordelijke stedenbouwer/Urban planner:
Gemeente Amsterdam, Roy Bijhouwer

(Supervisie)
Ontwerp – Aanvang bouw – Oplevering/
Design – Construction start – Completion:
2020 – 2022 – 2024
Opdrachtgever/Client:
De Alliantie Ontwikkeling B.V., Hilversum
Aannemer/Contractor:
Bouwbedrijf M.J. de Nijs en Zonen,
Warmenhuizen
Constructeur/Structural engineer:
VeriCon, Druten
Installatieadviseur/Building services consultant:
Halmos, Den Haag
Bouwfysica/Building physics:
ZRi, Den Haag
Bouwdirectie/Construction management:
De Alliantie, Amsterdam
Tuinarchitect/Landscape architect:
John Koomen, Wognum
Kunstenaars/Artists:
Leo Braat (bestaand kunstwerk/existing artwork)
Kale bouwsom/Net building costs:
Blok 1 € 24.000.000
Blok 2 € 14.000.000
Bouwkosten per m²/Net building costs per m²:
€ 1.663
Bruto vloeroppervlak/Gross floor area:
Blok 1: 14.760 m²
Blok 2: 8.094 m²
Verhuurbaar vloeroppervlak/Lettable floor area:
Blok 1: 12.008 m²
MilieuPrestatie Gebouwen (MPG)/Environmental
Building Performance (EPB):
Blok 1: 0,48 €/m² BVO per jaar/GFA per year
Blok 2: 0,52 €/m² BVO per jaar/GFA per year
Energieprestatiecoëfficiënt (EPC)/
Energy Performance Coefficient:
Appartementen/Apartments: BENG 1: 59,6 BENG 2:
38,9 BENG 3: 55,6

p. 80
Studio Nauta en/and Vanschagen Architecten
Schools in a Park
Douwe Aukesstraat 1, Van Gendtstraat 4
Dordrecht

Architect:
Studio Nauta en/and Vanschagen Architecten
Betrokkenheid bij ontwerpfases/Involvement in
design phases:
SO-DO: ontwerp en tekenwerk/design and drawings
TO-UO: tekenwerk en detaillering/drawings and
details
U: controle en esthetische begeleiding/
supervision and aesthetic control
Projectarchitect/Project architect:
Jan Nauta (Studio Nauta), Gert Jan te Velde
(Vanschagen Architecten)
Medewerkers/Contributors:
Jules Stefelmanns (Vanschagen Architecten),
Danique van Hulst (Studio Nauta), Andrea
Gentilini (Studio Nauta)
Ontwerp – Aanvang bouw – Oplevering/
Design – Construction start – Completion:
2017 – 2019 – 2024
Opdrachtgever/Client:
OBS Albatros, IKC De Fontein, SDK Kinderopvang
Aannemer/Contractor:
Aannemingsbedrijf Stam, Hardinxveld-
Giessendam (schoolgebouwen/schools) en/and
Krijgsman Bouw, Dordrecht (kinderdagverblijf/
day care centre)
Constructeur/Structural engineer:
Bouwadviesbureau Van der Ven, Ridderkerk
Installatieadviseur/Building services consultant:
INNAX, Tilburg (schoolgebouwen/schools) en/
and M3E, Capelle a/d IJssel (kinderdagverblijf/
day care centre)
Bouwfysica/Building physics:
INNAX, Tilburg (schoolgebouwen/schools) en/
and M3E, Capelle a/d IJssel (kinderdagverblijf/
day care centre)

Bouwdirectie/Construction management:
**BBC Bouwmanagement B.V., Etten-Leur en/
and FM Consultants, Oss**
Landschapsarchitect/Landscape architect:
Bureau RIS, Gouda
Kale bouwsom/Net building costs:
Schoolgebouwen/Schools: € 5.310.000
Kinderdagverblijf/Day care centre: € 1.350.000
Bouwkosten per m²/Net building costs per m²:
€ 2.647
Bruto vloeroppervlak/Gross floor area:
Schoolgebouwen/Schools: 2.006 m²
Kinderdagverblijf/Day care centre: 510 m²
Verhuurbaar vloeroppervlak/Lettable floor area:
Schoolgebouwen/Schools: 1.742 m²
Kinderdagverblijf/Day care centre: 456 m²
Biobased en circulaire aspecten/Bio-based and
circular aspects:
**Renovatie met uitbreiding in hout/Renovation
with timber extension**

p. 84
Bedaux de Brouwer Architecten
Kantongerecht Tilburg
Stadhuisplein 75E
Tilburg

Architect:
Bedaux de Brouwer Architecten, Tilburg
Betrokkenheid bij ontwerpfases/Involvement in
design phases:
SO-DO: ontwerp en tekenwerk/design and drawings
**TO-UO: tekenwerk en detaillering/drawings
and details**
**U: controle en esthetische begeleiding/
supervision and aesthetic control**
Projectarchitect/Project architect:
Joyce Verstijnen, Sjim van Beijsterveldt
Medewerkers/Contributors:
**Thomas Bedaux (initiatiefnemer, ontwikkelvisie/
initiator/development vision), Dennis Schuurkes,
Sofie van Gulik, Koen de Witte-Van Rijswijk, Daan
Donkers**
Ontwerp – Aanvang bouw – Oplevering/
Design – Construction start – Completion:
2021 – 2022 – 2024
Opdrachtgever/Client:
PPO (Peters Projectontwikkeling Schaijk)
Aannemer/Contractor:
**Bouwbedrijf Vermetten Graafmans, Goirle en/
and De Kok Bouwgroep BV, Bergen op Zoom**
Constructeur/Structural engineer:
Constru, Schaijk
Installatieadviseur/Building services consultant:
M&R Energietechniek, Maarheeze
Bouwfysica/Building physics:
M&R Energietechniek, Maarheeze
Bouwdirectie/Construction management:
PPO (Peters Projectontwikkeling Schaijk)
Interieurarchitect/Interior designer:
Bedaux de Brouwer Architecten
Kunstenaars/Artists:
**Luc van Hoek (bakstenen kunstwerk gevel/
brick artwork on the facade)**
Kale bouwsom/Net building costs:
€ 1.200.000
Bouwkosten per m²/Net building costs per m²:
€ 593
Bruto vloeroppervlak/Gross floor area:
3.140 m²
Verhuurbaar vloeroppervlak/Lettable floor area:
2.500 m²
Paris Proof & CO₂:
Energielabel/Energy label A+++

p. 88
Martens, Willems & Humblé
Miller
Kolonel Millerstraat 50-80, Generaal Eisenhower
9-31
Maastricht

Architect:
Martens, Willems & Humble, Maastricht
Betrokkenheid bij ontwerpfases/Involvement in
design phases:
**SO-DO: ontwerp en tekenwerk/design and
drawings en/and BIM modellering/modelling**
**TO-UO: tekenwerk, detaillering/drawings,
detailing en/and BIM modellering/modelling**
**U: controle en esthetische begeleiding/
supervision and aesthetic control**
Projectarchitect/Project architect:
Maikel Willems
Medewerkers/Contributors:
**Rik Martens, Fred Humblé, Bas Emde, Sam
Tonnard, Joep Salden**
Verantwoordelijke stedenbouwer/Urban planner:
West 8 en/and Martens, Willems & Humblé
Ontwerp – Aanvang bouw – Oplevering/
Design – Construction start – Completion:
2019 – 2023 – 2024
Opdrachtgever/Client:
Ballast Nedam Development, Nieuwegein
Aannemer/Contractor:
Laudy Bouw & Ontwikkeling b.v., Sittard
Constructeur/Structural engineer:
Ingenieursbureau Werf & Nass, Maastricht
Installatieadviseur/Building services consultant:
Kompas Adviseurs en Ingenieurs BV, Maastricht
Bouwfysica/Building physics:
Kompas Adviseurs en Ingenieurs BV, Maastricht
Kale bouwsom/Net building costs:
Appartementen/Apartments: € 5.300.000
**Grondgebonden woningen/Ground-access
dwellings: € 2.750.00**
Bouwkosten per m²/Net building costs per m²:
Appartementen/Apartments: € 1.570
**Grondgebonden woningen/Ground-access
dwellings: € 990**
Bruto vloeroppervlak/Gross floor area:
Appartementen/Apartments: 3.425 m²
**Grondgebonden woningen/Ground-access
dwellings: 2.780 m²**
Verhuurbaar vloeroppervlak/Lettable floor area:
2.120 m²
MilieuPrestatie Gebouwen (MPG)/Environmental
Building Performance (EPB):
**Appartementen/Apartments: 0,46 €/m² BVO per
jaar/GFA per year**
**Grondgebonden woningen/Ground-access
dwellings: 0,76 €/m² BVO per jaar/GFA per year**
Energieprestatiecoëfficiënt (EPC)/
Energy Performance Coefficient:
Appartementen/Apartments: 0,4
**Grondgebonden woningen/Ground-access
dwellings: 0,0**

p. 92
Powerhouse Company
Marga Klompégebouw/Building
Tilburg University
Warandelaan 2-30
Tilburg

Architect:
Powerhouse Company, Rotterdam
Betrokkenheid bij ontwerpfases/Involvement
in design phases:
SO-DO: ontwerp en tekenwerk/design and drawings
**TO-U: controle en esthetische begeleiding/
supervision and aesthetic control**
Projectarchitect/Project architect:
Janneke van der Velden, Stefan Prins
Medewerkers/Contributors:
**Iván Guerrero, Romano van den Dool, Antonia
Pohankova, Erwin van Strien, Martijn Ravia, Bjorn
Andreassen, Gert Ververs, Giovanni Coni, Rafael
Zarza García, Sanja Kralj, Robert Cuijpers**
Verantwoordelijke stedenbouwer/Urban planner:
Studio Hartzema, Rotterdam
Ontwerp – Aanvang bouw – Oplevering/
Design – Construction start – Completion:
2019 – 2022 – 2024

Opdrachtgever/Client:
Tilburg University
Aannemer/Contractor:
BAM Utiliteitsbouw, Eindhoven
Constructeur/Structural engineer:
BREED Integrated Design, Den Haag
Installatieadviseur/Building services consultant:
Royal HaskoningDHV, Rotterdam
Bouwfysica/Building physics:
Royal HaskoningDHV, Rotterdam
Landschapsarchitect/Landscape architect:
Developed design: Studio REDD, Goirle
Concept fase/stage:
EDM Tuin en Landschap, Utrecht
Interieurarchitect/Interior designer:
Powerhouse Company
Projectinrichting/Project furbishment:
Aerts & Co
Kunstenaars/Artists:
Tapestries: Jan van den Dobbelsteen
Bruto vloeroppervlak/Gross floor area:
circa 5.100 m²
MilieuPrestatie Gebouwen (MPG)/Environmental
Building Performance (EPB):
0,5 (2030) €/m² BVO per jaar/GFA per year
MCI Material Circularity Index + Losmaakbaarheid
index/Detachability index:
72%
Energieprestatiecoëfficiënt (EPC)/
Energy Performance Coefficient:
Beng 88,6%; Energielabel/Energy label A++++
Paris Proof & CO₂:
155kg CO₂/m² (DGBC)
BREEAM:
JA/Yes, Outstanding
BCI: Building circularity Index
0,67
Materialenpaspoort/Materials passport:
JA/Yes

p. 96
V8 Architects
Philips Headquarters
Prinses Irenestraat 59
Amsterdam

Architect:
V8 Architects, Rotterdam
Betrokkenheid bij ontwerpfases/Involvement in
design phases:
SO-DO: ontwerp en tekenwerk/design and drawings
**TO-UO: tekenwerk en detaillering/drawings and
details**
**U: controle en esthetische begeleiding/
supervision and aesthetic control**
Projectarchitect/Project architect:
**Michiel Raaphorst, Rudolph Eilander, Taro
Yoshikawa**
Medewerkers/Contributors:
**Kelly Otter, Emilia Serowiec, Kaj Florens
Boonstra, Bob Robertus, Fleurtje Ruijs, Lucie
Marie Julie Castillo-Ros, David Fang, Jasper
Rabenort, Tim Sietse ter Heide, Egle Kalonaityte,
Niels Roodbergen, Malgorzata Marczak,
Jekaterina Balyšuk, Aiste Rakauskaite, Jeroen
van Rijen**
Ontwerp – Aanvang bouw – Oplevering/
Design – Construction start – Completion
2020 – 2022 – 2024
Opdrachtgever/Client:
Nuveen Real Estate en/and G&S&
Aannemer/Contractor:
Wessels, Zeist
Constructeur/Structural engineer:
Van Rossum Raadgevende Ingenieurs, Rotterdam
Installatieadviseur/Building services consultant:
Techniplan Adviseurs, Rotterdam
Bouwfysica/Building physics:
LBP|Sight, Nieuwegein
Bouwdirectie/Construction management:
BBN Adviseurs, Houten
Landschapsarchitect/Landscape architect:

**Felixx Landscape Architects & Planners,
Rotterdam**
Bruto vloeroppervlak/Gross floor area:
19.810 m²
Verhuurbaar vloeroppervlak/Lettable floor area:
17.800 m²
MilieuPrestatie Gebouwen (MPG)/Environmental
Building Performance (EPB):
0.5 €/m² BVO per jaar/GFA per year
Energieprestatiecoëfficiënt (EPC)/
Energy Performance Coefficient:
EPC: 0.7
BREEAM:
JA/Yes, Excellent

p. 100
Monadnock
Volante
Van Ghentlaan 2G-2N
Hilversum

Architect:
Monadnock, Rotterdam
Betrokkenheid bij ontwerpfases/Involvement in
design phases:
SO-DO: ontwerp en tekenwerk/design and drawings
**TO-U: esthetische begeleiding en controle/
aesthetic supervision**
Projectarchitecten/Project architects:
Job Floris, Sandor Naus
Medewerkers/Contributors:
Marta Cendra, Michael Maminski
Verantwoordelijke stedenbouwer/Urban planner:
Moke Architecten, Amsterdam
Ontwerp – Aanvang bouw – Oplevering/
Design – Construction start – Completion:
2021 – 2023 – 2024
Opdrachtgever/Client:
Dudok Wonen, Hilversum
Aannemer/Contractor:
Aannemingsmaatschappij Hegeman, Nijverdal
Constructeur/Structural engineer:
Schreuders Bouwtechniek, Hengelo
Installatieadviseur/Building services consultant:
InnQ Installaties, Almere
Bouwfysica/Building physics:
Alcedo, Holten
Bouwdirectie/Construction management:
B.B.A., Heemskerk
Landschapsarchitect/Landscape architect:
Hosper Landschapsarchitectuur, Haarlem
Interieurarchitect/Interior designer:
Monadnock, Rotterdam
Bruto vloeroppervlak/Gross floor area:
8.032 m²
MilieuPrestatie Gebouwen (MPG)/Environmental
Building Performance (EPB):
0,5 €/m² BVO per jaar/GFA per year
Energieprestatiecoëfficiënt (EPC)/
Energy Performance Coefficient:
**Energiebehoefte/Energy consumption: 53,19
kWh/m² per jaar/per year**
**Fossiele energie/Fossil energy: 48,10 kWh/m² per
jaar/per year**
Hernieuwbare energie/Renewable energy: 46,6 %
Paris Proof & CO₂:
±2,29 miljoen ton/million tons CO₂

p. 112
De Zwarte Hond
Herta Mohrgebouw
PN van Eyckhof 3
Leiden
Architect:
De Zwarte Hond, Rotterdam
Betrokkenheid bij ontwerpfases/Involvement in
design phases:
SO-DO: ontwerp en tekenwerk/design and drawings
**TO-UO: Tekenwerk en detaillering/Drawings and
details**
**U: controle en esthetische begeleiding/
supervision and aesthetic control**

Projectarchitect/Project architect:
Bart van Kampen
Medewerkers/Contributors:
Marco Overwijk (Projectleider), Kerstin Tresselt, Marjolein Maatman, Charis Nika, Bas van Nieuwenhuijsen, Magda Porcoteanu
Ontwerp – Aanvang bouw – Oplevering/
Design – Construction start – Completion:
2018 – 2018 – 2024
Opdrachtgever/Client:
Vastgoedbedrijf Universiteit Leiden
Aannemer/Contractor:
Aannemingsmaatschappij Hegeman, Nijverdal
Constructief adviseur/Construction consultant:
Pieters Bouwtechniek B.V., Delft
Installatieadviseur/Building services consultant:
Nelissen, Haarlem
Bouwfysica en brandveiligheid/Building physics:
Buro Bouwfysica, Capelle aan de IJssel
Bouwdirectie/Construction management:
B.B.A., Heemskerk
BREEAM Assessor:
C2N, Leidschendam
Procesmanagement/Process management:
Aronsohn Raadgevend Ingenieurs, Rotterdam
Aannemer/Contractor:
Constructif | Kuijpers Combinatie, Rotterdam
Urban miner:
New Horizon, Rotterdam
Interieurbouwer/Interior fitters:
HarryVan, Hoogezand
Bruto vloeroppervlak/Gross floor area:
16008 m²
Energieprestatiecoëfficiënt (EPC)/
Energy Performance Coefficient:
0,641
BREEAM:
JA/Yes, Excellent
Biobased en circulaire aspecten/Bio-based and
circular aspects:
Hergebruik bestaande constructie en gevels; hergebruik bestaande houten latten; hergebruik vier geslootpe kolommen; WKO; cooling square; biodiversiteit; waterberging/Reuse of existing structure and elevations; resuse of existing timber battens; reuse of four dismantled columns; thermal energy storage (TES); cooling square; bio diversity, water storage

p. 116
Popma ter Steege Architecten
Kantoor vol Afval
Marinevliegkamp 356
Katwijk

Architect:
Popma ter Steege Architecten, Leiden
Betrokkenheid bij ontwerpfases/Involvement
in design phases:
SO-DO: ontwerp en tekenwerk/design and drawings
TO-UO: Tekenwerk en detaillering/drawings and details
U: controle en esthetische begeleiding/ supervision and aesthetic control
Projectarchitect/Project architect:
Josse Popma
Medewerkers/Contributors:
Cas Bollen, Thinh Pham, Jan Willem ter Steege
Ontwerp – Aanvang bouw – Oplevering/
Design – Construction start – Completion:
2022 – 2023 – 2024
Opdrachtgever/Client:
Rijksvastgoedbedrijf
Aannemer/Contractor:
Vink Bouw, Nieuwkoop
Constructeur/Structural engineer:
IMd raadgevend ingenieurs, Rotterdam
Installatieadviseur/Building services consultant:
Deerns Nederland, Den Haag
Bouwfysica/Building physics:
Deerns Nederland, Den Haag
Bouwdirectie/Construction management:

Rijksvastgoedbedrijf
Interieurarchitect/Interior designer:
Popma ter Steege Architecten
Kunstenaars/Artists:
Raw Color (kleurontwerp/colour design) en/and Studio Simone Post (ontwerp tapijt/carpet design)
Kale bouwsom/Net building costs:
€ 2.786.980
Bruto vloeroppervlak/Gross floor area:
2.140 m²
Verhuurbaar vloeroppervlak/Lettable floor area:
1.517 m²
Energieprestatiecoëfficiënt (EPC)/
Energy Performance Coefficient:
Energielabel/Energy label A+
Paris Proof & CO₂:
Paris Proof (materiaalgebonden energie/ embodied energy of materials) 76,6 kg CO₂-eq/m² (40% reductie t.o.v. dezelfde renovatie met nieuwe materialen/40% reduction compared with same renovation using new materials); 68% van de ingrepen met hergebruikt materiaal/68% of the interventions involved recycled materials

p. 120
Civic Architects
Gorlaeus Collegezalengebouw
Einsteinweg 57
Leiden

Architect:
Civic Architects, Amsterdam
Betrokkenheid bij ontwerpfases/Involvement in
design phases:
SO-DO: ontwerp en tekenwerk/design and drawings
TO-UO: tekenwerk en detaillering/drawings and details
U: controle en esthetische begeleiding/ supervision and aesthetic control
Projectarchitect/Project architect:
Gert Kwekkeboom, Ingrid van der Heijden, Rick ten Doeschate, Jan Lebbink
Medewerkers/Contributors:
Rick Hospes, Robert Comas, Chiara Ciccarelli, Ioulia Voulgari, Maeve Corke Butters. Laura Berasaluce
Verantwoordelijke stedenbouwer/Urban planner:
Henk Hartzema, Studio Hartzema, Rotterdam
Ontwerp – Aanvang bouw – Oplevering/
Design – Construction start – Completion:
2020 – 2022 – 2023 (fase 1)/2024 (fase 2)
Opdrachtgever/Client:
Universiteit Leiden
Aannemer/Contractor:
Den Dubbelden, Noordwijk
Constructeur/Structural engineer:
Van Dijke, Alphen aan den Rijn
Installatieadviseur/Building services consultant:
Halmos, Den Haag
Bouwfysica/Building physics:
Halmos, Den Haag
Bouwdirectie/Construction management:
Universiteit Leiden
Landschapsarchitect/Landscape architect:
West 8, Rotterdam
Interieurarchitect/Interior designer:
Civic Architects, Amsterdam
Kale bouwsom/Net building costs:
€ 9.300.000
Bouwkosten per m²/Net building costs per m²:
€ 1.539
Bruto vloeroppervlak/Gross floor area:
6.050 m²
Verhuurbaar vloeroppervlak/Lettable floor area:
5.603 m²
Energieprestatiecoëfficiënt (EPC)/
Energy Performance Coefficient:
Energielabel/Energy label A++
Biobased en circulaire aspecten/Bio-based and
circular aspects:

Interieur volledig opgebouwd uit hergebruikte materialen en meubilair/Interior was fully assembled from recycled materials and furniture

p. 124
Sander van Schaik i.s.m./with Robert-Jan de Kort
Verblijf onder de Radar
Buitenplaats Koningsweg, Radarpad 54, Arnhem

Architect:
Sander van Schaik architect, Rotterdam
Betrokkenheid bij ontwerpfases/Involvement in
design phases:
SO-DO: ontwerp en tekenwerk/drawings and details
TO-UO: tekenwerk en detaillering/drawings and details
U: controle en esthetische begeleiding/ supervision and aesthetic control
Projectarchitect/Project architect:
Sander van Schaik
Medewerkers/Contributors:
Robert-Jan de Kort
Ontwerp – Aanvang bouw – Oplevering/
Design – Construction start – Completion:
2021 – 2023 – 2024
Opdrachtgever/Client:
Particulier
Aannemer/Contractor:
Bouwbedrijf van Rhenen, Driebergen
Constructeur/Structural engineer:
R2 Constructie Advies BV, Breda
Installatieadviseur/Building services consultant:
Kenny Vonk | Adviesbureau W-inst, Rotterdam
Bruto vloeroppervlak/Gross floor area:
67 m²
Verhuurbaar vloeroppervlak/Lettable floor area:
46 m²

p. 124
KRAFT architecten
Kleine Kapel
Buitenplaats Koningsweg, Radarpad 52, Arnhem

Architect:
KRAFT architecten, Arnhem
Betrokkenheid bij ontwerpfases/Involvement in
design phases:
SO-DO: ontwerp en tekenwerk/design and drawings
TO: tekenwerk en detaillering/drawings and details
UO: controle en esthetische begeleiding/ supervision and aesthetic control
Projectarchitect/Project architect:
Joep Koenders, Arno Geesink
Medewerkers/Contributors:
Dirk van de Lockand
Verantwoordelijke stedenbouwer/Urban planner:
Buro Harro, Arnhem en/and MVRDV, Rotterdam
Ontwerp – Aanvang bouw – Oplevering/
Design – Construction start – Completion:
2018 – 2022 – 2024
Opdrachtgever/Client:
KondorWessels Projecten B.V.
Aannemer/Contractor:
Draisma Bouw, Apeldoorn
Constructeur/Structural engineer:
Lucassen bouwconstructies, Hengelo
Landschapsarchitect/Landscape architect:
Buro Harro, Arnhem
Interieurarchitect/Interior designer:
Robbin Baas, Arnhem
Bruto vloeroppervlak/Gross floor area:
78 m²
Verhuurbaar vloeroppervlak/Lettable floor area:
65 m²
Biobased en circulaire aspecten/Bio-based and
circular aspects:
Volledige restauratie van vervallen, houten kapel (rijksmonument) met maximaal behoud van historische bouwmaterialen/Complete restoration of dilapidated timber-built chapel (listed building)

with maximum retention of historical building
materials

p. 125
i29 Architects & NAMO Architecture
Buitenverblijf Nest
Buitenplaats Koningsweg, Radarpad 56, Arnhem
Architect:
i29 Architects, Ouder-Amstel en/and NAMO Architecture, Amsterdam
Betrokkenheid bij ontwerpfases/Involvement in
design phases:
SO-DO: ontwerp en tekenwerk/design and drawings
TO-UO: tekenwerk en detaillering/drawings and details
U: controle en esthetische begeleiding/ supervision and aesthetic control
Projectarchitect/Project architect:
Noud Paes, Chris Collaris (architectuur/ architecture) Jaspar Jansen, Jeroen Dellensen (interieur/interior)
Medewerkers/Contributors:
Redmer Weijer
Verantwoordelijke stedenbouw/Urban planner:
Harro de Jong (Buro Harro)
Ontwerp – Aanvang bouw – Oplevering/
Design – Construction start – Completion:
2021 – 2022 – 2024
Opdrachtgever/Client:
Noud Paes, Chris Collaris, Jaspar Jansen, Jeroen Dellensen, Christian Hagoort
Aannemer/Contractor:
Hagoort Bouw BV, Papekop
Constructeur/Structural engineer:
Huib Jol, Geelhoed Engineering BV, Moordrecht
Installatieadviseur/Building services consultant:
Smart Bouwexperts, Weert
Bouwfysica/Building physics:
Smart Bouwexperts, Weert
Bouwdirectie/Construction management:
Noud Paes, Chris Collaris, Jaspar Jansen, Jeroen Dellensen, Christian Hagoort
Landschapsarchitect/Landscape architect:
BuroHarro, landschapsarchitect voor/for Buitenplaats Koningsweg, Amersfoort
Interieurarchitect/Interior designer:
i29 Architects
Kale bouwsom/Net building costs:
€ 200.000
Bouwkosten per m²/Net building costs per m²:
€ 3.226
Bruto vloeroppervlak/Gross floor area:
62 m²
Verhuurbaar vloeroppervlak/Lettable floor area:
41 m²
Biobased en circulaire aspecten/Bio-based and
circular aspects
HSB gevels en wanden; houten gevelkozijnen en houten gevelbekledingen /timber elevations and walls; timber facade frames and timber facade claddings

p. 125
Korteknie Stuhlmacher architecten
de Spothut
Buitenplaats Koningsweg, Radarpad 50, Arnhem

Architect:
Korteknie Stuhlmacher architecten, Rotterdam
Betrokkenheid bij ontwerpfases/Involvement in
design phases:
SO-DO: ontwerp en tekenwerk/design and drawings
TO: tekenwerk en detaillering/drawings and details
U: controle en esthetische begeleiding/ supervision and aesthetic control
Projectarchitect/Project architect:
Joppe Douma
Ontwerp – Aanvang bouw – Oplevering/
Design – Construction start – Completion:
2021 – 2022 – 2023
Opdrachtgever/Client:

Carole van der Linden
Aannemer/Contractor:
Elmer Koopmans i.s.m./with Joris Jansens en/and Tom Vollaard, Delft
Constructeur/Structural engineer:
Jaap Dijks, Goudstikker en/and de Vries, 's-Hertogenbosch
Installatieadviseur/Building services consultant:
Kenny Vonk, Adviesbureau W-inst, Rotterdam
Landschapsarchitect/Landscape architect:
Harro de Jong, Arnhem
Interieurarchitect/Interior designer:
Korteknie Stuhlmacher architecten, Joppe Douma
Kale bouwsom/Net building costs:
€ 305.000
Bouwkosten per m²/Net building costs per m²:
€ 5.700
Bruto vloeroppervlak/Gross floor area:
53,5 m²
Verhuurbaar vloeroppervlak/Lettable floor area:
40,5 m² + 20 m² buitenruimte/outdoor space
Biobased en circulaire aspecten/Bio-based and circular aspects:
Low-tech en passief ontwerp volledig vervaardigd uit verkregen Europees hout; energiezuinig, gezond binnenklimaat, lage CO₂-voetafdruk; grotendeels pre-fab (m.u.v. gevelbekleding), geheel is demontabel/Low-tech and passive design fully constructed from sourced European timber; energy-efficient, healthy indoor climate, low CO₂ footprint; largely prefab (except facade cladding), fully demountable

p. 125
Space Encounters
Dolmen
Buitenplaats Koningsweg, Radarpad 58, Arnhem

Architect:
Space Encounters, Amsterdam
Betrokkenheid bij ontwerpfases/Involvement in design phases:
SO-U ontwerp- en tekenwerk/design and drawings, esthetische begeleiding/aesthetic supervision
Projectarchitect/Project architect:
Gijs & Joost Baks
Medewerkers/Contributors:
Vincent van Leeuwen, Hyemi Lee, Patricia Yus, Yiming Yang
Verantwoordelijke stedenbouwer/Urban planner:
MVRDV, Rotterdam + Buro Harro, Arnhem
Ontwerp – Completion:
2021 – 2024
Opdrachtgever/Client:
Vertrouwelijk/Confidential
Aannemer/Contractor:
Hagoort Bouw, Papekop
Constructeur/Structural engineer:
Van Rossum Raadgevende Ingenieurs, Amsterdam
Installatieadviseur/Building services consultant:
DGMR, Drachten
Bouwfysica/Building physics:
DGMR, Drachten
Bouwdirectie/Construction management:
Space Encounters, Amsterdam
Landschapsarchitect/Landscape architect:
Buro Harro, Arnhem
Interieurarchitect/Interior designer:
Space Encounters, Amsterdam
Bouwkosten per m²/Net building costs per m²:
Vertrouwelijk/Confidential
Bruto vloeroppervlak/Gross floor area:
56 m²
Verhuurbaar vloeroppervlak/Lettable floor area:
40 m²
Biobased en circulaire aspecten/
Bio-based and circular aspects:
**Gebruik van verduurzaamd Platowood/
Use of preserved Platowood**

p. 126
JCRARCHITECTEN
Kazemat Koningsweg
Buitenplaats Koningsweg, Radarpad 60, Arnhem

Architect:
JCRARCHITECTEN, Arnhem
Betrokkenheid bij ontwerpfases/Involvement in design phases:
SO-DO: ontwerp en tekenwerk/design and drawings
TO-UO: tekenwerk en detaillering/drawings and details
U: controle en esthetische begeleiding/ supervision and aesthetic control
Projectarchitect/Project architect:
Jeroen Helder
Medewerkers/Contributors:
René Jansen, Veronika Stehlíková, Saskia de Kinkelder
Verantwoordelijke stedenbouw/Urban planner:
Buro Harro, Arnhem
Ontwerp – Aanvang bouw – Oplevering/
Design – Construction start – Completion:
2021–2023–2024
Opdrachtgever/Client:
Jeroen Helder, Saskia de Kinkelder, Jimi Helder
Aannemer/Contractor:
Bouwbedrijf Van Middendorp, Wekerom
Constructeur/Structural engineer:
Willemsen Bouwadvies, Huissen
Installatieadviseur/Building services consultant:
Grootheest, Ede
Landschapsarchitect/Landscape architect:
Buro Harro, Arnhem
building costs:
€ 200.000
Bouwkosten per m²/Net building costs per m²:
€ 5.000
Bruto vloeroppervlak/Gross floor area:
40m²
Verhuurbaar vloeroppervlak/Lettable floor area:
35m²
MilieuPrestatie Gebouwen (MPG)/Environmental Building Performance (EPB):
0,68 €/m² BVO per jaar/GFA per year
Biobased en circulaire aspecten/Bio-based and circular aspects:
Biobased Nederlands hout; isovlas isolatie/bio-based Dutch timber; flax insulation

p. 126
opZoom architecten bv
Folly de Ooggetuige
Buitenplaats Koningsweg, Radarpad 74, Arnhem

Architect:
opZoom architecten bv, Arnhem
Betrokkenheid bij ontwerpfases/Involvement in design phases:
SO-DO: ontwerp en tekenwerk/design and drawings
TO-UO: tekenwerk en detaillering/drawings and details
U: controle en esthetische begeleiding/ supervision and aesthetic control
Projectarchitect/Project architect:
Johan Blokland, Alissa Los
Medewerkers/Contributors:
Klaas Tuin, Mieke Bloem
Verantwoordelijke stedenbouwer/Urban planner:
Harro de Jong (Buro Harro)
Ontwerp – Aanvang bouw – Oplevering/
Design – Construction start – Completion:
2021 – 2023 – 2024
Opdrachtgever/Client:
Particulier
Aannemer/Contractor:
Bouwbedrijf van Middendorp BV, Wekerom
Constructeur/Structural engineer:
conStabiel – adviseurs in Bouwtechniek, Velp
Installatieadviseur/Building services consultant:
Instaan installaties, Arnhem
Interieurarchitect/Interior designer:

opZoom architecten bv
Bruto vloeroppervlak/Gross floor area:
44,7 m²
Verhuurbaar vloeroppervlak/Lettable floor area:
29,2 m²
Biobased en circulaire aspecten/
Bio-based and circular aspects:
Prefab houten constructie, buiten- en binnenafwerking geheel van hout; in de gevel nestkasten voor vleermuizen en halfholenbroeders/Prefab timber structure, all-timber internal and external finishing; nest boxes for bats and semi-cavity breeders in the facade

p. 127
KRAFT architecten
Hooimijt
Buitenplaats Koningsweg, Radarpad 78, Arnhem

Architect:
KRAFT architecten, Arnhem
Betrokkenheid bij ontwerpfases/Involvement in design phases:
SO-DO: ontwerp en tekenwerk/design and drawings
TO-UO: tekenwerk en detaillering/drawings and details
U: controle en esthetische begeleiding/ supervision and aesthetic control
Projectarchitect/Project architect:
Joep Koenders, Arno Geesink
Medewerkers/Contributors:
Dirk van de Lockand
Verantwoordelijke stedenbouwer/Urban planner:
Buro Harro, Arnhem en/and MVRDV, Rotterdam
Ontwerp – Aanvang bouw – Oplevering/
Design – Construction start – Completion:
2021 – 2022 – 2024
Opdrachtgever/Client:
Blitzmädel B.V.
Aannemer/Contractor:
Aannemersbedrijf Van den Brandhof, Ede
Constructeur/Structural engineer:
IBT, Veenendaal
Landschapsarchitect/Landscape architect:
Buro Harro, Arnhem
Interieurarchitect/Interior designer:
Marlies Quack, Maakwerk, Arnhem
Kale bouwsom/Net building costs:
€ 320.000
Bouwkosten per m²/Net building costs per m²:
€ 6.400
Bruto vloeroppervlak/Gross floor area:
50 m²
Verhuurbaar vloeroppervlak/Lettable floor area:
41 m²
Biobased en circulaire aspecten/Bio-based and circular aspects:
Massief houten draagconstructie; prefab HSB gevels en wanden; onbehandelde houten gevelkozijnen; houten gevelbekledingen; rieten vlechtwerk gevelbekledingen/Solid timber load-bearing structure; prefab timber elevations and walls; untreated timber facade frames; timber facade cladding; woven reed facade claddings

p. 127
Studio Architectuur MAKEN
Folly BAT
Buitenplaats Koningsweg, Radarpad 70, Arnhem

Architect:
Studio Architectuur MAKEN, Rotterdam
Betrokkenheid bij ontwerpfases/Involvement in design phases:
SO-DO: ontwerp en tekenwerk/design and drawings
TO-U: controle en esthetische begeleiding/ supervision and aesthetic control
Projectarchitect/Project architect:
Nina Aalbers, Ferry in 't Veld
Medewerkers/Contributors:
Rune Lierman
Verantwoordelijke stedenbouwer/Urban planner:

Jelle Staats, Arnhem
Ontwerp – Aanvang bouw – Oplevering/
Design – Construction start – Completion:
2021 –2022- 2024
Opdrachtgever/Client:
Jelle Staats
Aannemer/Contractor:
Jelle Staats, Arnhem
Constructeur/Structural engineer:
Transistor, Rutger Snoek, Bussum
Installatieadviseur/Building services consultant:
Buro Bouwfysica, Capelle aan den IJssel
Bouwfysica/Building physics:
Buro Bouwfysica, Capelle aan den IJssel
Bouwdirectie/Construction management:
Jelle Staats, Arnhem
Interieurarchitect/Interior designer:
Jelle Staats, Arnhem
Bruto vloeroppervlak/Gross floor area:
52,6 m²
Verhuurbaar vloeroppervlak/Lettable floor area:
29 m² (dakterras/roof terrace 20 m²)

p. 140
Koen van Velsen architecten
Huis op Zuid
Laan op Zuid 1051-1111
Rotterdam

Architect:
Koen van Velsen architecten, Amsterdam
Betrokkenheid bij ontwerpfases/Involvement in design phases:
SO-DO: ontwerp en tekenwerk/design and drawings
TO-UO: tekenwerk en detaillering/drawings and details (Huis op Zuid Sport)
TO-UO: controle en esthetische begeleiding/ supervision and aesthetic control (Huis op Zuid Wonen)
U: controle en esthetische begeleiding/ supervision and aesthetic control
Projectarchitect/Project architect:
Koen van Velsen
Medewerkers/Contributors:
Frank Beurskens, Hugo Bolté, Erik-Jan van Dalfsen, Steven van der Heijden, Daan Jenniskens, Helga Kommer, Jan Maarten Mulder, Arthur Schoonenberg, Jeroen Spit, Stijn Swolfs, Koen van Velsen
Verantwoordelijke stedenbouwer/Urban planner:
Koen van Velsen architecten, Amsterdam
Ontwerp – Aanvang bouw – Oplevering/
Design – Construction start – Completion:
2017 – 2021 – 2024
Opdrachtgever/Client:
Gemeente Rotterdam (Huis op Zuid Sport) en/and Synchroon (Huis op Zuid Wonen)
Aannemer/Contractor:
Groep Van Roey, Rijkevorsel (BE)
Constructeur/Structural engineer:
IMd raadgevende ingenieurs, Rotterdam
Installatieadviseur/Building services consultant:
Nelissen ingenieursbureau, Eindhoven
Bouwfysica/Building physics:
DGMR, Arnhem (Huis op Zuid Sport)
LBP|SIGHT, Nieuwegein (Huis op Zuid Wonen)
Bouwdirectie/Construction management:
Stevens Van Dijck, 's-Hertogenbosch (Huis op Zuid Sport)
Synchroon, Utrecht (Huis op Zuid Wonen)
Landschapsarchitect/Landscape architect:
Koen van Velsen architecten, Amsterdam
Interieurarchitect/Interior designer:
Koen van Velsen architecten, Amsterdam
Kunstenaars/Artists:
Wouter Stips
Kale bouwsom/Net building costs:
Huis op Zuid Sport: € 21.400.000
Huis op Zuid Wonen: € 18.200.000
Bouwkosten per m²/Net building costs per m²:
Huis op Zuid Sport: € 3.416
Huis op Zuid Wonen: € 1.988

Bruto vloeroppervlak/Gross floor area:
Huis op Zuid Sport: 6.264 m²
Huis op Zuid Wonen: 9.155 m²
Verhuurbaar vloeroppervlak/Lettable floor area:
5.829 m² wonen/apartments
2.548 m² sport/sports
750 m² commercieel/commercial
637 m² bijeenkomst (horeca en tribune)/meeting (catering and grandstand)
130 m² kantoor/office
MilieuPrestatie Gebouwen (MPG)/Environmental Building Performance (EPB):
Huis op Zuid Sport: Niet bekend/Unknown
Huis op Zuid Wonen: € 0,57 €/m² BVO per jaar/ GFA per year
Energieprestatiecoëfficiënt (EPC)/
Energy Performance Coefficient:
Huis op Zuid Sport: 0.566
Huis op Zuid Wonen: Energielabel/Energy label A+/A++
Materialenpaspoort /Materials passport:
Huis op Zuid Sport: JA/Yes
Huis op Zuid Wonen: NEE/No

p. 144
Van Wageningen Architecten
Nieuwe huisvesting VWS/Rijksinstituut voor Volksgezondheid en Milieu (RIVM)
Helsinkilaan 1
Utrecht

Architect:
Van Wageningen Architecten, Breukelen
Betrokkenheid bij ontwerpfases/Involvement in design phases:
SO-DO: ontwerp en tekenwerk/design and drawings
TO-UO: tekenwerk en detaillering/drawings and details
U: controle en esthetische begeleiding/ supervision and aesthetic control
Projectarchitect/Project architect:
Dick van Wageningen, Felix Claus
Medewerkers/Contributors:
Sander Monteiro, Thom Knubben, Linda Cappetijn, Stefhan Broekema, Floris Koelink, Jakub Pakos, Matthijs Vreke, Qing Chen, Takahiro Yonezu, Adrien Thivolle, Frederick Fasola, Michel Baumann, Charlotte Garrett, Qing Chang, Ewout van Rossum, Kasper Johannessen, Cilian Wright, Ruben van Wageningen
Verantwoordelijke stedenbouwer/Urban planner:
Art Zaaijer, Utrecht
Ontwerp – Aanvang bouw – Oplevering/
Design – Construction start – Completion:
2012 – 2017 – 2024
Opdrachtgever/Client:
MEET Strukton in opdracht van Ministerie van VWS/for Ministry of Health, Welfare and Sport
Aannemer/Contractor:
MEET, Utrecht
Constructeur/Structural engineer:
Van Rossum Raadgevende Ingenieurs, Amsterdam
Installatieadviseur/Building services consultant:
Deerns, Den Haag
Bouwfysica/Building physics:
Peutz, Mook
Bouwdirectie/Construction management:
MEET, Utrecht
Landschapsarchitect/Landscape architect:
H+N+S Landschapsarchitecten, Amersfoort
Interieurarchitect/Interior designer:
OTH Architecten, Amsterdam (interieur toren/ interior tower)
Kunstenaar/Artist:
Reuben Margolin, Emeryville (USA)
Kale bouwsom/Net building costs:
€ 160.000.000 (oorspronkelijke bouwsom/ original building costs)
Bouwkosten per m²/Net building costs per m²:
€ 2.300 per m² (oorspronkelijke bouwkosten/ original building costs)

Bruto vloeroppervlak/Gross floor area:
70.000 m²
MilieuPrestatie Gebouwen (MPG)/Environmental Building Performance (EPB):
0,9 €/m² BVO per jaar/GFA per year
Energieprestatiecoëfficiënt (EPC)/
Energy Performance Coefficient:
0
BREEAM:
JA/Yes, Outstanding
Biobased en circulaire aspecten/Bio-based and circular aspects:
Onderdeel van/Component of Breeam Outstanding

p. 148
Team V Architectuur
Mediavaert DPG Media
Van der Madeweg 40
Amsterdam

Architect:
Team V Architectuur, Amsterdam
Betrokkenheid bij ontwerpfases/Involvement in design phases:
SO-DO: ontwerp en tekenwerk/design and drawings
TO: tekenwerk en detaillering/drawings and details
UO-U: controle en esthetische begeleiding/ supervision and aesthetic control
Projectarchitect/Project architect:
Do Janne Vermeulen, Fleur Kay
Medewerkers/Contributors:
Job Stuijt, Charlot Klinkhamer, Coen Ooijevaar, Bart-Jan Hopman, Paul van Berkum, Ruben Kaipatty, Ivan Ordonez, Loo Wai, Abel van Unen, Josje Landman, Dennis Merkens, Francine van Loon en Martijn Perik
Ontwerp – Aanvang bouw – Oplevering/
Design – Construction start – Completion:
2019 – 2021 – 2024
Opdrachtgever/Client:
DPG Media
Aannemer/Contractor:
Besix NL, Dordrecht
Constructeur/Structural engineer:
Arup, Amsterdam
Installatieadviseur/Building services consultant:
Arup, Amsterdam
Bouwfysica/Building physics:
DGMR, NL
Bouwdirectie/Construction management:
Drees & Sommer, NL
Projectmanagement, developer/
Project management, developer
Being, Amsterdam
Kostendeskundige/Cost consultant:
Skaal, Amsterdam
Landschapsarchitect/Landscape architect:
Delva, Amsterdam
Interieurarchitect/Interior designer:
Team V Architectuur
Groeninrichting interieur/Interior green design:
Francine van Kempen
Grafische vormgeving bewegwijzering /
Signage graphic design:
Thonik en/and studiostaak
Projectmanagement interieur/
Interior project management:
Brink groep
Lichtontwerper/Lighting designer:
Frans van Hooijdonk
Kunstenaar/Artist:
Martijn Sandberg
Bruto vloeroppervlak/Gross floor area:
46.000 m²
MilieuPrestatie Gebouwen (MPG)/Environmental Building Performance (EPB):
0.59 €/m² BVO per jaar/GFA per year (DO)
Energieprestatiecoëfficiënt (EPC)/
Energy Performance Coefficient:
0,597

Paris Proof & CO₂:
222 kg CO₂-eq/m².
BREEAM:
JA/Yes, Excellent
Biobased en circulaire aspecten/Bio-based and circular aspects:
Hybride houten constructie (7.000 m³ hout); zonnepanelen (740 m²); WKO-installatie; groene daken met geïntegreerde regenwaterbuffering/ Hybrid timber construction (7,000 m³ timber); solar panels (740 m²); thermal energy storage (TES); green roofs with integrated rainwater buffering

p. 152
UNStudio (casco) en/and HofmanDujardin (lead interior architect)
Booking.com City Campus
Oosterdokseiland
Amsterdam

Architect:
UNStudio, Amsterdam
Betrokkenheid bij ontwerpfases/Involvement in design phases:
SO-DO: ontwerp en tekenwerk/design and drawings
TO-UO: tekenwerk en detaillering/drawings and details
U: controle en esthetische begeleiding/ supervision and aesthetic control
Projectarchitect/Project architect:
Ben van Berkel
Medewerkers/Contributors:
UNStudio team architectuur/architecture:
Ben van Berkel with Arjan Dingsté, Marianthi Tatari, Marc Hoppermann, Misja van Veen, Juergen Heinzel, Ariane Stracke, René Toet and Albert Gnodde, Albert Laarman, Anna Garazdowska, Ardit Curraj, Ayax Abreu, Bruno Peris, Clare Porter, Cristina Bolis, Ergin Birinci, Georgios Siokas, Guilherme Miranda, Ivo van Capelleveen, Izak Kljakovic, Jolien Bruin, Juan Luis Mayen Moran, Ka Shin Liu, Luke Tan, Mahmoud Meligy, Mark Maas, Martin Zangerl, Maya Christodoulaki, Menida Avram, Mitchel Verkuijlen, Olivier Yebra, Pieter Doets, Robbie Neijzen, Ryszard Rychlicki, Alex Tahinos, Argyrios Delithanasis, Bart Bonenkamp, Gary Polk, Ke Quan, Kyle Tousant, Mahmoud Meligy, Ryan Henriksen, Xinyu Wang, Yan Ma, Derrick Diporedjo, Gys le Roux, Jahan Tahamtan, Lu Ding
UN Studio team interieur/interior:
Ben van Berkel with Arjan Dingsté, Marianthi Tatari, Ariane Stracke and Antoine van Erp, Cristina Bolis, Yiming Zhang, Mitchel Verkuijlen, Lachlan Million, Lieneke van Hoek
Maquettebouwer/model maker:
Patrik Noome
Interieurarchitect/Interior designer:
HofmanDujardin
Gebiedsontwerpers/Area designers:
Linehouse Design, i29, Studio Modijefsky, CBRE Design Collective, UNStudio, HofmanDujardin
Ontwerp – Aanvang bouw – Oplevering/
Design – Construction start – Completion:
2015 – 2020 – 2023
Opdrachtgever/Client:
BPD (Bouwfonds Property Development) en/ and Booking.com
Aannemer/Contractor:
Zublin Nederland, Breda
Gevelbouwer/Façade Contractor:
Scheldebouw, Middelburg
Constructeur/Structural engineer:
Aronsohn, Rotterdam
Installatieadviseur/Building services consultant:
Techniplan, Rotterdam
Bouwfysica/Building physics:
Cauberg Huygen, Rotterdam
Bouwdirectie/Construction management:
CBRE, Amsterdam
Landschapsarchitect/Landscape architect:
MOSS, Amsterdam

Bruto vloeroppervlak/Gross floor area:
72,500 m²
BREEAM:
JA/Yes, Excellent
Biobased en circulaire aspecten/Bio-based and circular aspects:
Hergebruik heipalen van eerdere bebouwing; hergebruik van kantoormeubilair; toepassing van ruim 11.000 planten/Reuse of piling from the foundation of previous buildings; reuse of existing furniture items; use of over 11,000 plants

p. 156
Marc Koehler Associates
Republica
Papaverhof 71
Amsterdam

Architect:
Marc Koehler Associates, Amsterdam
Architect Blok 3:
Loer Architecten, Rotterdam
Betrokkenheid bij ontwerpfases/Involvement in design phases:
SO-DO: ontwerp en tekenwerk/design and drawings
TO-UO: tekenwerk en detaillering/drawings and details
U: controle en esthetische begeleiding/ supervision and aesthetic control
Projectarchitect/Project architect:
Eric Thijssen
Medewerkers/Contributors:
Marc Koehler, Eric Thijssen, Carlos Moreira, Andrea Verdecchia, David Klinkhamer, Satoru Muneda, Michiel Kroese, Robbie Neijzen
Verantwoordelijke stedenbouwer/Urban planner:
Marc Koehler associates
Ontwerp – Aanvang bouw – Oplevering/
Design – Construction start – Completion:
2017 – 2021 – 2024
Opdrachtgever/Client:
Republica VOF (M. Banlieu & Vink Bouw)
Aannemer/Contractor:
Vink Bouw, Nieuwkoop
Constructeur/Structural engineer:
Pieters Bouwtechniek, Delft
Installatieadviseur/Building services consultant:
Techniplan, INNAX, Spectral
Bouwfysica/Building physics:
Cauberg Huygen, Amsterdam
Landschapsarchitect/Landscape architect:
Dakdokters, Amsterdam
Bouwkosten per m²/Net building costs per m²:
circa € 3.500
Bruto vloeroppervlak/Gross floor area:
20.300 m²
Verhuurbaar vloeroppervlak/Lettable floor area:
3.500 m²
MilieuPrestatie Gebouwen (MPG)/Environmental Building Performance (EPB):
0,63 €/m² BVO per jaar/GFA per year
Energieprestatiecoëfficiënt (EPC)/
Energy Performance Coefficient:
0,2
Biobased en circulaire aspecten/Bio-based and circular aspects:
Gebruik van gerecyclede materialen zoals bak- steen en demontabel natuurstenen plein; Open Bouwen-principes voor flexibele herinrichtingen en minder bouwafval; energie-positief Smartgrid met 1.500 m² zonnepanelen en een 1,2 mWh batterij; voedselvermalers in alle keukens van de hoogste toren verwerken voedselresten tot biogas en fosfaat in nabijgelegen grondstoffenstation/ Use of recycled materials like bricks, square with removable stone paving; Open Building principles for flexible redesign and less construction waste; Energy-positive Smartgrid with 1,500 m² solar panels and a 1.2 mWh battery; waste disposal units in all kitchens in the tallest tower send food waste to nearby raw materials station where it is converted into biogas and phosphate

p. 160
WE architecten en/and Paul de Ruiter Architects
Lloyd Yard
Lloydkade 403
Rotterdam

Architect:
WE architecten, Amsterdam en/and Paul de Ruiter Architects, Amsterdam
Betrokkenheid bij ontwerpfases/Involvement in design phases:
SO-DO: ontwerp en tekenwerk/design and drawings
TO-UO: tekenwerk en detaillering/drawings and details
U: controle en esthetische begeleiding/ supervision and aesthetic control
Projectarchitect/Project architect:
Erik de Vries (WE architecten), Martijn van Gameren (Paul de Ruiter Architects)
Medewerkers/Contributors:
Erik de Vries, Jelmer van der Ploeg, Ioanna Tzavella (WE architecten), Martijn van Gameren, Alex Pieterse (Paul de Ruiter Architects)
Verantwoordelijke stedenbouwer/Urban planner:
Gemeente Rotterdam
Ontwerp – Aanvang bouw – Oplevering/ Design – Construction start – Completion:
2020 – 2021 – 2024
Opdrachtgever/Client:
KondorWessels Vastgoed, Amsterdam
Aannemer/Contractor:
Kroon & de Koning, Zwijndrecht en/and Boele & van Eesteren, Rijswijk
Constructeur/Structural engineer:
Pieters Bouwtechniek, Delft
Installatieadviseur/Building services consultant:
HV Technical Consultancy B.V., Driebergen-Rijsenburg
Bouwfysica/Building physics:
Contensus B.V., Driebergen-Rijsenburg
Bouwdirectie/Construction management:
Kroon & de Koning, Zwijndrecht en/and Boele & van Eesteren, Rijswijk
Landschapsarchitect/Landscape architect:
ZUS [Zones Urbaines Sensibles], Rotterdam
Interieurarchitect/Interior designer:
Algemene ruimtes/General spaces:
WE architecten en/and Paul de Ruiter Architects
Kunstenaar/Artist:
Gino Bud Hoiting (illustraties entreehallen/ illustrations in entrance lobbies)
Bruto vloeroppervlak/Gross floor area:
21.700 m²
Verhuurbaar vloeroppervlak/Lettable floor area:
Horeca/Catering:: 220 m²
MilieuPrestatie Gebouwen (MPG)/Environmental Building Performance (EPB):
0,65 €/m² BVO per jaar/GFA per year
Energieprestatiecoëfficiënt (EPC)/ Energy Performance Coefficient:
0

Colofon
Acknowledgements

Samenstelling/Edited by
Uri Gilad, Stephan Petermann, Annuska Pronkhorst

Teksten/Texts
Uri Gilad, Stephan Petermann, Annuska Pronkhorst

Vormgeving/Design
Joseph Plateau, Amsterdam

Vertaling/Translation
Robyn de Jong-Dalziel

Beeldredactie/Picture editing
Ingrid Oosterheerd

Tekstredactie/Text editing
Arjen Oosterman, Robyn de Jong-Dalziel

Projectleiding/Project coordinator
Marja Jager & Marcel Witvoet, nai010 uitgevers/publishers
i.s.m./with
Nicky Rijks & Sara Duisters

Uitgever/Publisher
nai010 uitgevers/publishers

Druk / Printing
Wilco, Amersfoort

Sponsorwerving/Sponsorship recruitment
RSM
Sixhavenweg 8
1021 HG Amsterdam
+31 (0)20-770 84 81
reinhart@rsminfo.nl
www.rsminfo.nl

Omslagfoto/Cover photo
Stijn Poelstra – De Zwarte Hond, Herta Mohrgebouw/ Herta Mohr building, Leiden

Foto's projecten/Project photos
Petra Appelhof 35, 36
Corné Bastiaanse 144, 146, 147
Eva Bloem 113, 114, 115
Stijn Bollaert 58, 101, 102, 103, 120
Stijn Brakkee 83
Marcel van der Burg 125
Sebastian van Damme 93, 94, 95, 123, 126, 140, 142, 143, 157, 158, 159
DOK architecten 39
Loes van Duijvendijk 127
Ossip van Duivenbode 148, 150, 151
MWA Hart Nibbrig 28
Corentin Haubruge 46, 48, 49
Thea van de Heuvel 44, 45
Hufton + Crow 152, 154, 155
i29 Architects & NAMO Architecture 125
Stefan Müller 76, 78, 79
Jeroen Musch 61, 124, 126, 127
Stijn Poelstra 42, 44, 57, 115, 117, 118, 119
Aiste Rakauskaite 97, 98, 99, 161, 162, 163
Matthijs van Roon 154, 155
Arjen Schmitz 38, 89, 90, 91
Studio Hans Wildschut 50, 52, 53
Paul Swagerman 80, 82, 83
Maurice Tjon a Tham 125
René de Wit 31, 32, 33, 84, 86, 87
Ymere 37
De Zwarte Hond 114

Historische foto's/Historical photos
Archief Joop van Stigt/Jan Versnel 110lb
Archief Universiteit Leiden 110lo
Beeldbank A2 Maastricht 74rm
Buro NØRD Architectuur 54lb
Buro Harro 110ro
Tomas Dirrix 54rb
Geurts & Schulze architecten 74lb
Groothuijse de Boer architecten 26lb
Corentin Haubruge 40lb
HILBERINKBOSCH architecten/Ardito 26rb
Ibelings van Tilburg architecten 26lo
Bas Kijzers 110rb
Maria Austria Instituut (MAI)/Jan Versnel 74lm, 74lo
NEXT architects 54lo
Regionaal Archief Dordrecht/Het Vrije Volk 74rb
Regionaal Archief Nijmegen/Fotocollectie 40rb
Stadsarchief Amsterdam 74ro
Stadsarchief Amsterdam/Ton van Rijn 26ro
Stadsarchief Rotterdam/KLM Aerocarto 40lo

lb linksboven/top left;
rb rechtsboven/top right;
lm links midden/middle left;
rm rechts midden/middle right;
lo linksonder/bottom left;
ro rechtsonder/bottom right

Foto's teksten/Texts photos
Ronald Auée 132
BASE Photography 132
Karl Banski 133
Nico Bick 62
Eva Bloem 132
Egbert de Boer 133
Marcel van der Burg 128
Sebastian van Damme 132
Philip Driessen 132
Walter Frisart FOTOwerk 132
MWA Hart Nibbrig 133
Kees Hummel 133
Ewout Huibers 132
David de Jong 132
Henk Koster 132
John Lewis Marshall 133
Jeroen Musch 132
Anna Odulinska 133
Stijn Poelstra 132, 135
Marc Reniers 130
Laurent Stevens Photograhpy 132
Kees van der Veer 133
René de Wit 133
Thijs Wolzak 133
Ronald Zijlstra 133

Foto's Architectuur natuur/
Architecture nature photos
Rubén Dario Kleimeer 20, 22, 23, 24-25

Infographics
Stephan Petermann 104, 105, 106, 107, 108, 109

nai010 uitgevers is een internationaal georiënteerde uitgever, gespecialiseerd in het ontwikkelen, produceren en distribueren van boeken over architectuur, beeldende kunst en verwante disciplines.
nai010 publishers is an internationally orientated publisher specialized in developing, producing and distributing books on architecture, visual arts and related disciplines.
www.nai010.com
info@nai010.com

nai010 books are available internationally at selected bookstores and from the following distribution partners:
North, Central and South America – Artbook | D.A.P., New York, USA, dap@dapinc.com Rest of the world – Idea Books, Amsterdam, the Netherlands, idea@ideabooks.nl
For general questions, please contact nai010 publishers directly at sales@nai010.com or visit our website www.nai010.com for further information.

Printed and bound in the Netherlands
ISBN 978-94-6208-909-9

Architectuur in Nederland 2024-2025 Jaarboek/
Architecture in the Netherlands Yearbook 2024-2025 is ook verkrijgbaar als e-book/ is also available as e-book:
ISBN 978-94-6208-921-1

Museum voor architectuur, design en digitale cultuur.

Nieuwe Instituut

Museumpark 25, Rotterdam

Tuin Ashram College, Alphen aan de Rijn, 1978–2021. Archief Louis Le Roy.

De Rijkscollectie voor Nederlandse Architectuur en Stedenbouw is een van de grootste architectuurcollecties ter wereld, met vier miljoen tekeningen, maquettes en foto's. Nieuwe Instituut zorgt voor het verzamelen, beheren en beschikbaar stellen van deze collectie aan het publiek: in het Research Centre, online en via tentoonstellingen. Lees meer op onze website over de collectie en de verhalen die erin besloten liggen.
https://collectie.nieuweinstituut.nl

Architectuur in Nederland 2023|2024

VASIM
© StudioD

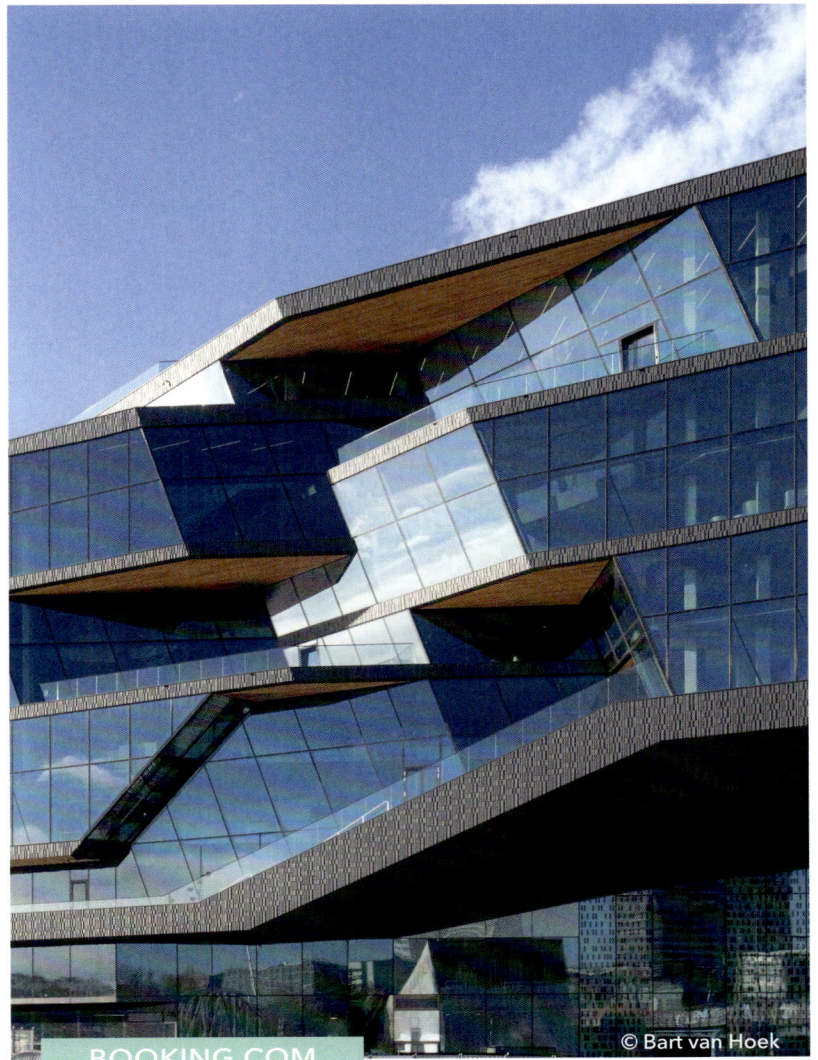
BOOKING.COM
© Bart van Hoek

Onze kracht ligt in het begrijpelijk maken van ingewikkelde vraagstukken en het bieden van praktische oplossingen die écht werken. We benutten de nieuwste inzichten om te bouwen aan een wereld waarin mensen comfortabel en veilig kunnen leven.

Al 50 JAAR uw betrokken partner voor helder en deskundig advies

- BOUWFYSICA
- DUURZAAMHEID
- AKOESTIEK
- BRANDVEILIGHEID
- BOUWKWALITEIT
- MILIEU

REPUBLICA
© Sebastian van Damme

INFO@CAUBERGHUYGEN.NL | CAUBERGHUYGEN.NL | 088-5152505

©Frank Hanswijk

©Tycho Merijn / Atelier van Berlo

©Base Photography

©Bart van Hoek

©Base Photography

Amadeiro: gevelritme verrijkt de Bossche binnenstad

Amadeiro transformeert de voormalige KPN-telefooncentrale in de Bossche binnenstad tot een eigentijds gebied waar wonen en werken samenkomen. Dankzij de samenwerking van drie architecten - HILBERINKBOSCH Architecten, Bedaux de Brouwer Architecten en Voss Architecture – heeft 's-Hertogenbosch er een architectonische trekpleister bij.

Het project bestaat uit drie delen: het Zuidblok, het Middenblok en het Noordblok. Het Zuidblok, met 158 huurwoningen, werd ontworpen door Bedaux de Brouwer Architecten. De architect wilde de historische 'pandje-pandje' structuur van de binnenstad terugbrengen, maar met een eigentijdse twist. De gevel van het Zuidblok is uitgevoerd in baksteen en speelt met volume en ritme. Het Reynaers Aluminium raam- en deursysteem ConceptSystem 77 werd gebruikt in dit blok. Dat draagt bij aan de verfijnde uitstraling van de gevels en de afwisseling in de diepte van de kozijnen.

Voss Architecture ontfermde zich over het Middenblok, waar het hoofdkantoor van L-founders of loyalty is gevestigd. De architect koos voor een opvallende dubbele gevel die de twee gebouwen met elkaar verbindt. De gevel bestaat uit een Curtain Wall 50-TT vliesgevel van Reynaers Aluminium, achter een rasterwerk van baksteen. Dit ontwerp zorgt voor een transparante en dynamische entree naar het gebouw, waarbij de afwezigheid van bakstenen naar het midden toe een speels effect creëert. Opvallend is het herstelde glas-in-loodkunstwerk uit de oude KPN-centrale aan de binnenzijde van de vliesgevel. Een fraaie combinatie van een historisch element met het moderne ontwerp.

Het Noordblok, met 62 huurappartementen, werd ontworpen door HILBERINKBOSCH Architecten. Dit blok heeft drie verschillende gevels die elk hun eigen volume en karakter hebben. Het ontwerp voegt zich goed in de historische context van de stad, zonder simpelweg te kopiëren. Voor de gevels van het Noordblok werd het slanke raam- en deursysteem SlimLine-38 van Reynaers Aluminium gebruikt. Dit zorgt voor een subtiele verwijzing is naar de originele kozijnen van de oude KPN-centrale. In het Midden- en Zuidblok werd ook gebruik gemaakt van ConceptSystem 77, dat variatie in de gevels biedt zonder de historische uitstraling te verliezen.

Met Amadeiro is een dynamisch nieuw stadsdeel ontstaan dat met zijn gevarieerde gevelbeelden en speelse architectuur een frisse uitstraling geeft aan de Bossche binnenstad, terwijl het respect toont voor de historische context.

Het project oogst volop lof. Het won bovendien de publieksprijs van de Reynaers Projectprijs 2024.

www.reynaers.nl

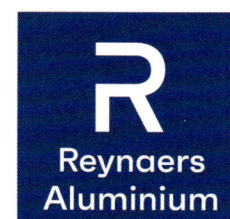